KB059195

제로 시대

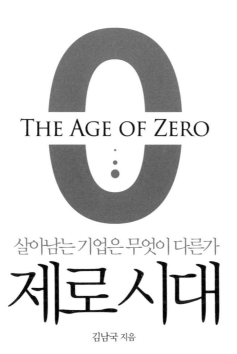

THE AGE OF ZERO

살아남는 기업은 무엇이 다른가

제로시대

김남국 지음

비즈니스북스

제로 시대

1판 1쇄 발행   2016년 4월 25일
1판 2쇄 발행   2016년 6월 10일

지은이 | 김남국
발행인 | 홍영태
발행처 | (주)비즈니스북스
등 록 | 제2000-000225호(2000년 2월 28일)
주 소 | 03991 서울시 마포구 월드컵 북로 6길 3 이노베이스빌딩 7층
전 화 | (02)338-9449
팩 스 | (02)338-6543
e-Mail | bb@businessbooks.co.kr
홈페이지 | http://www.businessbooks.co.kr
블로그 | http://blog.naver.com/biz_books
트위터 | @bizbookss
페이스북 | thebizbooks
ISBN 979-11-86805-24-4   03320

모든 것이 불확실한 시대,
다른 접근만이 살길이다

불황의 그늘이 짙게 드리운 요즘입니다. 어렵다, 어렵다는 말은 옛날부터 있어왔지만 먹고살기 힘들다며 어려움을 호소하는 개인과 기업이 요즘처럼 많은 적은 없었던 것 같습니다. 얼마 전에 '변호사 2만 명 시대'와 관련해 놀라운 기사를 봤습니다. 젊은 변호사뿐만 아니라 중년 변호사들도 불경기의 여파를 피하지 못해 보이스피싱 등 각종 범죄에 연루되어 징계를 받았다는 기사였습니다. 대한변호사협회의 통계를 보면 2011년부터 변호사들의 폐업신고는 꾸준히 늘고 있다고 하고, 안정적인 수입을 위해 월급을 받는 고용 변호사로 들어간다고 해도 신입 변호사들의 평균 월급 수준은 200만~300만 원 정도라고 합니다. 이것도 그나마 3개월 넘는 무급 인턴을 버텨내고 들어갔을 때의 얘기입니다. '사'±자 들어가는 직업이 1순위 신랑감이던 시절이 있었고, 변호사가 부와 명예, 권력을 한꺼번에 거머쥘 수 있는 직업이라는 이야기가 돌던 때도 있었는데 어쩌다 이렇게 된 걸까요? 빚을 내 로스쿨에 들어가 힘든 공부를 참아가며 졸업 혹은 합격이라는 큰 산만 넘으면 평탄한 길이 펼쳐질 줄 알았는데, 큰 산을 겨우 넘고 보니 더 거대한 벽이 앞을 가로막고 있는 게 오늘날의 현실입니다.

전문직이라고 불리는 변호사가 이럴진대, 다른 직종은 말할 필요도 없을 겁니다. 출퇴근길에 주유소에 들르며 문득 생각합니다. 예전의 주유소 사장님들은 그야말로 '알짜 부자'였습니다. 하지만 주유소 거리제한 철폐로 인해 우후죽순처럼 주유소가 생겨나 경쟁이 격화되었고, 하이브리드 차, 전기 차, 경차 등의 인기로 수요 자체가 감소하는 실정입니다. 게다가 주유소 가격비교 사이트 같은 애플리케이션의 등장으로 치열한 가격 경쟁에 시달려 최근 몇 년간 휴·폐업하는 주유소들이 줄을 잇고 있습니다.

집으로 걸어가는 몇 십 미터 골목 내에 부동산이 몇 개나 되는지 혹시 세어 보신 적 있으십니까? 과거에는 노후 대비용으로 공인중개사를 생각하시는 분들이 많았습니다. 하지만 이 역시 만만치 않아졌습니다. 주택 경기가 둔화되면서 거래 수요 자체가 위축됐고, '직방'이나 인터넷 커뮤니티 같은 직거래 사이트의 등장으로 공인중개사들의 설 자리는 점점 좁아지고 있습니다. 이렇게 안 그래도 좁아진 입지가 최근 법률 지식으로 무장한 변호사들이 부동산 중개업에 진출하면서 더 좁아지고 있다고 합니다.

최고의 직업으로 여겨졌던 의사나 한의사, 대학교수 등도 유사한 영향을 받고 있습니다. 세상이 급변하고 있고, 먹고살기는 그 어느 때보다 힘들어지고 있습니다. 대부분의 기업도 마찬가지입니다. 저성장으로 인한 수요 위축과 공급 과잉, 혁신 모델의 등장으로 매출과 수익이 줄어들고 있습니다.

그런데 문제는 이게 단기적인 현상이 아니라는 것입니다. 장기적으로 이런 현상이 심화될 수밖에 없습니다. 구조적으로 경제 체제가 변하고 있기 때문입니다. 과거에는 특정 산업에 진출하거나 특정 직업을 갖는 순간 평생이 보장됐지만, 이제 그렇지 않습니다. 규제 완화, 글로벌화, 혁신을 지원하는 제도와 문화 구축 등으로 인해 극심한 환경 변화가 발생하고 있습니다. 여기에 온난화로 인한 기후 변동성까지 극심해지면서 지구 전체의 불확실성이 매우 높아지고 있습니다. 과거 통념이 더 이상 통하지 않는 시대가 됐다는 의미입니다.

그러나 생존 전략을 제시하는 역할을 맡았던 경영학은 이러한 변화에 부응하지 못하고 있습니다. 왜일까요? 대부분의 지식이 오늘날에 비해 제반 상황이 상대적으로 안정적이었던 1900년대에 틀이 잡혔기 때문입니다. 이제 경영학은 새로운 시대 변화에 부응하는 새로운 대안을 제시해야 합니다. 수요가 줄어들고 공급이 넘쳐나는 상황에서 기업이 고객에게 의미 있는 가치를 제공하고, 지속적으로 생존하기 위해서는 과거와는 전혀 다른 접근이 필요합니다.

현재 우리가 직면한 상황의 본질은 무엇인지, 이런 환경 변화에 맞서 새로운 전략적 목표는 무엇이 되어야 하는지, 이런 전략적 목표를 실천하기 위해서는 어떤 노력을 기울여야 하는지에 대해 조명할 필요성이 제기되었습니다. 저는 이런 어젠다를 제시하기 위해 학계에서 논의되었던 광범위한 생존 전략을 되짚어보고, 최근 어려운 환경에서도 생존 및 번영하고 있는 다양한 기업들에 대한 사례를 탐구했습니다.

이를 토대로 저는 현재 상황을 '제로(0) 시대'The Age of Zero라고 진단을 내렸습니다. 제로금리, 제로성장 등을 의미하기도 하지만, 기존 경쟁력이 무위로 돌아간다는 의미도 함께 담고 있습니다. 또한 과거와의 단절을 위해 제로베이스에서 사고하지 않으면 생존이 어렵다는 의미도 포함합니다. 이러한 진단을 기반으로 저는 새로운 시대에 필요한 생존을 보장해주는 바람직한 전략 대안으로 '생산자 가치에서 고객 가치로의 전환', '이성에서 감정으로의 전환', '표준화에서 개성으로의 전환'이란 세 가지 어젠다를 선정해보았습니다. 그리고 이러한 논의를 설득력 있게 전달하기 위해 책을 집필하게 된 것입니다.

이 책에 제시된 생존 전략들이 경영 현장에서 치열하게 고민하며 가치를 창출하고 있는 수많은 경영자들의 의사결정에 실질적인 도움이 되기를 바랍니다.

김남국

목
차

프롤로그 모든 것이 불확실한 시대, 다른 접근만이 살길이다 ········ 005

CHAPTER 1

생존 공식, 어디서부터 다시 써야 하나
_제로 시대, 정확한 진단이 급선무다

변화한 세상, 무엇이 문제인가?   ········ 017
  · 특징 1: 승자가 독식하는 세상   ········ 020
  · 특징 2: 모든 경계가 무너지는 세상   ········ 028
  · 특징 3: 핵심 자산이 부채로 바뀌는 세상   ········ 038
관성을 거슬러 변화를 모색하라   ········ 042
INSIGHT AT A GLANCE   ········ 049

CHAPTER 2

하이엔드/로엔드 전략만으로는 생존할 수 없다
_가격 대비 가치를 격상하라

한국 시장을 강타한 '좁쌀'小米 쇼크 ······ 053
스스로 파괴할 것인가, 남에게 파괴당할 것인가? ······ 060
　　• 전략 1: 공급망을 혁신하라 ······ 065
　　• 전략 2: 고객 가치 요소를 재구성하라 ······ 071
　　• 전략 3: 준거점을 바꿔라 ······ 078
　　• 전략 4: 비즈니스 모델을 전환하라 ······ 081
　　• 전략 5: 기술 혁신으로 돌파하라 ······ 095
　　• 전략 6: 새로운 고객 발굴에 주력하라 ······ 099
　　• 전략 7: 서비스로 승부하라 ······ 102
가격 대비 가치의 실현 전략: 고객의 성공이 우선이다 ······ 104
INSIGHT AT A GLANCE ······ 113

CHAPTER 3

'느낌'의 힘은 '생각'보다 강하다
_감정으로 승부하라

감정, 이성을 이기는 힘 ······ 117
'싸가지'는 '이념'보다 중요하다 ······ 120

비즈니스에서 감정이 갖는 의미 ······ 124

감정 형성의 원천: 연결 고리를 만들어라 ······ 128

지속적인 유대관계: 참신한 일관성 ······ 134

고객 감정 공략을 위한 세 가지 솔루션 ······ 142

· 본능: 새로운 아름다움을 추구하라 ······ 144

· 행동: 소비자 경험에서 답을 찾아라 ······ 151

· 반추: 진심을 통한다 ······ 168

감정의 시대에 생존하려면 ······ 175

INSIGHT AT A GLANCE ······ 177

CHAPTER 4

패스트 팔로어를 넘어 도약으로 가는 길
_개성에서 답을 찾아라

효율 지상주의 시대를 넘어 ······ 181

비슷비슷함을 경계해야 하는 이유 ······ 185

개성은 확고한 철학으로부터 나온다 ······ 192

모방 불가능한 조직 문화의 힘 ······ 203

· 그럴듯한 말보다는 행동으로 ······ 207

· 통념에서 멀어질수록 블루오션은 가까워진다 ······ 211

· 혁신 툴이 아닌 인문학적 비판을 ······ 213

· 단기적 손해를 감수할 수 있는 용기 ······ 218

· 기업 활동 전체에 개성을 투영시켜야 ······ 224

개성은 그냥 만들어지지 않는다 · · · · · · · 229
영혼을 담아라 · · · · · · · 238

INSIGHT AT A GLANCE · · · · · · · 241

CHAPTER 5

이기는 조직 문화를 만드는 방법
_실행에 집중하라

의사결정의 딜레마 · · · · · · · 245
단기 이익의 유혹에서 벗어나라 · · · · · · · 249
변화무쌍한 환경에 필요한 조직 문화의 유연성 · · · · · · · 256

INSIGHT AT A GLANCE · · · · · · · 266

에필로그 당신의 조직에는 세 가지가 있는가? · · · · · · · 267
감사의 말 · · · · · · · 272

CHAPTER 1

생존 공식, 어디서부터 다시 써야 하나

_제로 시대, 정확한 진단이 급선무다

THE AGE OF ZERO

THE AGE OF ZERO

변화한 세상, 무엇이 문제인가?

○

몇 해 전, 저는 고열과 심각한 옆구리 통증에 시달리다 병원 응급실을 찾은 적이 있습니다. 과거 병력을 토대로 의심이 가는 증상을 확인하기 위해 CT촬영까지 했지만 원인은 끝내 밝혀지지 않았습니다. 하는 수 없이 집으로 돌아갔지만, 주말 사이에 병세가 악화돼 다시 병원으로 가야 했습니다. 고열로 인해 결국 입원을 했고, 무려 3일 간 원인을 찾지 못해 치료가 지연되는 사이에 병세가 악화돼 큰 고생을 한 적이 있습니다. 입원하고 3일이 지난 후 겨우 폐렴이라는 진단을 받았지만, 진단이 늦어져 상황이 악화됐기 때문에 회복하기까지 굉장히 오랜 고통을 겪어야 했습니다.

이 경험을 통해 저는 상황에 대한 정확한 파악과 진단이 얼마나 중요한지를 알 수 있었습니다. 아무리 훌륭한 의술을 갖고 있다고 해도 환자의 병이 무엇인지 제대로 진단하지 못하면 소용이 없습니다. 섣불리 잘못된 처방을 내렸다가 오히려 환자를 더 심각한 위기에 몰아넣을 수도 있습니다. 경영자도 마찬가지입니다. 현재 조직이 처한 시장 환경과 조직 역량에 대한 진단에서 오류를 범한다면, 어떤 처방도 효과를 볼 수 없습니다. 모든 문제 상황에서 가장 중요한 것은 객관적이고 냉철하게 상황을 분석해 적확한 진단을 내리는 것입니다. 여기서 실패하면 이후의 의사결정은 크게 잘못될 수밖에 없습니다.

현재 많은 한국 기업들이 큰 위기를 경험하고 있습니다. 수익성이 급감하거나 성장 정체 현상으로 고통을 받는 기업들이 넘쳐납니다. 구조조정에 나선 기업들도 적지 않습니다. 기업뿐만 아니라 자영업자를 비롯해 대부분의 경제 주체들이 심각한 어려움을 겪고 있습니다. 2008년 글로벌 금융위기 이후 위와 같은 경제난이 더욱 심화되고 있는 실정입니다. 그런데 많은 기업들이 위기 상황에 대한 정확한 진단 없이 무작정 대책을 마련하고 있습니다. 그냥 '조금 어렵다'는 식으로 안이하게 생각하는 경우도 많습니다. 위기를 극복하려면 상황에 대한 정확한 진단이 반드시 선행되어야 합니다. 그래야 제대로 된 처방전을 마련할 수 있기 때문입니다.

현재의 상황을 '불황'으로 진단하는 분들이 있습니다. 하루라도 빨리 이 불황이 끝나기를 기대하는 분들도 적지 않습니다. 하지만 이런 진단은 크게 잘못된 것입니다. 중요한 의사결정에 있어 오류를 범할 수 있는 위험을 지닌 진단입니다. 불황이란 진단은 경기순환론에 토대를 둔 것입니다. 경기는 호황과 불황을 반복하기 때문에 현재는 불황이라 어려움이 가중되고 있지만, 언젠가 호황이 찾아와 현재 우리에게 직면한 문제가 말끔히 해소될 것이란 기대를 가지게 됩니다. 따라서 현재 발생한 문제의 원인을 그저 불황이라고 진단하면 호황이 올 때까지 '버티고 기다리면 된다'는 솔루션이 나올 수 있습니다.

하지만 불행하게도 현재의 상황은 그저 경기 사이클상 불황이기 때문에 생긴 게 아닙니다. 설령 경기 사이클상 호황 국면이 찾아오더라도 한국의 경제성장률은 2~3퍼센트 수준에 머물 확률이 매우 높습니다. 고령화와 저출산으로 인한 인구구조의 변화, 중국 등 신흥시장의 침체, 저가 경쟁력으로 무장한 신흥국 기업들의 공세 강화 등으로 과거처럼 5퍼센트 이상 성장하는 활황 국면은 다시는 찾아오지 않을 것입니다. 미국처럼 3퍼센트 정도의 성장이면 대단히 좋은 경기 상황이라는 인식을 갖게 될 것입니다. 글로벌 상황도 유사합니다. 중국 등 신흥국의 성장률 둔화로 인해 저성장 기조가 장기적으로 고착화될 확률이 매우 높습니다.

그런 점에서 현재 위기 상황의 원인은 '불황'보다는 '저성장' 혹은 '뉴노멀'(저성장, 저소비, 고실업, 고위험 등 시대 변화에 따라 새롭게 나타나는 새로운 표준) 때문이라는 진단이 보다 현실적입니다. 앞으로도 구조적 저성장 국면이 이어질 것이기 때문에 시간이 흘러 경기 사이클상 호황 국면이 찾아온다고 해도 우리가 겪고 있는 문제가 호황 덕분에 저절로 해결되지는 않는다는 것입니다.

그러나 저는 저성장이란 진단도 절반 정도만 맞다고 생각합니다. 저성장만이 문제라면 과거에 비해 더 아끼고 절약하면 생존의 해법을 찾을 수 있습니다. 이면지도 재사용하고 회식비도 줄이는 등 각종 비용을 억제하거나, 사업을 축소하고 구조조정을 통해 효율성을 높이면 생존이 가능하다고 생각할 수 있습니다. 하지만 불행하게도 현재의 상황은 이런 피나는 노력을 한다고 해도 생존이 보장되지 않습니다. 저성장으로 소비자들의 지갑이 얇아져 기업들이 수익을 내기 어렵다는 점 외에도 이전에는 없던 심각한 환경 변화가 나타나고 있기 때문입니다. 중요한 몇 가지 양상을 살펴보면 다음과 같습니다.

특징 1: 승자가 독식하는 세상

●

인터넷 경제 시대의 특징으로 '평등'과 '번영'을 떠올리시는 분들이 많습니다. 과거 오프라인 중심의 시대에는 경제권력이든 정치권력이든 소수에 힘이 집중돼 있었습니다. 세습 체제로 인해 권력을 가진 사람이 지속해서 권력을 유지하는 경우도 많았습니다. 권력을 가진 사람, 이른바 기득권 세력의 파워도 강했습니다. 하지만 인터넷 세상에서 기득권은 별 의미가 없습니다. 누구라도 자유롭게 정치 혹은 경제 활동을 펼칠 수 있습니다.

시험에 단골로 출제되었던 생산의 3요소에 대해 기억하시는 분이 많으실 겁니다. 바로 토지와 노동, 자본입니다. 생산에는 이 세 가지 외에도 많은 투입요소가 들어가지만, 여러 요소 가운데 이 세 가지가 가장 중요하다고 생각했기 때문에 '3요소'라는 이름을 붙인 것입니다. 그런데 토지나 노동, 자본은 요즘 유행하는 말로 '금수저'를 물고 타고나는 소수의 사람만이 가질 수 있는 것이었습니다.

하지만 인터넷 세상에서는 이런 전통적인 생산의 3요소가 그다지 중요하지 않습니다. 소프트웨어 기술을 가진 사람이면 출신이나 배경과 상관없이 누구라도 앱을 만들어 전 세계인을 대상으로 돈을 벌 수 있습니다. 과거 같으면 소프트웨어를 아무리 잘 만들었다 하더라도 개인의 힘으로 유통망을 개척하는 게 불가능했습니다. 따라서 기득권 그룹이라고 볼 수 있는 기존 소프트웨어 회사에 입사를 하거나, 큰 리스크를 안고 힘겹게 창업을 해야 성공할 수 있었습니다. 하지만 인터넷 세상에서는 이럴 필요가 없습니다. 누구라도 몇 가지 기술을 배우고 자신의 아이디어를 입힌 다음에 애플이나 구글의 앱스토어에 앱을 올려놓고 전 세계인을 대상으로 비즈니스를 할 수 있습니다.

또 그림을 그릴 수 있고 스토리를 만들 수 있는 능력이 있다면 네이버 웹툰 서비스 같은 플랫폼을 활용해 간단하게 만화를 제작해서 팔 수 있습니다. 초보적인 수준의 그림임에도 잘 팔리는 웹툰도 많기 때문에 과거처럼 오랜 기간 동안 도제식 수업을 받아가며 힘겹게 만화를 배울 필요도 없습니다. 과거에는 자신이 그린 만화를 팔려면 기득권 그룹인 출판사의 승낙을 반드시 받아야 했습니다. 만화를 그렸더라도 개인의 힘으로 책을 내고 유통하는 것은 거의 불가능했기 때문입니다. 하지만 요즘엔 플랫폼과 간단한 계약을 맺고 콘텐츠를 올리면 되는데, 인기를 끄는 웹툰 작가의 월수입은 최고 7~8,000만 원에 달한다고 합니다. 이 경우 연간 9억 원 넘는 돈을 벌어들이게 되는데, 이는 매출 90억 원에 이익률 10퍼센트를 기록하는 중소기업과 필적하는 수준의 수익을 한 개인이 올리고 있는 셈입니다.

이뿐만이 아닙니다. 카메라가 달려 있는 스마트폰 하나면 개인 방송국을 열어서 수천만 명의 시청자를 대상으로 방송을 할 수도 있습니다. 토지와 노동 자본이 거의 제로에 가까운 개인이라도 거대한 설비와 방대한 인력을 갖춘 방송사보다 더 막강한 영향력을 행사할 수 있는 시대가 된 것입니다. 예를 들어 스웨덴에 거주하는 20대 청년 펠릭스 셸버그Felix kjellberg는 게임을 하면서 재치 있는 입담으로 게임 내용을 해설하는 개인방송 콘텐츠를 만들었는데, 구독자가 무려 4,200만 명에 달한다고 합니다.

이러한 시대의 변화 양상을 설명하기 위해 만들어진 개념 중 하나가 '롱테일 법칙'Long tail theory입니다. 과거에는 상위 20퍼센트가 전체의 80퍼센트를 차지하는 현상이 자주 나타났습니다. 상위 20퍼센트의 부자가 전체 부의 80퍼센트를 가져가는 현상이 대표적입니다. 출판 시장에서 상위 20퍼센트의 베스트셀러가 전체 판매량의 80퍼센트를 가져가는 현상이 나타난 것도 유사한 맥락이라고 볼 수 있습니다. 한마디로 승자 독식 구조가 지속되어왔던 것입니다. 그러나 인터넷 시대에는 이러한 현상이 뒤집힌다는 게 롱테일 법칙의 핵심입니다. 즉, 하위 80퍼센트가 상위 20퍼센트보다 더 큰 가치를 창출할 수 있다는 설명입니다.

롱테일 주창자들은 인터넷 덕분에 승자 독식 현상이 파괴되었다고 진단합니다. 과거와 달리 고객들은 인터넷 덕분에 클릭 한 번으로 손쉽게 상품을 검색할 수 있습니다. 온라인 상거래가 활성화되면서 오프라인 매장처럼 판매대가 부족해 상품을 진열할 수 없는 상황도 생기지 않습니다. 그러니 과거에는 매장에 올라가기 힘들었던 책에 대한 수요도 얼마든지 소화할 수 있는 시대가 열린 것입니다. 그래서 과거에는 빛을 보지 못했던 80퍼센트의 꼬리에 해당하는 영역이 새로운 경제 시대의 주역으로 떠올랐다는 게 롱테일 법칙의 핵심 내용입니다.

앞서 설명한 다양한 사례들과 롱테일 법칙 등의 이론적 관점에서 보면 출신이나 배경, 재산 같은 것이 성공에 반드시 필요했던 과거와 달리, 인터넷 시대에는 누구라도 성공할 수 있는 진정한 평등이 실현되는 새로운 경제 체제가 열렸다고 볼 수 있습니다. 그런데 인터넷과 모바일 경제가 절정을 향해가고 있는데도 우리의 삶은 왜 아직도 이렇게 어려운 걸까요?

누구라도 제한 없이 가치 창출 활동을 벌일 수 있는 인터넷 경제에는 사실 어두운 이면이 도사리고 있습니다. 우선 롱테일 법칙은 실제 데이터로 검증해보면 잘 맞지 않습니다. 하버드대학 애니타 엘버스 Anita Elberse 교수가 롱테일 법칙이 실제 현실에서 나타나고 있는지 검증하기 위해 비디오나 음악을 판매하는 온라인 사이트의 매출 데이터를 모아 엄밀한 방법론을 활용해서 분석한 후 그 결과를 《하버드비즈니스리뷰》Harvard Business Review(이하《HBR》)에 공개했습니다. 분석결과는 상당히 충격적입니다. 롱테일 법칙에 따른 예상과는 달리, 온라인 세상에서는 꼬리, 즉 비인기 콘텐츠의 판매(혹은 재생) 비중이 높아지지 않았습니다. 반면, 인기 많은 콘텐츠가 대부분의 시장을 장악하는 승자 독식 현상은 더욱 심화되고 있는 것으로 나타났습니다. 경쟁력이 조금 더 높은 일부 제품이 시장의 대부분을 차지하는 일이 더 심화된 것입니다. 왜 이런 일이 생겼을까요?

롱테일 법칙대로 꼬리 부분의 매출이 커지려면 일반인들이 유명하지 않은 독립영화 DVD나 언더그라운드 음악에 대해서도 관심을 갖고 소비해야 합니다. 예를 들어 한국에서 1,000만 명 이상이 보는 영화를 만들려면, 1년에 영화 한두 편 정도만 보는 국민들까지 포섭해야 한다는 이야기입니다. 그런데 가끔 영화를 보고 음악을 듣는 다수의 일반인들은 어떤 제품을 소비할까요? '롱테일 법칙'을 정립한 세계적인 저널리스트 크리스 앤더슨Chris Anderson의 예측대로 인터넷 세상이 열리면서 디지털화로 인해 검색이 쉬워졌으니 사람들은 그동안 잘 알려지지 않았던 독립영화를 보거나 언더그라운드 음악을 듣는 데에 시간을 투자했을까요? 실증 데이터는 전혀 그렇지 않다는 것을 입증했습니다.

가끔씩 콘텐츠를 소비하는 대다수 사람들은 가장 유명한 제품을 소비합니다. 실제 저를 포함해 상당히 많은 분들은 음원사이트에 들어가 현재 가장 인기가 많은 'Top 50' 같은 차트 상위권에 위치한 음악을 주로 감상합니다. 또 가끔 영화를 보러 가는 사람들 가운데 상당수는 영화를 고르기 전에 포털 사이트에 들어가 영화 평점을 검색해 높은 점수를 받은 작품을 보거나, 박스오피스 순위를 참고해 남들이 많이 본 영화를 선택합니다. 식당에 가서도 "여기 뭐가 제일 잘 팔려요?"라고 묻는 사람들이 많은데, 과거에는 주인이 재고 처리를 위해 인기 없는 메뉴를 추천하기도 했습니다. 그런데 투명한 인터넷 세상이 열리면서 실제 어떤 음식이 대표 메뉴인지, 또 어떤 메뉴가 실제 높은 고객만족도를 기록했는지 간단한 검색만으로 금방 알 수 있습니다. 거의 대부분의 산업 분야에서 이런 일이 생기면서 경쟁력이 다소 앞서는 소수로의 쏠림 현상은 더욱 심해지고 있습니다.

앞서 인터넷 세상에서는 모두가 콘텐츠를 만들 수 있고, 모두가 의견을 제시할 수 있다고 썼지만 여기서도 승자 독식 현상은 여전합니다. 예를 들어 유튜브YouTube에 올라오는 동영상의 개수는 하루에만 무려 1억 6,000만 개에 달한다고 합니다. 이 가운데 많은 사람들의 관심을 모은 동영상 개수는 몇 개에 불과합니다. 대중들의 선택을 받은 극히 일부의 콘텐츠 중 하나가 싸이의 〈강남 스타일〉 뮤직비디오였고, 이런 일이 집중 조명되면서 변방의 가수라도 누구나 월드 스타가 될 수 있다는 환상을 심어주었습니다. 하지만 실제로 이런 일은 매우 희귀하게 일어납니다. 소수의 승자가 대부분의 부를 차지하는 승자 독식 현상

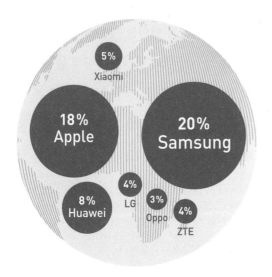

(2015년 4분기 기준)

삼성	20%
애플	18%
화웨이	8%
샤오미	5%
LG	4%
ZTE	4%
Oppo	3%

출처: Counterpoint Research

은 인터넷 경제에서 더욱 심각해지고 있습니다.

인터넷 경제의 핵심은 모두가 잘살 수 있는 세상이 아닙니다. 극히 일부만이 고객들의 선택을 받고, 그 일부가 대부분의 부를 가져가는 극심한 양극화, 지독한 승자 독식 체제가 인터넷 경제의 핵심입니다. 실제 인터넷 기반의 경제체제가 심화되면서 평범한 기업보다 약간 더 경쟁우위에 있는 소수 업체가 시장을 장악하고, 나머지 대부분의 업체는 고전을 면치 못하는 가혹한 상황이 이어지고 있습니다. 인터넷 경제의 중추가 된 스마트폰 시장에서는 삼성과 애플Apple 단 두 개 기업이 전

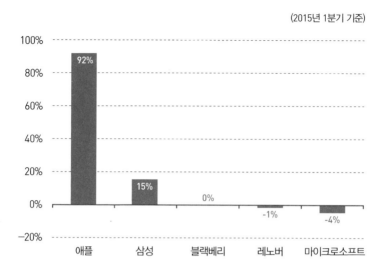

| 스마트폰 시장의 영업이익 |

(2015년 1분기 기준)

출처: Canaccord Genuity
애플의 스마트폰 시장점유율은 삼성에 이어 2위지만 이익점유율은 무려 92퍼센트에 달한다.

체 시장의 절반 가까이를 차지했습니다. 이익에 있어서는 애플이 80~90퍼센트를 독차지하는 구조입니다. 인터넷 포털 시장에서는 구글Google 한 업체가 전 세계 시장의 거의 대부분을 장악했습니다. 전자상거래 시장이 폭발적으로 성장하고 있지만, 글로벌 시장의 대부분은 아마존Amazon과 알리바바Alibaba 등 소수 업체가 장악하고 있습니다. 이처럼 인터넷 경제가 더 성숙할수록 변화에 적응하는 데 성공한 소수가 대부분의 시장을 장악하는 현상이 더 심화될 것입니다. 인터넷 경제가 성숙기에 접어들었음에도 많은 기업들이 고전하고 있는 것은 바로 이런 이유 때문입니다. 극심한 승자 독식을 만들어내고 있는 인터넷 시대에서 생존하려면 변화에 적응한 소수가 돼야 합니다.

특징 2: 모든 경계가 무너지는 세상

•

인류는 200만 년 전에 지구에 등장한 이후 무시무시한 자연으로부터 줄곧 생명의 위협을 받아가며 생존해야 했습니다. 이 과정에서 사람들은 특정한 경계를 만들어놓고, 어떤 자극을 특정 카테고리(범주)에 포함시켜 인식하고 행동하는 패턴을 발전시켜왔습니다. 유사한 것들을 하나의 범주로 묶어놓으면 빠른 판단이 가능합니다. 예를 들어 길을 가다 뱀을 만나 물릴 뻔했다면 '사람에게 해를 끼치는 동물'이란 범주에 뱀을 집어넣게 됩니다. 이런 인식을 토대로 사람은 뱀을 만나면 화들짝 놀라며 재빨리 도망가는 행동 패턴을 발전시킨 것입니다. 물론 뱀 가운데는 독이 없거나 사람에게 피해를 주지 않는 경우도 있습니다. 그런데 뱀을 보고 난 후 어떤 종류의 뱀인지 면밀하게 관찰하고 사람에게 해를 끼칠지 여부를 판단한 다음에 행동을 했더라면 어떻게 됐을까요? 아마도 많은 사람들이 뱀에 물려 죽었을 것입니다. 그래서 사람을 해치지 않는 뱀이 꽤 있음에도 불구하고 인간은 진화 과정에서 빠른 판단과 행동을 가능케 하는 '카테고리적 사고'를 발전시켜왔습니다. 그것이 생존에 너무나 큰 도움을 줬기 때문입니다.

자연에 의한 생존 위협이 거의 사라진 현대의 인간도 이런 인식 패턴을 그대로 이어받아 카테고리적 사고를 합니다. 예를 들어 어떤 사람과 만났는데 그 사람이 강남에서 거주하고 있다는 정보를 들으면 '부유한 전문직'을 떠올리는 것이 대표적입니다. 강남에는 수많은 부류의 사람이 살고 있지만, 전형적으로 인식되는 어떤 공통적인 특징, 혹은 대표적인 유사성만 떠올리고 판단하는 것이 일반적인 사람의 인식 태도입니다.

　이와 같이 사람들은 특정한 경계에 기반을 둔 카테고리적 사고를 하기 때문에 비즈니스도 이에 큰 영향을 받습니다. 예를 들어 어떤 영화는 액션, 드라마, 코미디, 공포 등과 같은 일반적인 영화 카테고리 중 하나로 쉽게 분류가 됩니다. 하지만 어떤 영화는 특정 카테고리에 집어넣기 애매한 경우도 있습니다. 만약 다른 조건이 유사하다면 어떤 영화가 평론가나 관객에게 좋은 평가를 받을까요? 실증 연구 결과들을 보면 대체로 특정 카테고리로 쉽게 구분되는 영화들이 그렇지 않은 영화보다 더 좋은 평가를 받습니다. 학계에서도 철저하게 학제 중심으로 구조가 갖춰져 있기 때문에 특정 학제로 명확하게 구분되는 영역의 박사 학위를 받은 경우 취업이 더 잘됩니다. 실제 제 지인 가운데 한 분이 개인의 관심 영역을 좇아 신문방송학과 심리학의 경계 선상에 있는 분야의 전공을 택했다가 임용에 굉장히 어려움을 겪은 바 있습니다. 이처럼 특정 카테고리가 갖고 있는 정체성에 부합해야 시장에서 '정당성'legitimacy이란 자산을 얻게 되고, 이를 기반으로 더 큰 성공을 거둔다는 게 일반적인 인식이었습니다.

그런데 최근 들어 이런 인식에 변화가 일고 있습니다. 비즈니스에서 카테고리적 사고를 대표하는 게 바로 '산업'이라는 구분입니다. 대부분 국가들은 기업이 주로 수행하는 산업활동의 범위와 대상을 구분하는 기준인 표준산업분류체계를 마련해 각 기업들을 특정 산업으로 분류합니다. 또 이런 카테고리에 맞춰 정부 부처의 업무도 구분하고 있습니다. 제조업은 산업통상자원부, 금융업은 금융위원회, 정보통신업은 미래창조과학부에서 관할하는 식으로 말입니다. 당연히 특정 산업 카테고리에 쉽게 분류되는 기업이 정부의 지원도 쉽게 받을 수 있을 것입니다. 또 소비자들도 특정 카테고리에 포함된 기업들의 제품에 보다 높은 가치를 인정해줄 것이란 게 과거의 통념이었습니다. 즉, '카테고리 정당성'을 가진 기업이 더 우월한 지위에 설 수 있다는 게 정설이었습니다.

실제 어떤 카테고리에 분류되느냐에 따라 사업 성과에 엄청난 차이가 나타납니다. 해당하는 카테고리에 따라 사업 성과가 달라진 가장 대표적인 사례가 저축은행업이라고 생각합니다. 한국 정부는 1970년대 사채업을 양성화하기 위해 '상호신용금고'라는 이름의 카테고리를 새로 만들어주면서 이들을 적절히 규제하며 은행 등 제1금융권의 손길이 닿지 않는 사각지대에서 영업활동을 하도록 허용했습니다. 물론 이런 배경 때문에 많은 소비자들은 신용금고가 제도권 금융과는 조금 다른 업태라고 여겼고, 사채업과 관련이 있다는 인식도 강했습니다. 그래서 꽤 많은 사람들은 돈이 생기면 이자가 조금 낮더라도 신용금고보다는 은행을 찾았습니다.

그런데 업계의 로비 덕분에 법이 개정됐습니다. 정부는 2002년 신용금고 업체들이 '상호저축은행'이란 이름으로 영업을 할 수 있게 해줬고, 이후 '상호'란 글자까지 떼고 '저축은행'이란 명칭을 사용할 수 있게 해줬습니다. 정부가 나서서 회사 이름에 '은행'이라는 말을 쓸 수 있게 해주면서 소비자들은 신용금고를 은행 카테고리에 집어넣었습니다. 신용금고 사장들은 졸지에 '은행장'으로 변신했습니다. 게다가 1인당 5,000만 원까지 예금을 보장해주는 정책도 시행됐습니다. 은행들이 수십 년간 쌓아온 카테고리 정당성이 한순간에 저축은행으로 이전된 데다 은행보다 높은 금리를 주자 과거에 상상할 수 없었던 거대한 자금이 저축은행으로 몰려들었습니다. 그런데 불행하게도 대규모 자금을 체계적으로 관리할 만한 역량이나 시스템, 도덕성 등이 부족한 저축은행이 많았습니다. 결국, 2011년 저축은행 사태가 발생해 많은 국민들이 큰 피해를 입게 되고 말았습니다. 만약 입법자나 금융감독 당국이 카테고리 정당성의 위력을 알았더라면 상황이 달라졌을 것이란 아쉬움이 남는 대목입니다.

이처럼 카테고리는 사업에 엄청난 영향을 줄 수 있고, 여전히 큰 위력을 발휘하고 있습니다. 그런데 여기에 변화가 일고 있습니다. 그리고 이런 변화는 카테고리 정당성을 무기로 안정적 수익을 올렸던 많은 기존 기업들에게 매우 심각한 영향을 끼칠 수 있습니다. 무슨 일이 생긴 걸까요?

이런 변화의 단초를 제공한 회사는 바로 애플입니다. 애플은 전통적으로 컴퓨터 회사였습니다. 하지만 음원 유통과 mp3플레이어를 팔면서 큰 변신을 꾀했고, 이후 스마트폰과 태블릿 PC시장을 개척하면서 과거 전통적인 카테고리에서 벗어나 자유롭게 산업 영역을 오갔습니다. 이제는 애플이 그 무엇을 만들건 시장에서는 이를 열렬하게 환호할 것 같습니다. 심지어 애플이 자동차도 만들고 있다고 알려졌는데, 전통적 카테고리 정당성 측면에서 보자면 컴퓨터나 스마트폰을 만들던 회사가 만든 자동차는 믿을 수 없다는 반응이 나와야 옳습니다. 그러나 대부분의 사람들은 '놀라운 사용자 경험UX을 안겨줄 자동차가 기대된다'는 반응을 보이고 있습니다.

애플뿐만이 아닙니다. 구글 또한 전통적인 인터넷 포털 사업자라는 카테고리로는 도저히 생각할 수 없을 만큼 방대한 영역에서 활발하게 사업을 벌이고 있습니다. 구글은 인터넷과 정보기술 외에도 로봇, 의료, 인공지능, 에너지, 자동차 분야에서 기존 기업을 위협하는 새롭고 혁신적인 비즈니스 모델을 만들어내고 있습니다. 또한 아마존이나 알리바바와 같은 전자상거래 회사들은 금융업에 진출해 은행과 같은 기존 금융회사들의 가장 강력한 경쟁자로 부상할 확률이 높습니다. 쉽게 말해서 요즘 잘나가는 기업들은 기존 카테고리를 파괴하면서도 기존 카테고리에 속한 업체보다 더 높은 정당성을 확보하는 기현상을 벌이고 있는 셈입니다.

어떻게 몇몇 기업들은 정부가 만들어준 표준산업분류체계 따위는 아랑곳하지 않고 전혀 관련 없어 보이는 새로운 분야에서도 승승장구할 수 있는 기반을 마련했을까요? 이런 현상을 이해하기 위한 핵심 개념이 바로 '외부효과'externalities입니다. 사전적으로 보면 외부효과는 어떤 경제주체의 행위가 시장 메커니즘을 통하지 않고 다른 경제주체에 영향(이익이나 손해)을 끼치는 것을 뜻합니다. 누군가가 어느 지역에 대학을 세웠다고 가정해봅시다. 보통 이런 일이 생기면 인근 지역 주민들은 대박이 터집니다. 학생들에게 방을 빌려줘서 돈을 벌어도 되고, 잡화점이나 옷가게, 편의점, 술집, 운동시설 등 수많은 비즈니스를 할 수 있습니다. 실제 대학 근처의 많은 주민들이 대학 덕분에 장사를 하지만, 정작 이 효과를 만든 장본인인 대학 설립자는 시장 메커니즘을 통해서는 이에 대한 어떤 보상도 받지 못합니다. 대학 설립으로 인한 외부효과로 혜택을 본 지역 상인들이 매출 일부를 대학에 제공하는 경우는 아직까지 들어본 적이 없습니다. 물론 일부 주민들이 학생들에게 장학금을 주는 경우도 있지만, 이는 시장 메커니즘을 통한 보상이라고 볼 수 없습니다.

대학은 등록금을 받고 학교를 운영하는 자체 비즈니스를 합니다. 많은 학생들이 학교를 다니게 되면서 지역사회는 엄청난 외부효과로 인한 수익을 올리게 됩니다. 그래서 이를 간파한 영민한 사립대학들은 상가 건물을 짓거나, 대학 내에 다양한 상업시설을 마련해 외부효과로 인한 경제적 이익을 최대한 자체적으로 챙기려는 노력도 합니다. 만약 교육 프로그램을 잘 설계해 학생 숫자를 크게 늘릴 수만 있다면, 사립대학은 부대사업으로 등록금보다 훨씬 더 큰 수입을 올리는 것도 가능합니다.

영민한 사립대학처럼 외부효과의 원리를 잘 이해하는 기업들이 있는 반면, 그렇게 하지 못해 몰락하는 기업도 있습니다. 과거 프리챌의 유료화 정책을 기억하시는 분들, 많으실 것입니다. 프리챌은 커뮤니티 사이트로 설립 2년 만에 1,000만 명의 가입자를 모으며 승승장구했습니다. 그런데 이전까지 무료로 제공했던 커뮤니티 서비스를 유료로 전환한 이후, 이에 반발한 가입자들이 대거 이탈하면서 쇠락하다가 우여곡절 끝에 결국 파산하고 말았습니다. 만약 프리챌이 사람들이 모이는 서비스는 계속 무료로 제공해 더 많은 사람이 머물게 하되, 외부효과를 활용해 다른 방법으로 수익을 냈다면 어땠을까요? 비즈니스에서 가정이란 게 큰 의미는 없지만, 무리한 유료화 추진보다는 훨씬 더 좋은 결과를 낳지 않았을까 생각합니다.

국민 메신저로 불리는 카카오톡을 만든 다음카카오는 이런 측면에서 보다 영민한 전략을 취했습니다. 무료 메시지는 계속 보낼 수 있게 하고, 심지어 무료통화와 영상통화 등 수많은 서비스를 공짜로 제공해 사람을 모으는 데 주력했습니다. 그리고 열심히 사람을 모은 다음에 게임 등을 통해 돈을 벌었고, 콜택시 서비스, 콘텐츠 유통, 금융 등 다양한 사업으로 영역을 확장하고 있습니다.

우리가 만든 제품을 돈을 받고 팔아서 수익을 내겠다는 전통적인 생각은 너무나 당연하고 매우 합리적인 것처럼 보입니다. 하지만 인터넷 시대에는 보다 영민한 방법으로 수익을 모색해야 합니다. 사실 외부효과를 활용한 전략이 완전히 새로운 것은 아닙니다. 무료로 쇼를 보여주고 사람을 모은 다음에 약을 팔았던 과거 약장수들의 판매 행태가 바로 이런 전략의 원형입니다. 일단 사람들을 끌어모은 뒤 외부효과를 활용해 수익을 올리는 게 더 폭발력이 있다는 것을 이제 많은 기업들이 깨닫고 있습니다. 그리고 혁신 기업들은 이러한 전략을 토대로 과감하게 영역 파괴에 나서면서 수많은 분야의 산업들을 초토화시킬 준비를 하고 있습니다.

기존 기업들에겐 더욱 심각한 문제가 있습니다. 외부효과를 노리는 경계파괴 기업들이 인터넷을 등에 업고 고객을 모으고 있는데, 이렇게 모은 고객이 많아도 너무 많기 때문입니다. 구글의 모바일 전용 운영체제 안드로이드 이용자 수는 19억 명, 애플의 iOS 이용자 수는 7억 명, 페이스북Facebook은 15억 명이 넘는 이용자 기반을 갖고 있습니다. 카카오톡도 우리나라 인구수보다 많은 1억 명 이상이 사용하고 있고, 해외에서 더 많이 이용하는 네이버의 라인Line은 6억 명을 확보했으며, 주로 중화권에서 활용되는 위챗Wechat의 가입자 수는 5억 명이 넘습니다. 이 정도로 규모가 커지니 어떤 비즈니스를 해도 원가가 크게 낮아질 수밖에 없습니다. 게다가 부분 유료화(기본적인 기능은 무료로 제공하고 부가 기능을 유료로 제공하는 가격 정책)나 공짜경제(고객에게는 무료로 제공하고 돈은 다른 곳에서 버는 가격 정책) 같은 고객의 부담을 줄이는 현란한 기법들도 개발되면서 고객들에게 더 강한 매력으로 어필하고

| 다양한 사업으로 영역을 확장하고 있는 글로벌 메신저 |

메신저	카카오톡	라인	위챗
모기업	다음카카오	네이버	텐센트
가입자 수 (2015년 기준)	1억 8,000만 명	6억 명	5억 명
주력 국가	한국	일본, 동남아, 남미	중국, 동남아

제공 서비스	• 디지털 콘텐츠:
	  게임, 이모티콘 등
	• 비즈니스:
	  옐로 아이디
	• 금융: 카카오페이,
	  뱅크월렛카카오
	• 기타: 카카오 택시 등
		• 디지털 콘텐츠:
		  게임, 이모티콘, 라인
		  만화 등
		• 비즈니스: 라인@, 비
		  즈니스용 API 제공
		• 금융: 라인 페이, 라
		  인몰 오픈마켓
		• 기타: 라인 택시, 라
		  인 예약 등
			• 디지털 콘텐츠: 게임,
			  뉴스 서비스 제공
			• 비즈니스: API 제공,
			  상거래 기능 통합
			• 금융: 텐페이
			• 기타: 디디다처(콜택
			  시), O2O 배달서비스
			  등

있습니다.

기업은 고객과 가까이 있어야 힘이 생깁니다. 포털 사이트 네이버가 고객 접점을 확보하자 수많은 미디어 회사들이 네이버의 플랫폼을 통해 독자들을 만날 수 있게 되었습니다. 그 결과 네이버는 대한민국에 있는 모든 언론사들이 벌어들이는 수익보다 훨씬 더 큰돈을 벌고 있습니다. 이렇듯 고객 접점을 확보한 기업이 부가가치의 중심이 되고, 수익의 대부분을 가져가게 됩니다. 경계파괴 기업들은 수많은 사용자를 확보해 이에 기반을 두고 외부효과를 활용하며 비즈니스의 지형을 바꾸고 있습니다.

구글이나 애플 같은 외부효과를 현명하게 활용하는 경계파괴형 기업들이 세계 경제의 주역으로 부상하고 있습니다. 이들의 공통점은 대부분 다 무일푼에서 출발했다는 점입니다. 이들에게는 토지나 노동, 자본은 없었지만 아이디어와 기업가 정신이 있었습니다. 기업가 정신이란 혁신과 창조적 파괴를 가져오는 정신이라 말했던 경제학자 조지프 슘페터Joseph A.

> '카테고리 파괴 정당성'을 앞세운 혁신 기업들의 경계파괴가 심화되는 시대에는 업의 개념과 자신의 정체성을 새롭게 정의하고 새로운 비즈니스 모델을 만들어야 한다.

Schumpeter의 예언대로 아이디어와 기업가 정신으로 무장한 겁 없는 젊은 창업자들이 세계 경제를 주도하는 일이 빈번해지고 있습니다. 당연히 무일푼이지만 겁 없는 스타트업에 대한 사회적 관심이 이전에 비해 훨씬 더 높아졌습니다. 다시 말해, 카테고리적 정당성을 뛰어넘는 '카테고리 파괴 정당성'을 갖춘 혁신 기업들에 대한 관심과 지원이 전 세계적으로 이어지고 있습니다. 각국 정부와 대학들이 스타트업 양성에 팔을 걷어붙이고 나서면서 매우 보수적인 한국 사회에서마저도 우수한 인재들이 취업보다 스타트업을 고려하는 현상까지 나타나고 있습니다.

'카테고리 파괴 정당성'이란 새로운 정당성을 앞세운 혁신 기업들의 경계파괴 현상은 앞으로 더욱 심화될 수밖에 없습니다. 이런 시대에 아직도 경계 중심의 사고, 산업 중심의 사고에 빠져 있어서는 매우 위험합니다. 기존 방식을 그대로 고수하는 비즈니스도 위험하기는 마찬가지입니다. 업業의 개념과 자신의 정체성 등을 새롭게 정의하고, 새로운 비즈니스 모델을 만들어야 합니다. 변화를 모색하지 않고 정체되어 있는 기업에 미래는 없습니다.

특징 3: 핵심 자산이 부채로 바뀌는 세상

•

과거 억대 연봉자가 가장 많은 업종으로 불리며 황금기를 구가했던 증권업체들이 요즘 적지 않은 어려움을 겪고 있습니다. 이익이 줄어들거나 심지어 지점이 폐쇄되는 경우도 많습니다. 과거에는 증권사의 가장 중요한 경쟁우위의 원천은 요지에 마련된 점포였습니다. 상업지역 한복판의 접근성 좋은 1층에 점포를 많이 가진 기업들이 더 많은 고객을 확보하면서 경쟁우위를 유지할 수 있었습니다.

그런데 이제 상황이 달라졌습니다. 앞서 경계파괴 현상에서 살펴봤듯이 점포 하나 없이 출발한 인터넷 기반의 회사들이 파괴의 주역입니다. 이들은 거의 제로에 가까운 증권거래 수수료를 앞세워 수많은 사람들을 모았습니다. 중개 수수료를 거의 공짜에 가까운 수준으로 제공했다면 무엇을 통해 돈을 벌 수 있을까요? 인터넷 기반의 증권사들은 역시 외부효과를 이용했습니다. 파격적인 수수료로 사람을 모은 다음, 이들에게 주식담보대출 등의 서비스를 제공하며 수익을 올리고 있습니다. 이걸 사채업으로 봐야 할지, 증권업으로 봐야 할지 애매하지만 결국 이런 기업들이 경계를 파괴하며 기존 업체의 수익모델을 빠르게 잠식하고 있습니다.

그렇다면 기존 증권사들은 이런 변화에 어떻게 대응해야 할까요? 이론적으로 보면 기존 증권사들도 빨리 이런 모델을 도입하면 됩니다. 그런데 그게 잘 되지 않습니다. 왜 그럴까요? 그간 경쟁우위의 원천이 됐던 거대한 지점 자산이 '핵심 경쟁력'core competence에서 돌연 '핵심 경직성'core rigidity으로 변해버리기 때문입니다. 지점 위주로 운영되었던 증권회사들은 지점 운영을 위해 방대한 인력과 자산을 투입해왔습니다. 이런 자산을 한꺼번에 없앨 수는 없습니다. 그러다보니 수수료 수입에 의존하는 기존 모델을 쉽게 버릴 수도 없습니다. 특히 한국에서는 유연한 해고가 이뤄질 수 없기 때문에 이런 전략 변화를 쉽게 단행하기 매우 어렵습니다. 이처럼 과거 생존을 보장해줬던 자산이 한순간에 부채로 돌변하는 상황이 자주 발생하고 있습니다.

과거 유통산업에서 중추적 역할을 담당했던 백화점이나 대형마트의 경쟁력을 좌우하는 핵심 요소는 무엇일까요? 역시 요지에 자리 잡은 부동산입니다. 중심 상권에 부동산을 사들여 건물을 올리고 나면 거의 저절로 장사가 됐습니다. 어렵게 좋은 제품을 확보하기 위해 노력할 필요도 없었습니다. 요지에 점포만 있으면 물건을 제발 팔게 해달라고 요청하는 제조업체가 줄을 섰기 때문입니다. 이런 관점에서 본다면 유통업은 본질적으로 부동산업에 가까웠다고 볼 수도 있습니다.

그런데 요즘 상황이 바뀌었습니다. 백화점과 대형마트는 이제 사양

산업으로 분류됩니다. 판촉 세일을 하고 각종 고객만족 프로그램을 강화해도 좀처럼 매출이 늘어나지 않습니다. 도처에서 나타난 파괴자들 때문입니다. 우선 온라인 오픈마켓 등이 활성화되면서 많은 소비자들은 백화점에 가서 제품을 구경만 합니다. 대신 물건을 살 때는 최저가로 판매하는 온라인 업체를 이용합니다. 해외 직구(직접구매)도 전통적인 유통업을 힘들게 하고 있습니다. 해외 사이트에 마음에 드는 제품이 있으면 소비자들은 직접 온라인으로 구매합니다. 해외 직구 수요가 늘자 소비자들이 편리하게 구매할 수 있도록 서비스를 제공하는 구매대행 업체들도 성업 중입니다. 또 소셜커머스 업종처럼 '뭉치면 싸진다'는 새로운 모토로 사람들을 끌어 모으는 기업들도 속속 등장하고 있습니다.

이런 변화에 대응하려면 새로운 업태로 신속하게 진출하면 됩니다. 오픈마켓, 소셜커머스 등 급성장하고 있는 새로운 분야에 뛰어들어 신사업을 벌이면 됩니다. 그런데 기존 유통업체들은 이런 변화에 둔감했습니다. 실제 새로운 변화를 주도한 기업들은 겁 없는 스타트업이거나, 11번가를 만든 SK그룹처럼 유통업에 기반을 두지 않았던 대기업들이었습니다. 기존 유통회사들이 변화를 주도하지 못했던 가장 큰 이유는 기존 자산 때문입니다. 회사의 핵심 자산이 부동산이고, 부동산 부지 선정과 개발에 특화된 역량이 여전히 가장 중요한 기업의 자원으로 인식되는 상황에서 새로운 변화를 모색하기는 무척 힘이 듭니다. 온라인으로 유사한 제품을 더 싸게 팔면 기존 주력 비즈니스가 타격을 입을 수도 있는 상황에서 새로운 비즈니스에 적극적으로 나서기는 무척 부담스러울 수밖에 없습니다. 유통업에서도 역시 자산이 부채가 되는 현상이 나타나고 있습니다.

신문사의 경우에도 과거 대규모 윤전기는 경쟁자들의 진입을 막는 효과적인 진입장벽이자, 경쟁우위의 중요한 원천 가운데 하나였습니다. 컬러 지면을 더 빠르고 더 대량으로 인쇄해주는 인쇄기를 주요 언론 기업들이 경쟁적으로 도입하며 고객들에게 어필한 적도 있었습니다. 그러나 온라인화가 진행되면서 윤전기는 애물단지가 되고 말았습니다. 실제 전 세계적으로 윤전기가 남아도는 현상이 나타나고 있습니다. 더 크고 더 훌륭한 윤전기를 가진 기업일수록 온라인 전략 변화에는 더 둔감한 경향을 보였습니다. 오히려 윤전기 같은 자산이 없는《허핑턴 포스트》The Huffington Post 나 퍼키캐스트 같은 스타트업 기업들이 새로운 모델을 만들어내며 성공을 거두고 있습니다. 신문업에서도 기존 경쟁우위의 원천이 거대한 부채가 된 셈입니다.

소중한 자산이 부채로 돌변하는 현상은 인터넷 경제의 특징 때문입니다. 디지털화가 가속화되면 상품의 제작과 배포 비용이 획기적으로 줄어듭니다. 돈 한 푼 안 들이고도 시간적, 지역적 경계를 넘어서 어디든 자유롭게 고객과 만나 가치를 창출할 수 있는 길이 열립니다. 이런 디지털 기술을 활용해 새롭고 혁신적인 모델을 만들어내는 도전적 창업자가 어느 한순간 수많은 사람을 모아서 기존 기업이 제공하는 것보다 훨씬 뛰어난 서비스를 파격적인 가격에, 혹은 공짜에 제공하는 일이 흔해지고 있습니다. 마이크로소프트Microsoft 빌 게이츠Bill Gates 회장은 가장 걱정하는 게 뭐냐는 언론의 질문에 누군가가 차고에서 파괴적인 모델로 창업을 준비하고 있다는 점이 가장 우려된다고 말했는데, 지금 이 순간에도 도전적인 창업자들은 시장을 끝없이 뒤흔들고 있습니다.

관성을 거슬러 변화를 모색하라

경영이란 개념적으로는 사실 그다지 어려운 게 아닙니다. 환경이 바뀌면 그에 맞게 전략을 바꾸고 이를 실행할 수 있도록 기업 운영과 조직 문화를 바꾸면 됩니다. 그런데 이게 말처럼 쉽지 않습니다. 바로 '관성' inertia 때문입니다. 움직이는 것은 계속 움직이려 하고 멈춰 있는 것은 계속 멈춰 있으려 한다는 관성의 법칙은 물리학에서 나왔지만 조직에도 역시 마찬가지로 적용됩니다. 심각한 위기가 찾아와도 기존 전략과 기존 방식대로 일하려 하는 게 조직의 특징이기 때문에 변화는 결코 쉽지 않습니다. 과거와 같은 방식으로 일하는 게 더 편하면서 덜 위험하다고 생각하기 때문입니다.

그러나 이제는 관성을 거스르며 변화를 모색해야 합니다. 지난 2015년 말에 개최된 동아비즈니스포럼에 참석한 경영전략의 거장 제이 바니Jay B. Barney 유타대학 교수는 향후 수십 년 간 세계 경제는 1.9~2.1

퍼센트 정도 수준의 성장세를 보일 것으로 내다봤습니다. 여기에 더해 기존 강점이 약점이 되고, 경계가 무너지며, 조금 더 뛰어난 역량을 갖춘 소수의 기업이 시장의 대부분을 장악하는 혹독한 승자 독식 경제가 펼쳐질 것입니다. 저는 이런 상황을 종합적으로 보여주는 단어를 찾기 위해 고심했습니다. 혹자는 저성장이 이제 일상화된 새로운 표준이 되었다는 측면에서 '뉴노멀'new normal이라는 단어를 사용합니다. 하지만 앞서 말씀드린대로 저성장뿐만 아니라 무시무시한 승자 독식의 혁신 경쟁 또한 절대 기업 경영자가 잊어서는 안 될 중요한 환경 변화입니다. 그래서 경영 석학 가운데 한 명인 리처드 다베니Richard Daveni 다트머스대학 교수가 극단적으로 강해지는 경쟁 강도를 설명하기 위해 만든 '초경쟁'hyper-competition이란 말을 결합해 '뉴노멀 초경쟁 시대'로 현재 상황을 정의하시는 분들도 있습니다. 그런데 이 단어는 길기도 하고 임팩트 있게 현재 상황을 전달하기 어렵다는 한계도 있는 것 같습니다.

그래서 저는 현재의 상황을 설명하는 단어로 '제로 시대'라는 말을 제안합니다. 실제로 저성장의 아이콘인 일본에서는 제로 금리에 이어 마이너스 금리를 도입했고, 유럽중앙은행ECB마저 제로 금리를 선언하는 등 초유의 상황이 전개되고 있습니다. 또한 다양한 분야에서 제로 성장률 시대를 경험하고 있습니다. 선진국에서는 제로 성장이 낯선 일이 아니며, 한국에서도 분기별로 제로에 가까운 성장률을 기록하는 경우가 많습니다.

제로 시대는 또 다른 의미도 함축합니다. 기업의 성장과 번영을 보장해줬던 기존 역량들이 한순간에 무위로 돌아간다는 의미도 담고 있습니다. 지금 우리의 번영을 가능케 했던 자산이 언제라도 제로의 가치로, 심지어 생존에 위협을 주는 존재로 돌변할 수 있다는 것을 염두에 두어야 합니다.

혁신 경쟁을 주도하는 무서운 신규 진입자들의 전략도 '제로'라는 특징을 갖고 있습니다. 이들은 고객이 늘어나더라도 추가 비용이 거의 들어가지 않는 인터넷 신경제의 장점을 극대화하면서 인터넷을 무기로 '한계생산비용 제로'에 도전하고 있습니다. 또 고객들에게 제로의 비용으로 서비스를 제공하는 사례가 많습니다. 카카오톡의 무료 문자 서비스, 무료 콜택시 서비스 등을 통해 공짜로 사람을 불러모은 후 외부효과로 돈을 벌고 있는 다음카카오처럼 대부분의 혁신 기업들은 기존 서비스를 무력화시키는 공짜, 즉 제로 프라이스로 시장을 공략하고 있습니다.

혼란의 시대에 대응하기 위한 우리의 전략에서도 '제로'라는 콘셉트는 큰 의미를 줍니다. 즉, 기존 가정과 전략, 상식에만 의존해서 의사결정을 하는 것은 매우 위험합니다. 우리의 상식과 가정, 루틴을 제로 베이스에서 재점검하는 관행이 일상적으로 정착되어야 합니다. 너무나 당연하다고 생각해왔던 것들부터 제로베이스에서 재고해야 합니다.

> 제로 시대에는 우리의 번영을 가능케 했던 자산이 언제라도 제로의 가치로, 심지어 생존에 위협을 주는 존재로 돌변할 수 있다.

정리해보자면 제로 성장, 제로 금리 등 우리가 직면한 환경의 핵심 특징은 제로라는 단어로 표현이 가능합니다. 불확실성의 원천이 되고 있는 무서운 파괴자들의 전략도 제로라는 단어로 압축할 수 있습니다. 혁신 경쟁에서 생존하기 위한 전략 대안 또한 제로라는 말로 수렴할 수 있습니다.

이 책에서는 제로 시대로 상징되는 전대미문의 환경에 대처하기 위해 세 가지 전략 어젠다를 제시하고자 합니다. 첫 번째 전략 어젠다는 '가격 대비 가치'입니다. 현재와 같은 제로 시대에서는 단순히 원가를 조금 낮추거나 효율성을 높이는 방법만으로는 생존하기 어렵습니다. 소비자의 지갑이 얇아졌고, 이와 동시에 인터넷으로 인한 기업의 승자 독식, 경계파괴 현상이 심화되고 있기 때문에 원가를 낮추면서도 고객 가치를 획기적으로 향상시키기 위한 혁신이 반드시 필요합니다. 과거에는 저원가, 차별화 중 하나만 잘 해도 생존할 수 있었지만, 이제 이런 관점은 대단히 위험합니다. 경영의 초점도 우리 기업의 수익 극대화나 주주 가치 극대화가 아니라 고객 가치 극대화로 옮겨야 합니다. 고객에게 극단적으로 높은 가치를 거의 공짜로 제공하면서 외부효과를 이용해 돈을 버는 파괴적 기업들이 승승장구하고 있기 때문입니다. 기업 자체의 이익만을 중시하느라 고객 가치를 우선순위에 두지 않는 기업은 이런 경쟁에서 밀려날 수밖에 없습니다. 또 고객들

> 제로 시대 경영의 초점은 우리 기업의 수익 극대화나 주주 가치 극대화가 아니라 고객 가치 극대화에 있다.

은 전례 없이 막강한 정보로 무장하고 있습니다. 이처럼 투명하게 정보가 생산·공유되는 시대에 가격 대비 가치가 조금이라도 높은 소수 기업이 시장을 독식하는 현상은 심화될 수밖에 없습니다. 가격 대비 가치라는 개념은 이전의 관행과 결별을 요구하는 새로운 어젠다입니다. 기업 경영자와 조직원들 모두가 깊이 새겨야 합니다.

두 번째 전략 어젠다는 '감정'입니다. 가격 대비 가치는 치열한 이성적 사고를 통해서 달성할 수 있는 경영 목표입니다. 하지만 이것만으로 모든 게 해결되지는 않습니다. 현대 사회과학의 눈부신 발달 과정에서 드러난 가장 주목할 만한 발견 중 하나는 인간이 얼마나 감정적인 존재인지 알게 되었다는 점입니다. 실제 사람의 행동과 의사결정 과정에서 감정은 이성보다 훨씬 큰 영향력을 발휘합니다. 하지만 과거 경영학은 이성에만 초점을 맞춰왔습니다. 수많은 경영자들 또한 합리적 사고와 분석으로 최적의 전략 대안을 도출할 수 있다는 믿음을 갖고 있습니다. 아마도 이런 합리적 이성을 가장 잘 활용하는 집단이 컨설팅 회사들일 것입니다. 그런데 잘 아시다시피 많은 기업들이 컨설팅 회사의 조언을 현실에 적용하다 실패하곤 합니다. 가장 큰 이유는 이성보다 감정의 영향력이 더 크기 때문입니다. 게다가 고객들은 이제 소비 과정을 통해 실제로 제품을 사용하면서 체득한 경험과 감정에 대한 수많은 정보를 양산하고, SNS를 통해 서로 공유하고 있습니다. 이제 가격 대비 가치라는 요소로 소비자의 이성을 공략할 뿐만 아니라, 감정까지도 만족시킬 수 있는 기업이 앞서나갈 수 있습니다. 의사

| | 새로운 전략 어젠다 |

	과거 대량생산 산업사회 시대의 전략 어젠다	제로 시대의 전략 어젠다
구매 의사결정 기준	판매 가격 대비 원가 (생산자 잉여)	구매 가격 대비 가치 (소비자 잉여)
고객의 핵심 편익	문제 해결, 편리성 등 이성적 가치	기쁨, 자부심, 행복감 등 정서적 가치
경쟁우위의 원천	보편적 가치 반영하면서 더 높은 효율성 추구하는 기업	보편적 가치보다 독특한 존재 이유를 갖춘 개성 있는 기업

결정의 주체는 이성이 아니라 감정입니다. 감정을 이해하고 감정에 어 필할 수 있는 기업이 미래를 주도할 것입니다.

　마지막 전략 어젠다는 '개성'입니다. 설령 이성과 감정을 모두 만족 시킨 제품과 서비스를 만들어냈다 하더라도 어디선가 본 듯하거나 누 군가를 흉내 낸 것 같은 느낌을 주는 순간, 고객들은 그 기업을 2류로 취급할 공산이 큽니다. 다른 곳에서는 찾아볼 수 없는 그 기업만의 개 성이 투영된 제품이나 서비스가 존재 가치를 인정받을 수 있습니다. 그 리고 고객들은 그런 기업이 사라지는 것을 아쉬워할 것입니다. 이는 곧 개성이 있어야 존재 가치를 인정받을 수 있다는 의미입니다. 과거 산업 사회에서는 유사한 콘셉트를 가진 제품을 누가 더 효율적으로 만드느 냐가 관건이었습니다. 하지만 이런 패러다임으로는 시장을 선도할 수 없습니다. 시장에서 얼마든지 대체 가능한 기업은 존재 가치가 희박합니다. 우리만의 개성이 투영된 무언가를 만들기 위해 노력하는 기업에 소비자들은 열광하고, 종업원들도 진심을 다해 노력할 것입니다.

저는 이 세 가지 전략 어젠다를 '트라이앵글 전략'Triangle Strategy이라고 이름 붙였습니다. 세 가지의 전략 어젠다가 삼각형의 꼭짓점에 자리 잡도록 한 다음에, 고객들이 각 어젠다별로 우리 기업에 대해 어떤 평가를 하고 있는지를 파악해보면 현재의 경쟁우위 수준과 미래의 성장 가능성을 점검해볼 수 있습니다. 소비자들에게 세 가지 어젠다를 모두 성공적으로 어필해서 큰 정삼각형regular triangle 모양으로 잘 자리 잡은 기업은 제로 시대에서 승리할 수 있을 것입니다.

새로운 패러다임을 유발하는 제로 시대의 특징

1. **롱테일은 환상**: 승자 독식 현상이 극심해진다.
2. **카테고리 파괴 정당성**: 경쟁을 가로막는 모든 경계가 무너진다.
3. **핵심 경쟁력의 배신**: 생존을 보장해줬던 핵심 자산이 오히려 부채로 돌변하게 된다.

제로 시대에 대처하는 트라이앵글 전략

1. **가격 대비 가치**: 주주 가치 극대화에서 고객 가치 극대화로 전환하라.
2. **감정**: 의사결정의 주체는 감정. 감정에 어필하는 기업이 미래를 주도한다.
3. **개성**: 대체 가능한 콘셉트가 아닌 우리 기업만의 개성을 투영하라.

CHAPTER 2

하이엔드/로엔드
전략만으로는 생존할 수 없다

_가격 대비 가치를 격상하라

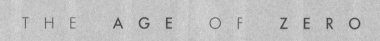

THE AGE OF ZERO

THE AGE OF ZERO

한국 시장을 강타한 '좁쌀'小米 쇼크

○

2015년, 중국의 전자제품 제조업체 샤오미Xiaomi는 한국 시장에 자사의 체중계 '미스케일'을 판매했습니다. 애플 제품을 연상케 하는 깔끔한 디자인에 우수한 성능, 스마트폰과 연계해 체중 이력을 추적할 수 있는 서비스 등을 제공하면서도 가격은 2만 원대에 불과했습니다. 시장의 반응은 뜨거웠습니다. 초기 한정 수량을 판매했는데 불과 2~3분 만에 매진됐다고 합니다. 그런데 얼마 지나지 않아 한국 정부가 판매 금지 조치를 내렸습니다. 이유는 샤오미 체중계가 법에서 정한 무게를 재는 공식 단위인 킬로그램 외에도 근이나 파운드를 함께 표시하는 기능을 갖췄기 때문이라고 합니다. 법정 단위만 표시한 제품을 팔 수 있도록 관련법이 규정하고 있다는 명분을 내세웠습니다. 그런데 저희 집에 있는 줄자는 법정 계량 단위인 센티미터 외에 인치도 분명히 함께 표시가 돼 있는데, 유독 샤오미 제품에 대해서만 정부가 대단히 엄격한 조치를 취한 것입니다. 충분히 예상 가능하게도 샤오미 체중계가 불티나게 팔려나가자 관련 업체들로부터 민원이 쏟아졌다는 후문입니다. 이에 대해 많은 네티즌들은 "샤오미가 얼마나 무서웠으면……."이라며 힐난했습니다.

유사한 일이 얼마 지나지 않아 또 벌어졌습니다. 2016년 벽두에 인터파크가 KT와 함께 샤오미의 최신 스마트폰 '홍미노트3'를 온라인으로 판매했습니다. 1,300만 화소의 고해상도 카메라에 아이폰과 별 차이 없는 화면 해상도, 지문 인식 기능에 고용량 배터리까지 일반 소비자가 느끼기에 상당한 수준의 성능을 갖춘 스마트폰이었습니다. 그런데도 중국 내 판매 가격은 16만 원 수준입니다. 스마트폰 액정이 깨졌을 때 교체하는 비용보다 쌉니다. 당시 인터파크는 보조금을 지원해 6만 9,000원에 홍미노트3를 팔았고, 통신비 할인 등 추가 혜택을 주며 소비자들의 큰 관심을 모았습니다. 그런데 돌연 이틀 만에 판매가 중단됐습니다. 정확한 이유는 알려지지 않았지만, 휴대전화 단말기 제조사들의 압력 때문이라는 게 일반적인 분석입니다. 여기에 대해 소비자들은 어떤 입장을 취했을까요? 애국심을 토대로 한국 정부와 기업들을 지원사격했을까요? 정확히 알기는 어렵지만 이번 사건을 알린 기사에 달린 댓글을 보면 어떤 느낌인지 감을 잡을 수 있습니다. '부끄럽다', '얼마나 중국이 무서웠으면', '그 정도 자신감도 없나' 등의 글이 많았습니다. 가격 대비 가치라는 측면에서는 국경이 없다는 것을 보여준 사례입니다. 초기 중국 기업 제품은 '대륙의 실수' 정도로 비하됐지만, 이제는 '대륙의 실력'을 넘어 '대륙의 괴력'으로 바뀌고 있습니다.

과거 중국 기업 브랜드는 한국 시장에서 '짝퉁' 이미지와 연결되는 경우가 많았습니다. 그만큼 브랜드 가치가 낮았지요. 그리고 지금까지 한국 시장은 '외산 폰의 무덤'으로 불렸습니다. 한국 기업들의 경쟁력이 강하기도 했고, 소비자들의 눈높이도 상당히 높았기 때문입니다. 그런데 이처럼 중국 브랜드가 한국 시장을 뒤흔들게 된 이유는 과연 무엇일까요?

과거에는 브랜드가 중요했습니다. 하지만 저성장이 고착화되면서 이른바 '가치 소비'가 부상하고 있습니다. 즉, 잘 관리된 브랜드에 더 많은 돈을 지불하기보다, 매번 소비를 할 때마다 가격과 성능 등을 비교해서 소비자들에게 더 큰 이익을 주는 제품을 구매하려는 성향이 심화된 것입니다. 게다가 제품에 대한 정보가 투명하게 공개되어 경쟁 상품과 손쉽게 비교할 수 있어 이른바 '가성비'(가격 대비 성능 비율)가 뛰어나다면 브랜드와 상관없이 과감하게 제품을 구매하는 현상이 보편화되었습니다. 많은 이들이 사용하는 표현이지만 저는 가성비란 표현에는 문제가 있다고 생각합니다. 성능이 무조건 뛰어나다고 해서 고객들이 느끼는 가치가 높아지는 것은 아니기 때문입니다. 어떤 시계가 수심 100미터까지 방수가 되는 탁월한 성능을 갖고 있다고 해서 고객 가치까지 높아지는 것은 아닙니다. 전 세계 인구 가운데 평생 한 번이라도 수심 100미터까지 내려가서 시계를 볼 일이 있는 사람은 거의 없기 때문입니다. 그래서 '가성비'보다는 '가격 대비 가치'가 더 정확한 표현이라고 볼 수 있습니다. 저성장이 고착화되면서 고객들은 가격 대비 가치가 높은 제품에 대해 민감하게 반응하고, 정보를 공유하며 입소문을 만들어내고 있습니다. 기존 제품들은 샤오미처럼 고가 제품과 유사한 수준의 가치를 소비자에게 제공하면서도 가격은 기존 제품의 20퍼센트 정도에 불과한 극단적으로 높은 가격 대비 가치를 가진 제품들과 경쟁해야 합니다.

가격 대비 가치라는 개념은 사실 기존 경영전략의 통념에 위배됩니다. 시장에서 살아남으려면 마이클 포터Michael Porter 하버드대학 교수의 주장대로 싸게 만들거나, 고가 제품으로 차별화하는 두 가지 옵션 가운데 하나만 선택해야 한다는 게 전통적인 경영전략 교과서들의 일관된 메시지였습니다. 즉, 로엔드low-end와 하이엔드high-end 가운데 하나만 택해 전력투구해야지, 둘 다 추구하면 성과가 하락한다는 것입니다. 과거 경영학자들이 이런 주장을 편 데에는 그럴 만한 충분한 이유가 있었습니다. 싸면서 고품질을 추구하면 적당히 싸면서 적당한 품질의 제품을 만들기 십상입니다. 이 경우 가격 측면에서는 철저히 저원가를 추구한 기업에, 품질 측면에서는 철저히 고품질을 추구한 기업에 밀릴 확률이 높습니다. 식당 비즈니스에 비유하자면 객단가 5,000원짜리의 로엔드 식당으로 승부하거나, 4~5만 원 이상의 하이엔드 식당으로 승부해야 한다는 것입니다. 어정쩡하게 가격과 품질을 모두 추구한 답시고 객단가 1~2만 원짜리 식당을 하면 장사가 안 된다는 분석입니다. 포터 교수의 표현대로 로엔드와 하이엔드 두 가지 전략을 모두 추구하다 보면 중간에 낀stuck in the middle 상태가 될 수 있습니다.

그런데 이제 이런 상식이 무너지고 있습니다. 현재 한국에서 큰 인기몰이를 하고 있는 한식뷔페만 봐도 이런 트렌드를 금방 확인할 수 있습니다. 계절밥상, 올반, 자연별곡 등의 한식뷔페에서는 1만 원대의 가격에 60가지 이상의 음식을 먹을 수 있고, 분위기도 깔끔한 데다 서비스도 비교적 만족할 만합니다. 하이엔드, 로엔드의 구분을 뛰어넘어 1만 원대의 가격에 3만 원 이상의 가치를 주는 놀라운 '가격 대비 가치'로 소비자들에게 어필한 셈입니다.

어떻게 이런 일이 가능해졌을까요? 바로 '혁신' 덕분입니다. 과거 식당을 운영하려면 무조건 매장마다 요리사가 있어야 한다는 통념이 강했습니다. 매장마다 요리사를 고용하면 비용이 많이 들 수밖에 없지만 다른 방법을 찾지 못한 기존 요식업체들은 이런 관행을 이어갔습니다. 그런데 한식뷔페 업체들은 혁신을 통해 위와 같은 기존 요식업체들의 통념을 깼습니다. 그들은 중앙에서 전문 요리사들이 맛있는 요리를 만들어 개별 매장에 공급하는 구조를 만들어냈습니다. 즉, 센트럴 키친central kitchen에서 요리를 거의 다 만들어서 개별 매장에 보내면, 매장에서는 인건비가 비싼 요리사가 아니라 저렴한 인건비의 아르바이트생이 간단하게 음식을 데워서 서비스하는 방식을 적용한 것입니다. 한 곳으로 음식 조리를 집중화하니 규모의 경제가 실현돼 원가를 낮추면서도 높은 품질을 구현할 수 있었습니다. 덕분에 매장의 인건비도 줄어들었습니다. 결국 놀라운 원가에 높은 품질을 달성할 수 있게 된 것이죠.

　물론 가격 대비 가치 경쟁이 최근에 갑작스럽게 생긴 일은 아닙니다. 브랜드 가치가 낮은 기업이 시장에서 성공하기 위해 끈질긴 사투를 벌인 끝에 혁신을 이뤄내 가격 대비 높은 가치의 제품으로 성공을 거둔 사례는 과거에도 적지 않게 목격할 수 있었습니다. 과거 도요타Toyota의 고급 자동차 브랜드 렉서스가 벤츠의 품질을 제공하면서 가격은 캐딜락 수준으로 맞췄던 것이 대표적인 사례입니다. 최근 들어 더욱 가격 대비 가치라는 어젠다가 부상하고 있는 까닭은 글로벌화와 지식 기반 경제가 도래하면서 기업 간 경쟁이 격화됐고, 전 세계적인 저성장으로 인해 소비자들의 주머니가 얇아졌기 때문입니다. 다른 기업에 비해 가격 대비 높은 가치를 구현한 혁신 기업들은 규모의 경제를 활용해 경쟁자들이 따라오기 힘든 수준의 원가를 달성합니다. 여기에 온라인과 SNS로 무장한 소비자들은 탁월한 가격 대비 가치를 제공하는 제품에 열광하며 엄청난 입소문을 만들어냅니다. 이렇게 가격 대비 가치가 높은 제품이 수요를 견인하고, 높아진 수요가 가격 대비 가치를 더욱 높이는 선순환 구조를 만들어냅니다. 그 결과 가격 대비 가치가 높은 기업이 시장을 독식하는 현상은 갈수록 심화되고 있습니다.

　여기서 조심해야 할 것은 가격 대비 가치를 추구한다는 명목으로 제품의 품질 면에 있어서 적당히 타협하면 안 된다는 점입니다. 대표적인 사례가 인도 타타자동차Tata Motors Limited의 '나노'입니다. 이전까지 자동차 업계에서는 아무리 차를 싸게 만들어도 4,000달러 이하로는 가격을 낮출 수 없다는 생각을 갖고 있었습니다. 하지만 타타는 혁신을 거듭한 끝에 2,000달러 수준으로 자동차 가격을 낮추는 데 성공했고, 덕분에 엄청난 스포트라이트를 받았습니다. 인도의 국민차가 될 것이란 기대를 한 몸에 받게 되었죠. 하지만 기대에 비해 판매량은 실망스러운 수준입니다. 한때 월 1만 대를 넘기기도 했으나, 지속적으로 감소세를 보여 최근에는 1,000대 수준으로 하락하는 등 기대에 미치지 못하는 성과를 냈다는 게 중론입니다. 충격적일 정도로 싼 가격임에도 불구하고 왜 이런 문제가 생겼을까요?

'가격 대비 가치'라는 어젠다를 자세히 뜯어보면 금방 이유를 알 수 있습니다. 타타는 가격 측면에서 놀라운 수준의 혁신을 이룬 것은 분명합니다. 그러나 가치라는 측면에서는 성공하지 못했습니다. 충돌 실험 등 안전성 측면에서 참담한 결과가 나왔고, 차량 화재 사건이 일어나는 등 품질에 대한 문제가 제기됐습니다. 마케팅도 그다지 현명하지 못한 것 같습니다. 무엇보다 고객들의 입장에서 싸다는 것 외에 가치를 느낄 만한 요소가 없다는 게 심각한 문제로 보입니다. 워낙 경쟁력이 있는 가격이었던 터라 나노는 놀라운 가격이라는 측면만 부각됐습니다. 하지만 선진국이든 개발도상국이든 자동차는 고객들의 신분, 혹은 정체성을 드러내는 수단입니다. 그냥 단순한 운송수단이 아닙니다. 그런데도 나노는 이런 측면에서 고객들에게 감성적으로 어필할 수 있는 가치 요소를 제공하지 못했습니다. 그냥 싸기만 한 제품은 아무리 불황이어도, 아무리 개발도상국이어도 잘 안 팔립니다. 최소한의 안전성과 기능, 감성적 가치 등 다양한 측면에서 소비자에게 어필할 수 있는 가치 요소를 갖춰야 합니다. 특히 충돌 실험 결과 0점을 받은 처참한 모습의 동영상을 인터넷에서 누구나 손쉽게 찾아볼 수 있는 시대입니다. 검색 어로 'nano crash test'만 치면 됩니다. 이런 시대에 가격 하나만으로 승부해서는 안 됩니다.

스스로 파괴할 것인가,
남에게 파괴당할 것인가?

여러 가지 종류의 제품을 생산하는 보통 기업에서 가격 대비 가치가 높은 제품을 만들기로 결심하기까지 한 가지 큰 걸림돌이 있습니다. 현대자동차의 '아슬란'이란 모델을 예로 들어 보겠습니다. 아슬란은 '그랜저'와 '제네시스' 사이에서 애매한 포지셔닝으로 출발했는데, 이런저런 옵션을 장착하면 제네시스와 비슷한 가격이 됩니다. 그랜저 플랫폼을 쓰고 있는데도 말입니다. 이런 애매한 포지셔닝 때문에 아슬란은 잘 팔리지 않았습니다. 현대차는 아슬란이 잘 팔리지 않자 품질에 자신이 있다며 한 달간 써보고 마음에 들지 않으면 그랜저나 제네시스로 교체해주는 마케팅도 진행해봤지만 별 효과가 없었습니다. 이후 가격을 그랜저 수준으로 낮췄지만 성과는 기대만큼 나오지 않고 있습니다.

결국 아슬란은 많은 소비자들이 '지각하는' 가격 대비 가치가 낮은 제품이라고 볼 수 있습니다. 가격 대비 가치라는 기준을 충족하기 위해서는 어떤 제품을 만들어야 할까요? 그렇습니다. 제네시스 수준의 품질에 그랜저 가격을 갖춰야 합니다. 소비자들이 지각하는 품질과 가격이 이 정도라면 당연히 잘 팔렸을 것입니다. 하지만 기업 측에서는 이런 의문이 들 수밖에 없습니다. 기존 두 모델, 즉 그랜저와 제네시스 모두가 자기잠식cannibalization 당하게 되는데 왜 이런 신제품을 내야 하느냐는 것입니다. 결국 내가 스스로 나를 파괴하는 전략인데 왜 이걸 해야 하느냐는 의문이 제기될 수밖에 없습니다.

여러분들이라면 어떻게 하시겠습니까? 만약 기술 및 마케팅 혁신 등으로 충분히 이런 일(그랜저 가격에 제네시스 품질의 신제품 개발)이 가능하다면 말입니다. 저는 가격 대비 가치가 높은 제품을 제공해서 소비자들의 후생을 높이는 전략적 선택을 하는 게 더 바람직하다고 생각합니다. 이유는 자기 파괴를 하지 않으면 제로 시대에 다른 기업이 우리의 기반을 파괴할 확률이 높기 때문입니다. 남의 손에 의해 파괴당하느니 차라리 스스로의 손으로 파괴하는 게 훨씬 더 바람직하다는 얘기입니다.

실제 혁신을 선도하는 기업들은 과감하게 자기 파괴에 나섭니다. 애플이 대표적입니다. 애플은 '아이팟'으로 재기에 성공한 후 아이팟보다 가격 대비 가치 측면에서 월등한 '아이팟 나노'를 출시해 기존 제품을 스스로 고사시켰습니다. 이후 휴대전화 기능은 물론이고 손안에서 사실상 컴퓨터 역할까지 수행할 수 있는 '아이폰'을 출시하면서 2억 대 넘

제로 시대에 자기 파괴를 하지
않으면 다른 기업이 우리의 기
반을 파괴할 확률이 높다. 남의
손에 의해 파괴당하느니 차라
리 스스로의 손으로 파괴하는
게 훨씬 더 바람직하다.

게 판매된 베스트셀러이자 아이폰의 모
태라고도 불리우던 아이팟 클래식의 목
숨을 자기 손으로 끊어버렸습니다. 지
금 아이팟 클래식 모델은 단종되어 시
장에서 찾아볼 수 없습니다.

한국에서도 사업을 시작한 넷플릭스
Netflix도 자기 파괴 전략의 선두주자입니다. 넷플릭스는 원래 우편으
로 DVD를 배달해주는 사업 모델로 크게 성공했습니다. 하지만 초고
속인터넷이 보편화되면서 온라인으로 동영상 등 콘텐츠를 보는 스트
리밍 서비스가 등장하자, 기존 사업 모델에 치명적 피해를 줄 게 확실
시됐던 스트리밍 서비스를 과감하게 도입했습니다. 지금은 DVD로 콘
텐츠를 보는 사람이 거의 없습니다. 지금 와서 보면 당연한 결정 같지
만, 당시 상황으로 돌아가면 미래는 불확실하고 당장 수익원에 타격을
준다는 점에서 쉽지 않은 결정이었음이 분명합니다.

자기 파괴 전략은 의도하지 않은 또 다른 장점도 있습니다. 앞서 아
슬란을 예시로 들었는데, 만약 기술 및 마케팅 혁신으로 아슬란이 제네
시스 품질에 그랜저 가격이라면, 제네시스와 그랜저 담당자들은 어떻
게 됐을까요? 파괴될 수도 있지만 생존할 수도 있습니다. 너무나 막강
한 경쟁자가 나왔기 때문에 어떤 방법으로든 생존하기 위해 최선을 다
할 것입니다. 가장 큰 창조의 원천은 무엇일까요? 바로 절박함입니다.
전 세계 인구의 0.25퍼센트에 불과한 유대인들이 성공 신화를 쓰고 있

는 이유는 고난의 역사 속에서 이들은 항상 생존과 관련한 절박함을 느끼고 있었기 때문이라는 분석이 있습니다. 사업도 마찬가지입니다.

실제 비즈니스에서 이런 사례는 상당히 많습니다. 특정 업종에서는 이런 사례들이 자주 목격되곤 합니다. 스웨덴의 가구업체 이케아Ikea가 한국에 진출하기 전, 많은 비즈니스 전문가들은 이케아의 사업 모델이 아파트가 보편적인 주거 형태인 한국에서 통할 수 있을지 관심을 갖고 지켜봤습니다. 결론은 통했습니다. 이케아 광명점에서 쇼핑을 하려면 주차하는 데만 한 시간 30분이 넘게 걸린다고 합니다. 고객들이 느끼는 가격 대비 가치가 높았다는 것이 입증된 셈입니다. 많은 비즈니스 전문가들은 만약 이케아 모델이 한국 소비자에게 통한다면 한국의 가구업체는 큰 위기를 겪을 것이라 내다봤습니다. 이케아는 여세를 몰아 점포를 추가할 예정이라는데, 정말 토종 가구업체는 고사될 운명을 맞이하게 될까요?

결론은 아직 알 수 없지만 현재까지는 전혀 다른 시나리오로 가고 있습니다. 토종 가구업체 모두가 잘되는 것은 아니지만 선두 업체들은 오히려 예전보다 더 좋은 성과를 거두고 있습니다. 이케아라는 공룡이 한국 시장을 공습하자 가구 업체들은 절박함을 느꼈고, 가격 대비 가치가 높은 제품을 더 많이 생산했기 때문입니다. 가격 대비 가치가 높은 제품들이 시장에 더 많이 출시되자 시장 전체가 커져버린 것입니다. 여기에 삶의 질을 강조하는 소비 트렌드가 형성되면서 인테리어에 대한 관심까지 높아져 가구업체들의 성장에 도움을 주고 있습니다. 절박해야 혁신이 나오고 시장도 커집니다.

자기 파괴를 두려워하다 위기를 겪은 사례도 대단히 많습니다. 대표적으로 코닥Kodak의 사례를 들 수 있습니다. 코닥은 디지털 카메라 기술을 세계 최초로 개발하고도 자기 파괴가 두려워 디지털 기술을 소홀히 했다가 결국 몰락했습니다. 마이크로소프트도 이와 유사한 경험을 했습니다. '윈도'와 '오피스'라는 두 개의 거대 수익원의 수익성을 해칠 수 있는 그 어떤 아이디어도 조직 내에서 받아들여지지 않았기 때문에 모바일, 클라우드 등 새로운 분야에서 경쟁력이 취약해져 큰 위기를 겪었습니다. 자기 파괴를 두려워하는 기업은 혁신 경쟁에서 생존할 수 없습니다.

그렇다면 가격 대비 가치를 획기적으로 높이는 혁신을 하기 위해서는 어떤 방법을 써야 할까요? 이 장에서는 가격 대비 가치를 크게 높여 시장에 성공적으로 안착한 사례들을 통해 구체적인 방법을 제시할 예정입니다. 다만 여기에는 지금까지 대다수의 기존 기업들이 열심히 해오기도 했고, 또 상당한 역량을 갖고 있는 불량률 감소, 생산성 증대, 낭비 제거 등과 같은 부분들은 제외했습니다. 이 부분이 중요하지 않아서가 아니라 지금까지 치열한 경쟁 과정에서 많은 기존 기업들이 상당한 역량을 축적했기 때문입니다. 이런 활동을 현장에서 더 열심히, 더 가속화하는 것도 분명 성과를 내는 방법이지만 이런 활동만으로는 경쟁 등위competitive parity, 즉 업종 내 잘나가는 기업과 유사한 수준에만 머물게 되는 수가 있습니다. 여기서는 이보다 더 앞서 나가기 위해 치열하게 고민해야 할 가격 대비 가치를 높일 수 있는 일곱 가지 방법을 살펴보고자 합니다.

전략 1: 공급망을 혁신하라

·

아무리 똑똑한 사람도 혼자만의 힘으로는 성공할 수 없습니다. 혹시 주위에 내가 잘나서 성공했다고 말하는 사람이 있다면 과거에 운이 좋아 성공했을지 몰라도 미래가 없는 사람이라고 봐도 됩니다. 기업도 마찬가지입니다. 다른 기업의 도움이 반드시 필요합니다. 대부분 기업에서 만든 완제품 가운데 다른 협력업체, 공급업체들로부터 납품받은 부품의 비율은 적어도 절반 이상입니다. 결국, 우리가 아무리 잘해도 절반 이상의 부품을 공급하는 협력업체가 도와주지 않으면 실패할 수밖에 없습니다.

가격 대비 가치가 높은 제품을 만들어 공급하기 위해서는 가치 있는 제품을 낮은 원가에 생산할 수 있을 만한 능력이 있는 협력업체를 발굴하고 관계를 유지-발전시켜나가는 것이 핵심입니다. 특히 요즘은 글로벌화로 인해 공급망이 매우 복잡해져 위험도 커졌지만, 동시에 혁신 잠재력도 상당히 높아졌습니다. 하지만 불행하게도 한국 기업들은 상대적으로 공급망 관리라는 측면에서는 높은 평가를 받지 못하고 있는 것 같습니다. 특유의 갑을문화로 인한 비생산적인 관계가 사회 문제로 비화된 사례도 많습니다. 가격 대비 가치가 높은 제품을 생산하기 위해서는 공급망 관리와 관련한 역량을 지금보다 한 단계 더 끌어올려야 합니다. 이런 역량은 제로 시대에 생존할 수 있는 든든한 버팀목이 될 것입니다.

공급망을 통해 경쟁력을 강화시킨 가장 대표적인 회사는 다이소라고 생각합니다. 다이소는 잘 알려진 대로 생활용품을 취급하는 균일가 매장입니다. 판매하는 제품이 4만여 종에 달하는데 이 가운데 절반이 단돈 1,000원입니다. 가장 비싼 제품도 5,000원 정도입니다. 그런데 이런 균일가 매장들이 다이소만 있었던 것은 아닙니다. 외환위기 이후 경제 상황이 어려워지자 많은 균일가 숍들이 생겨났지만 상당수는 그다지 오래 생존하지 못했습니다. 이유는 품질 문제였습니다. 계속 강조하지만, 싸기만 한 제품은 소비자를 만족시킬 수 없습니다. 저도 길거리에서 싸다는 이유로 이어폰을 산 적이 있는데 음질이 너무 형편없어 큰 충격을 받은 적이 있습니다. 크게 후회하며 다시는 이런 제품은 사지 말아야겠다고 생각했는데, 소비자에게 이런 경험을 주면 절대로 지속 가능한 비즈니스를 만들어낼 수 없습니다. 하지만 다이소는 달랐습니다. 1,000원짜리 제품을 팔아서 매출 1조 원을 달성했습니다. 경쟁력의 요체는 공급망 발굴과 관리에 있었습니다.

우선 무엇보다 중요한 것은 발품을 많이 파는 것입니다. 다이소의 임직원들은 세계 각국을 돌아다니며 낮은 가격에 높은 품질의 제품을 공급할 수 있는 업체를 찾기 위해 노력했습니다. 실제 이 회사의 박정부 회장은 훌륭한 공급망을 구축하기 위해 지구를 160바퀴 돌았다고 합니다. 이런 노력은 가격 대비 가치를 추구하는 다른 기업에서도 자주 목격됩니다. 이랜드의 신발 SPA브랜드 슈펜은 굉장히 트렌디하면서도 질 좋은 신발을 1만 원대에 공급해 많은 소비자들의 호평을 받았는데, 마찬가지로 비결은 훌륭한 공급망 구축에 있었습니다. 슈펜을 준비하던 이랜드 실무자들은 전 세계를 누비며 신발 공장을 샅샅이 뒤졌고, 가능성 있는 공장을 방문하면 2주 이상 머물며 공장의 품질력을 꼼꼼히 점검했다고 합니다. 사내 규정상 접대를 받아서는 안 되기 때문에 햄버거를 먹어가면서, 때로는 문전박대도 당하며 전 세계를 누빈 덕분에 가격 대비 가치라는 경영 목표를 달성할 수 있었습니다.

그렇다면 이렇게 열심히 돌아다니기만 하면 문제가 해결될까요? 열심히 하기만 한다고 성공이 보장되지는 않습니다. 발품뿐만 아니라 머리도 함께 써야 합니다. 보통 기업들은 납품업체를 발굴하고 나면 얼마에 제품을 공급할 수 있냐고 물어봅니다. 그러나 다이소는 접근 방식이 달랐습니다. 다이소는 항상 자신이 먼저 가격을 제시합니다. 예를 들어 플라스틱 그릇을 만드는 공급업체라면 개당 500원의 가격을 제시합니다. 균일가 숍이기 때문에 판매 가격은 고정되어 있고, 여기에 유통점 마진, 운송비 등을 빼면 적어도 얼마에 납품을 받아야 조금이라도 이익을 남길 수 있는지 어렵지 않게 계산이 됩니다. 대체로 500원 같은 가격을 제시하면 공급업체는 깜짝 놀라겠죠. 아무리 저원가에 생산할 수 있는 기술을 갖춘 기업이라도 맞추기 어려운 단가이기 때문입니다. 그런데 여기서부터 게임이 시작됩니다. 다이소는 이 원가에 맞출 수 있도록 실현 가능한 모든 대안들을 제시합니다. 대량으로 구매해주겠다, 현금으로 결제해주겠다, 장기 계약을 맺어주겠다 등등이 여기에 해당합니다. 또 컨설팅까지 해줍니다. 예를 들어 플라스틱 용기에 손잡이가 있는데 별로 필요가 없어 보인다면 손잡이를 빼라는 식으로 말입니다. 대체로 여기까지 오면 계약이 이뤄지는 경우가 많다고 합니다. 그런데 만약 공급업체가 이 정도로도 꼼짝하지 않고 버틴다고 하면 어떻게 할까요? 그러면 가격을 높여줄까요? 그렇지 않습니다. 모든 수단을 써도 통하지 않으면 하염없이 기다린다고 합니다. 6개월 만에 거래가 성사된 경우도 있다고 하더군요.

다이소의 경험을 그대로 다른 기업이 따라한다고 성공할까요? 그렇지 않습니다. 성공공식을 그대로 베낀다고 성공이 보장되지는 않습니다. 하지만 다이소의 방식은 공급망 관리와 관련해서 무척 흥미로운 시사점을 제공합니다. 특히 다이소는 가격 대비 가치와 관련해서 1,000원짜리 제품을 주로 판매하는 매우 극단적인 사례여서 시사점이 더욱 큽니다.

우선, 목표 가격을 먼저 정하고 접근하는 방식은 활용 가치가 대단히 높습니다. 보통 기업들은 원가를 계산하고 나서 적정 마진을 붙여 판매 가격을 정합니다. 하지만 가격 대비 가치를 강조하는 많은 기업들은 이렇게 하지 않습니다. 소비자에게 충분히 경쟁력이 있는 가격이라고 생각하는 수준으로 먼저 가격을 결정합니다. 그리고 난 다음에 그 가격대에서 이윤을 남기려면 얼마에 납품받아야 하는지를 정합니다. 경쟁이 치열해지면서 이런 접근을 하는 기업이 늘어나고 있는 터라 가격 대비 가치를 추구하는 많은 기업들이 이런 방식을 활용할 것으로 예상됩니다. 사실 과거 일본의 자동차회사나 스위스 시계업체 스와치Swatch 같은 혁신 기업들도 소비자들에게 충분한 만족감을 줄 수 있는 가격 수준을 먼저 정하고 나서 그 가격대에도 이윤을 낼 수 있도록 비용을 꿰어 맞추는 접근법을 자주 활용했습니다. 정수기 렌탈 모델을 창안한 코웨이도 외환위기 때 직장인들이 큰 부담 없이 지출할 수 있는 금액으로 렌탈료를 먼저 책정한 다음에 거꾸로 이익을 낼 수 있는 코스트를 억지로 맞춰 혁신에 성공했습니다. 이런 방식을 간단하게 도식으로 표현하면 다음과 같습니다.

기존 가격 책정 방식: Cost+Margin=Price

목표 가격 책정 방식: Price−Margin=Cost

이 식은 왼쪽부터 순서대로 의사결정을 하면 됩니다. 가격 대비 가치 경쟁을 벌여야 하는 시대에는 제품 가격Price을 먼저 정하고 생존에 필요한 이익Margin 폭을 정한 다음, 목표 원가Cost를 정해 맞춰나가야 한다는 의미입니다.

다이소 방식 가운데 일반화할 수 있는 또 다른 요소도 있습니다. 바로 협상 전선 확대입니다. 공급업체와의 협상에서 가격은 매우 중요한 결정 요소이긴 하지만 그렇다고 이게 유일한 것은 아닙니다. 공급업체 입장에선 현금으로 결제한다면 가격을 할인해줄 용의가 있습니다. 많은 물량을 주문하는 업체에는 당연히 값을 깎아줄 수도 있습니다. 장기간 계약도 마찬가지입니다. 이렇게 납품업체에 매력적인 당근을 제시해주면서 가격을 수용할 수 있도록 유도할 필요가 있습니다. 이런 방식은 납품업체에 소위 '갑질'을 하는 것과는 전혀 다른 차원의 방법입니다. 특히 글로벌 시장에서 갑질이 통할 수도 없습니다.

마지막으로 컨설팅을 해주는 것도 매우 유용한 방법론입니다. 공급망 관리의 대표적인 모범 사례인 도요타는 납품업체의 문제점을 직접 파악해서 대안까지 제시해주는 것으로 유명합니다. 스스로 개발한 도요타생산방식TPS, Toyota Production System을 적극적으로 활용하도록 교육과 컨설팅을 해줘 공급업체의 경쟁력을 강화시켰는데, 이로 인해 높아진 생산성은 고스란히 도요타의 경쟁력 강화로 이어집니다. 다이소도 그동안 축적한 원가 절감 노하우를 활용해 납품업체에 현실적인 대안을 제시해주고 있는데 이런 부분들은 경쟁사들이 따라 하기 힘든 경쟁우위의 원천이라고 할 수 있습니다.

글로벌 시장에서 공급망을 발굴하고 관리하는 데는 적지 않은 위험이 따릅니다. 최근에는 지진이나 자연재해까지 자주 발생해 글로벌 공급망을 운영하는 데 따르는 위험이 이전보다 훨씬 커진 것도 사실입니다. 하지만 글로벌 차원에서 이뤄지는 경쟁에 대비하기 위해서는 이런 위험을 효과적으로 관리하면서, 경쟁력 있는 공급망을 확보하고 유지하는 역량을 반드시 키워나가야 합니다.

전략 2: 고객 가치 요소를 재구성하라

•

어떤 제품이든 고객에게 제공하는 가치 요소는 매우 다양합니다. 예를 들어 스마트폰을 사용하면서 고객들이 느끼는 가치 요소는 이루 헤아릴 수 없을 정도로 많습니다. 브랜드, 디자인, 가격, 통신사, 제품의 이미지, 안전성 등이 모두 고객들에게 가치를 제공하는 개별 요소들입니다. 스마트폰의 기능 면에서도 마찬가지 입니다. 통화 품질, 카메라 성능, 소프트웨어 사용성, 다이어리, 일정 관리, 배터리, 메모 기능 등 수많은 요소들을 고려합니다. 그런데 흥미로운 점은 이런 수많은 요소들 가운데 고객들은 어떤 요소를 중시하는 반면, 어떤 요소는 그다지 중요하게 생각하지 않는다는 것입니다. 만약 이를 정확히 파악할 수 있다면 가격 대비 가치가 높은 제품을 만들 수 있습니다. 소비자들이 좋아할 요소에 집중 투자하고, 소비자들이 그다지 중시하지 않는 가치 요소는 과감하게 제거해서 원가를 낮출 수 있기 때문입니다.

그런데, '모든 분야에서 최고가 되자'는 모토를 앞세워 전 분야에서 최고를 추구하는 기업들이 있습니다. 의욕은 대단하지만, 불행하게도 이런 전략으로는 성공하기 어렵습니다. 전략의 본질은 '선택'에 있습니다. 무언가를 선택한다는 것은 무언가를 포기한다는 뜻과 같습니다.

| 블루오션 전략의 ERRC 구성표 |

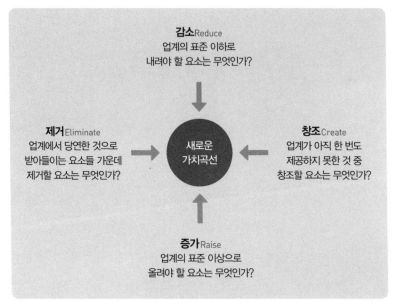

감소Reduce
업계의 표준 이하로
내려야 할 요소는 무엇인가?

제거Eliminate
업계에서 당연한 것으로
받아들이는 요소들 가운데
제거할 요소는 무엇인가?

새로운
가치곡선

창조Create
업계가 아직 한 번도
제공하지 못한 것 중
창조할 요소는 무엇인가?

증가Raise
업계의 표준 이상으로
올려야 할 요소는 무엇인가?

출처: 《블루 오션 전략》, 김위찬, 르네 마보안, 교보문고, 2005

이런 선택을 잘 하는 것이 전략적 선택의 핵심입니다. 프랑스 인시아드 경영대학원의 김위찬, 르네 마보안Renée Mauborgne 교수는 블루오션 전략에서 제거Eliminate, 감소Reduce, 증가Raise, 창조Create의 네가지 활동을 통해 가치를 재조합하는 ERRC 전략이 혁신을 이룰 수 있는 방법이라고 소개합니다. 이런 방법론이 시사하는 바대로 특정 가치 요소에 선택과 집중을 해야 가격 대비 가치를 높일 수 있습니다. 이렇게 하지 않고 모든 분야에서 최고를 추구하면 배가 산으로 가거나, 효율적으로 자원을 배분할 수 없게 됩니다. 실제 한 무가지 회사의 경영자가 기자들에게 왜 대형 언론사처럼 기사 품질이 높지 않느냐고 질책한 적이 있다고 합니다. 잘 아시다시피 대형 언론사에 비해 지하철 무가지 신문의 기자 수는 턱없이 적은 데다 취재 지원 시스템, 네트워크나 정보 등 활용할 만한 역사적 자산도 부족합니다. 그런데도 모든 가치 요소를 최고 수준으로 만들라고 강요하면 아무리 압박해도 성과는 나오지 않습니다. 고객들이 좋아할 만한 요소 가운데 현재 상황에 맞는 가치 요소를 발굴해서 차별화해야 합니다.

이런 관점에서 블루오션 전략의 ERRC가 좋은 생각의 틀을 제공합니다. 그렇다고 ERRC 네 가지 항목별로 빈칸을 채워가면서 의사결정을 해야 할 필요는 없습니다. 가격 대비 가치가 높은 제품을 만들려면 다양한 가치 요소 가운데 일부는 버리고, 대신 일부에 집중하는 선택을 해야 한다는 생각만 갖고 있어도 얼마든지 훌륭한 의사결정을 할 수 있기 때문입니다. 이런 선택에는 반드시 위험이 따르지만 제대로 선택하면 큰 보상을 얻을 수 있습니다.

역시 이런 선택은 소비자를 잘 이해하는 유통업체들이 선도하고 있습니다. 소비자의 지갑이 얇아지면서 제품의 가치 요소 가운데 브랜드나 마케팅 등에 대한 중요도가 이전에 비해 크게 떨어졌고, 대신 효용을 중시한다는 점을 간파한 유통업체들은 아예 브랜드를 없애거나, 혹은 자체 브랜드로 물티슈, 감자칩, 생수, 우유 등을 출시하면서 인기몰이를 하고 있습니다. 이들 제품은 기존 제품에 비해 브랜드가 아예 없거나 '듣보잡' 수준이지만 압도적인 양과 놀라운 가격으로 소비자들의

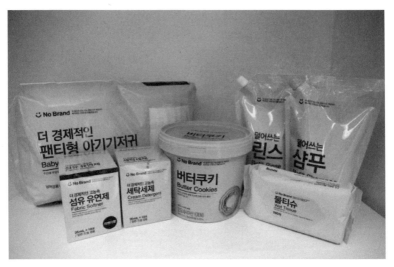

이마트의 '노브랜드' 제품. 상품의 본질만 남기고 디자인은 물론 브랜드를 없애 높은 가격 대비 가치로 소비자를 사로잡았다. 사진 제공 이마트

선택을 받고 있습니다.

저가 항공사 라이언에어Ryan Air는 항공 서비스 가운데 오로지 안전과 이동에만 집중했습니다. 지정 좌석제나 마일리지 제도는 물론이고, 음료나 신문, 잡지, 담요 제공, 리클라이닝 시트, 기내 엔터테인먼트 등 일반적인 항공사들이 제공하는 거의 모든 부대서비스를 폐지하거나 유료로 전환했습니다. 활주로도 2차 세계대전 때 만들어졌다가 거의 활용되지 않는 곳을 사용했습니다. 한때 기내 화장실마저 유료화한다는 설이 농담처럼 돌 정도였다고 합니다. 이렇게 라이언에어는 고객 가치 요소에 대한 독창적이고 극단적인 통찰을 기반으로 런던-뉴욕 간 항공료를 10유로라는 파격적인 가격에 내놓으며 저가 항공 수요에 부

응하고 있습니다.

가치 요소가 명확한 생활용품이나 저가 항공 서비스가 일반화된 항공사의 경우는 수많은 가치 요소 가운데 무엇을 선택할지에 대한 고민이 아주 심각하게 어려울 것 같지는 않습니다. 그런데 복잡한 제품은 이게 쉽지 않습니다. 꽤 복잡한 제품 가운데서 이런 선택을 매우 잘해 성공한 사례가 스마트폰 브랜드인 '루나'입니다. 한국 시장에서 싼 스마트폰 브랜드가 성공한 사례는 많지 않습니다. 그런데 루나는 출고가 49만 원의 제품으로 흥행을 이어가고 있습니다. 성공 요인은 고객들이 선호하는 가치 요소를 정확히 찾아내 여기에 집중했다는 점입니다.

루나를 만든 TG앤컴퍼니는 제품을 기획할 때 젊은 층 사용자들이 스마트폰에 대해 원하는 것이 무엇인지를 파악하기 위해 빅데이터 분석을 했다고 합니다. 인터넷이나 SNS에서 스마트폰에 대해 올라온 글을 수집해 고객들의 욕구를 탐문하는 방식으로 시장조사를 진행한 셈입니다. 그 과정에서 기존 기업들이 매우 중요하다고 판단했던 기술, 브랜드 등에 대한 관심이 상대적으로 줄어들고 있는 대신, 가격과 디자인은 상당히 중시한다는 점을 간파했다고 합니다. 특히 디자인에 대해서는 '메탈' '생폰' '카툭튀' 같은 키워드를 찾아냈습니다. 생폰은 휴대폰 케이스를 끼우지 않고 폰 자체만 들고 다니는 것을 말합니다. 케이스를 끼우면 휴대폰이 크고 무거워지는 데다 원래 디자인을 만지고 볼 수 없다는 것이 사용자들의 불만사항이었습니다. 생폰에 대한 욕구가 있다는 것을 파악한 루나 기획팀은 생폰으로 들고 다닐 때 시각과 촉각에 즐거움을 줄 수 있는 메탈 소재를 사용했습니다. 또 카툭튀는 '카메라가 툭 튀어나왔다'는 뜻인데 이것도 생폰과 연결이 되는 욕구입니다. 생폰으로 들고 다니더라도 최소한의 보호 장치가 필요한데, 대체로 보호 필름을 붙이고 생폰으로 들고 다니는 고객들이 많습니다. 그런데 카메라 부분이 튀어나와 있으면 뒷면에 필름을 붙이기 어렵고, 그렇다고 생폰으로 들고 다니자니 휴대폰에 상처가 생길 수 있습니다. 그래서 루나는 카메라가 튀어나오지 않도록 디자인을 했습니다. 물론 기능 가운데 카메라 화소 등 고객들이 중시하는 몇몇 기능도 기존 제품들과 유사한 수준으로 제공해서 핵심 기능에서만큼은 밀리지 않는다는 느낌을 줬다고 합니다.

이 사례를 보고 시장조사와 빅데이터 분석을 하면 금방 알 만한 내용이니 의사결정하기가 쉽다고 생각할지도 모르겠습니다. 그러나 사실 이런 결정을 내리기는 정말 쉽지 않습니다. 소비자의 선호도에 대한 불확실성이 높고, 가치 요소들 간 상충하는 요소가 많기 때문입니다.

이런 선택의 어려움을 잘 보여주는 사례가 바로 삼성의 '갤럭시S5'입니다. 갤럭시S5는 글로벌 시장을 겨냥해 삼성전자가 총력을 기울여 개발한 제품으로 선전이 기대됐습니다. 특히 이 모델은 방수 기능을 완벽하게 구현했습니다. 사실 삼성 휴대전화는 방수하기 매우 힘든 구조를 갖고 있습니다. 휴대전화 뒷면 커버를 분리하고 배터리를 넣었다 뺐다 할 수 있는 구조이기 때문에 안테나와 스피커 외에도 굉장히 많은 공간이 외부에 노출되기 때문입니다. 하지만 탁월한 엔지니어링 역량을 갖춘 삼성은 이런 기술적 난제를 해결하며 놀라운 방수 기능을 선보였습니다. 다른 기능들도 삼성의 모든 것을 쏟아부었다고 말해도 과언이 아닐 만큼 첨단 기능을 갖췄습니다. 하지만 결과는 크게 실망스러웠습니다. 갤럭시S5는 삼성의 스마트폰 사업 위기의 서막을 알린 제품이 되고 말았습니다. 고객에게 분명 가치를 줄 수 있었던 요소를 강화한 것인데 무엇이 문제였을까요?

방수 기능 자체는 고객에게 가치를 줄 수 있습니다. 하지만 고객들이 이를 경험하기가 쉽지 않다는 게 문제입니다. 방수 기능을 경험하려면 변기나 욕조 등에 휴대전화를 빠뜨려봐야 하는데, 100만 원에 가까운 전화기를 방수 기능을 실험하기 위해 빠뜨릴 사람은 거의 없을 것입니다. 좋은 기능이긴 한데 이를 체험할 기회가 별로 없다는 이야기입니다. 대신, 방수 기능을 선택한 결과 다른 가치 요소에는 문제가 생겨났습니다. 대표적인 게 디자인입니다. 방수를 최우선 과제로 추진하다보니 휴대전화가 다소 크고 두꺼워졌습니다. 그런데 디자인은 방수 기능과 달리 고객들이 매순간 시각과 촉각 등으로 항상 느끼고 경험하는 가치 요소입니다. 이처럼 중요한 디자인이라는 요소에서 확실한 차별화를 이루지 못했기 때문에 첨단 기술력으로 무장한 최고 기능의 제품을 만들었음에도 시장에서 자리 잡지 못한 것으로 판단됩니다.

이처럼 어떤 가치 요소를 선택할 것인가 하는 문제는 삼성처럼 영민한 기업에게도 매우 어려운 과제입니다. 한 가지 확실한 것은 항상 고객 입장에서 생각해봐야 한다는 점입니다. 제조업체 입장에서 중요한 것과 소비자 입장에서 중요한 것은 다를 때가 매우 많습니다. 그래서 소비자들이 자연스럽게 행동하는 것, 자연스럽게 표현한 내용들을 토대로 소비자의 욕구를 유추해보는 과정이 반드시 필요합니다. 또 어느 것을 얻기 위해 다른 것을 희생할 수밖에 없는 트레이드 오프trade-off 관계도 반드시 고려해야 합니다. 방수와 디자인처럼 어떤 한 가지 요소를 선택하면 다른 요소에 문제가 생길 수 있습니다. 이런 점까지 고려해서 핵심 요소에 집중하고 나머지 요소를 제거해 가격을 낮추면서 가치를 끌어올리는 현명한 선택을 해야 합니다.

전략 3: 준거점을 바꿔라

•

지금까지 주로 낮은 가격대로 성공한 사례를 많이 들다보니 가격 대비 가치라는 경영 목표를 달성하려면 무조건 저가로 제품을 만들어야 하는 것 아니냐고 생각하시는 분들도 있을 것 같습니다. 하지만 그렇지 않습니다. 소비자들이 지각하는 제품의 가격은 상대적입니다. 대부분 소비자들은 콜라를 편의점에서 캔으로 살 때는 1,000원 정도만 지불할 의향이 있습니다. 편의점에서 파는 가격이 대체로 이 정도 수준이기 때문입니다. 하지만 고급 호텔이나 유명 휴양지에서 콜라를 살 경우 1만 원 정도까지 지불 의사를 갖고 있습니다. 호텔이나 휴양지에서는 대부분 음료가 1만 원에 팔리기 때문입니다. 고객들은 상황에 따라 비교 대

피코크 '고수의 맛집' 시리즈 광고의 한 장면

상, 즉 준거점reference 을 달리해가며 특정 제품에 대한 지불 의향 수준을 결정합니다. 이런 점을 감안해보면 기존 비교 대상에 비해 훨씬 가격이 비싸더라도 새로운 준거점을 제시해주면 얼마든지 가격 대비 가치를 높일 수 있습니다.

이런 관점에서 성공한 대표적인 사례로 신세계 이마트의 간편가정식 브랜드 피코크를 들 수 있습니다. 피코크에서 가장 잘 팔리는 제품 중 하나는 '초마짬뽕'입니다. 홍대 거리에 위치한 짬뽕이 맛있기로 유명한 가게인 초마와 제휴를 맺고 거의 유사한 수준의 맛을 구현해 인기를 모으고 있는데, 판매 가격이 8,000원(2인분 기준)을 넘습니다. 과거 소비자들이 간편가정식 제품의 대표 브랜드로 인식하고 있는 '3분짜장' 같은 제품의 가격은 500원에서 1,000원 수준인 데에 비해 과도하게 높은 가격대라고 볼 수 있습니다. 아무리 유명 짬뽕가게와 비슷한 맛을 냈다고 해도 이건 너무 비싼 것 아니냐고 생각할 수도 있는 가격입니다. 그럼에도 불구하고 이 제품은 인기리에 판매되고 있습니다. 왜 잘 팔릴까요? 소비자들 입장에서는 8,000원이 넘어도 그 이상의 가치가 있다고 생각하기 때문입니다. 우선 피코크 초마짬뽕의 비교 대상은 기존 3분짜장 같은 간편 가정식 제품이 아닙니다. 맛을 초마짬뽕 수준으로 올려놓았기 때문에 비교 대상은 홍대 앞에 있는 가게가 됩니다. 당연히 지불 의향이 높아집니다. 게다가 홍대 앞의 가게까지 가려면 시간과 비용을 투자해야 하고, 가서도 줄을 서서 오랜 시간 기다려야 합니다. 차를 가지고 이동하려면 비싼 요금을 내고 주차를 해야 하는데 홍대 앞은 주차장이 부족해 주차도 어렵습니다. 이런 점을 감안하면 가격 대비 가치는 무척 높은 수준이라고 고객들이 지각할 수 있습니다.

물론 준거점을 바꾸는 것에는 그만큼 많은 노력이 들어갑니다. 때로는 만만치 않은 기술력, 끈기, 노력 등도 필요합니다. 유명 맛집 가게 주인들 중에는 간편가정식에 대한 거부감을 가진 경우도 있었고, 주위 친척들이 자꾸 추가적인 조건을 내걸어 협상에 난항을 겪는 경우도 많았다고 합니다. 피코크 담당자들은 더 많은 사람들에게 음식을 맛볼 수 있게 하자는 대의명분을 앞세워서 힘겨운 협상에 성공하고 나서도 기술적으로 유사한 맛을 구현하기까지 상당한 어려움을 겪을 수밖에 없었다고 합니다. 피코크 팀은 《동아비즈니스리뷰》(이하 《DBR》) 취재팀에게 초마짬뽕의 맛을 구현한 과정을 설명했는데, 특유의 불맛을 구현해내는 것이 가장 어려운 과제였다고 합니다. 중식 요리사들을 동원해 유사한 맛을 내는 기술을 개발했고, 결국 중식 요리를 할 때 쓰는 큰 냄비인 웍wok을 대형화하면 불맛을 낼 수 있다고 보고 초대형 웍을 주문 제작했다고 합니다. 이런 노력 끝에 맛을 구현했고, 이후 일사천리로 사업이 진행될 수 있었습니다.

전략 4: 비즈니스 모델을 전환하라

•

비즈니스 모델이란 '고객 가치와 수익을 창출하는 방법'으로 정의할 수 있습니다. 현재 가장 많이 사용되고 있는 비즈니스 모델 설계 방식은 경영 저술가 알렉스 오스터왈더Alex Osterwalder가 만든 아홉 가지 요소(고객 세그먼트, 가치 제안, 채널, 고객 관계, 핵심 자원, 핵심 활동, 핵심 파트너, 매출 구조, 비용 구조)로 구성된 모델입니다. 이 아홉 개의 칸을 고려해보면 비즈니스 모델과 관련한 핵심 구성 요소에 대해 빠짐없이 생각해볼 수 있다는 측면에서는 의미가 있다고 생각합니다.

사실 인터넷이 등장하기 전까지는 비즈니스 모델이란 말이 그다지 자주 사용되지 않았습니다. 그런데 유사한 비즈니스인데 인터넷을 활용해 조금 다른 방식으로 사업을 하면서 고객 가치를 크게 높인 신생 기업들의 사례가 잇따르면서 비즈니스 모델에 대한 관심이 크게 높아졌습니다. 유통업의 예를 들어보면 비즈니스 모델의 끝없는 진화가 어떻게 고객 가치를 높일 수 있는지 쉽게 알 수 있습니다.

온라인 세상이 열리면서 모든 유통업체는 닷컴 사이트를 만들었습니다. 오프라인 매장이나 백화점이나 마트에서 판매하던 제품을 온라인에서도 판매한 것이죠. 열심히 웹사이트도 만들고 배송망도 구축해서 고객 가치를 충족시키기 위해 노력했습니다. 롯데닷컴, 신세계닷컴 등이 이런 모델입니다. 사업은 잘 됐을까요? 그냥 그저 그런 수준이라고 볼 수밖에 없을 것 같습니다. 더욱 혁신적인 비즈니스 모델이 등장했기 때문입니다.

이런 전통적인 유통업체의 온라인 비즈니스 모델에 비해 한 단계 더 진화한 모델이 무엇일까요? 바로 오픈마켓입니다. 기존 유통업체들은 자신이 선택한 물건, 즉 나름의 기준을 통과한 물건만 취급했습니다. 구조적으로 '갑질'이 가능한 모델이었습니다. 그러나 오픈마켓은 누구라도 들어와서 가게를 낼 수 있습니다. 인터넷에는 공간의 제한이 없고, 오픈마켓을 시작한 신규 업체들은 기존 오프라인 유통업체의 프로세스를 따를 필요가 없었습니다. 그래서 과감하게 누구나 들어와서 물건을 팔 수 있게 했습니다. 더 많은 업체가 들어오니 경쟁도 치열해지고, 고객의 선택권이 넓어진다는 장점이 있습니다. 하지만 단점도 있습니다. 사기나 계약 불이행, 반품 등과 관련한 분쟁 등이 문제가 될 수 있습니다. 완벽하지는 않지만 결제 안전장치, 판매자에 대한 평점이나 후기 등으로 이러한 문제점을 최소화하고자 했습니다. 인터파크, G마켓, 11번가 같은 오픈마켓 플랫폼들은 일정 요건을 충족하면 '을'의 설움을 느낄 필요 없이 누구라도 오픈마켓에 입점할 수 있게 했고, 거래가 생길 때마다 수수료를 받으며 성장했습니다. 오픈마켓은 기존 유통업체가 만든 닷컴보다 더 큰 시장을 창출했습니다.

하지만 비즈니스 모델 혁신은 여기서 그치지 않습니다. 소셜네트워크가 등장해서 인류가 전에 경험해보지 못한 연결성을 확보하게 되자, 이를 활용해 상거래에 적용한 기업들이 등장한 것입니다. 쿠팡, 티켓몬스터, 위메프 같은 회사들은 모바일 기반으로 일정 규모 이상의 고객이 구매에 참여하면 매우 낮은 가격으로 물건을 사게 해주는 소셜커머스 모델로 또 한 번 유통업을 뒤흔들어놓습니다.

혁신은 여기서도 끝나지 않습니다. 이번엔 중국 업체가 혁신을 선도했습니다. 알리바바는 일정한 조건을 갖추면 입점할 수 있다는 오픈마켓의 장점을 그대로 흡수하면서 또 다른 혁신을 단행했습니다. 바로 수수료를 받지 않는 것입니다. 경쟁업체에 비해 더 많은 판매자를 유인하기 위해서입니다. 판매자가 많아지면 당연히 고객 가치가 높아지고 고객도 많아지는 선순환이 생겨납니다. 그렇다면 돈은 어떻게 벌까요? 알리바바는 구글 모델을 적용했습니다. 수수료는 없지만 고객이 제품을 구매하기 위해 검색어를 입력할 때, 특정 검색어 입력 시 상위 사이트로 보이도록 하려면 돈을 지불하는 모델입니다. 지금 알리바바는 세계 최대 전자상거래 사이트로 성장했습니다.

이제 혁신 아이디어는 고갈됐을까요? 그렇지 않습니다. 최근 미국에서는 아마존과 알리바바의 대항마로 제트닷컴Jet.com이 뜨고 있습니다. 제트닷컴은 판매자에게 돈을 받지 않습니다. 대신 최저 가격에 물건을 팔아달라고 요구합니다. 그렇다면 돈은 어디서 벌까요? 돈 버는 아이디어는 코스트코Costco에서 빌려왔습니다. 즉, 코스트코처럼 고객에게 연회비를 받습니다. 고객당 연회비 50달러 정도를 받는 게 수익모델의 전부입니다. 연회비를 낸 고객들은 어떤 혜택을 얻을까요? 제트닷컴은 가능한 모든 수단을 동원해서 가격을 깎아줍니다. 일단 제트닷컴은 소매상이 아닌 도매상을 많이 유치했습니다. 소매상을 거치지 않기 때문에 도매상은 대량 구매에 대해 가격을 더 많이 깎아줄 수 있습니다. 물건을 구매한 고객이 다른 제품을 더 구매해 배송료가 줄어들면 가격을 또 할인해주고, 반품할 때 배송료를 내겠다는 옵션을 선택하면 또 가격을 깎아줍니다. 수수료가 저렴한 직불카드로 결제하면 또 깎아줍니다. 물건을 많이 사도 깎아줍니다. 이런 방법으로 아마존보다 10~15퍼센트 정도 저렴한 가격에 제품을 팔고 있다고 합니다. 설립 초기에는 가입자에게 처음 1년간 연회비마저 받지 않는 캠페인도 진행했다는데, 현재는 네트워크의 외부효과를 위해 많은 가입자를 모으는 데에 총력을 기울이고 있습니다. 잘 운영된다면 유통업계에 또 다른 혁신을 불러올 수 있을 것 같습니다.

제트닷컴 이후에도 더욱 기막힌 유통 아이디어가 나올 것으로 예상됩니다. 이처럼 비즈니스 모델은 끊임없이 진화하고 있습니다. 그리고 그 방향은 명확합니다. 바로 가격 대비 가치를 높이는 방향으로 나아가고 있다는 것이죠. 소비자들이 더 싼값에 더 다양하고 좋은 물건을 살수 있는 방향으로 비즈니스 모델은 진화를 거듭하고 있습니다. 궁극적으로는 판매자와 소비자를 직접 연결시켜주는 모델로 진화할 것입니다. 그것도 극도로 낮은 수수료로 이런 서비스를 제공하는 플랫폼이 등장해 전 세계 전자상거래 시장을 장악할 수도 있습니다.

그런데 불행히도 혁신적인 비즈니스 모델을 뚝딱 만들어주는 마법의 도구는 아직까지 개발되지 않았습니다. 앞으로도 개발되지 않을 것입니다. 치열한 고민과 업에 대한 깊이 있는 통찰 없이 훌륭한 비즈니스 모델이 뚝딱 만들어지는 법은 없습니다. 고민에 고민을 계속해야 하겠죠. 이러한 고민을 해결하는 데에 도움이 될 몇 가지 가이드라인을 제시합니다.

- '대체'를 넘어 '전환'으로 가야 한다: 연세대학 이준기 교수는 저서 《오픈 콜라보레이션》에서 신기술 발전의 경로를 두 단계로 명쾌하게 정의했습니다. 1단계는 '대체'입니다. 기존 기업이 하는 활동을 유사하게 진행하되, 일부 활동을 신기술을 활용해 대체하는 것을 말합니다. 예를 들어 앞서 기존 유통업체가 과거와 똑같은 비즈니스 모델을 유지하며 백화점에서 팔던 물건을 온라인으로도 판다면 이건 대체 모델로 봐야 합니다. 여행사의 예를 들어봅시다. 여행사의 비즈니스 모델은 해외 현지의 여행업체(랜드사)가 납품한 여행 상품을 신문이나 TV 등에 광고하고, 오프라인 지점에서 그 상품을 판매하는 구조입니다. 그런데 여행사가 이러한 비즈니스 모델을 그대로 유지하면서 '이제는 온라인이 대세이니 온라인으로도 진출

하자'라고 해서 동일한 여행 상품을 온라인으로도 판다면 이건 대체 모델입니다. 신문사가 기자들을 채용하고 육성해서 콘텐츠를 제작하는 기존 비즈니스 모델을 계속 유지하면서, 과거에는 지면을 통해 콘텐츠를 전달했지만 이젠 온라인으로 콘텐츠를 유통한다면 이것 역시 대체 모델이라고 할 수 있습니다.

이보다 더 진화한 모델이 '전환'입니다. 전환은 가치 창출 활동 자체를 바꾸는 경우입니다. 앞서 언급했던 오픈마켓 등은 유통업체의 닷컴 사이트와 달리 비즈니스 구조 자체를 바꾼 전환 모델입니다. 앞서 기존 여행사가 웹사이트를 만들어서 여행상품을 파는 게 '대체' 모델이라면, '전환' 모델은 뭘까요? 해외 현지의 랜드사에서 납품을 받아 물건을 판매하는 구조에서는 대부분 여행사의 상품이 비슷비슷합니다. 또 여행사들이 좀 더 싼 제품을 내놓으라고 랜드사를 압박하기 때문에 '동남아 4박 5일 30만 원' 같은 파격가의 상품을 내놓아야 합니다. 그러다 보니 여행객들에게 옵션 여행을 시키고 기념품 구매를 유도해 수익을 내야 하는 문제가 생겨납니다. 그래서 결국 30만 원짜리 상품인 줄 알고 여행을 갔는데, 실제 쓴 돈은 100만 원이 되는 현상이 생겨납니다. 이런 관행이 고객 가치 측면에서 문제가 있다고 판단한 스타트업 기업인 마이리얼트립은 이런 문제를 개선하기 위해 비즈니스 모델 자체를 바꿨습니다. 마이리얼트립은 랜드사의 하청을 받아 여행객들에게 서비스를 제공해왔던 해외 현지 가이드들에 주목했습니다. 그래서 그들은 해외 현지에서 활동하는 가이드들이 여행 상품을 직접 만들어서 인터넷에 올리고 고객들이 이를 구매토록 하는 직거래 장터를 만들었습니다. 직접 고객들을 상대하게 된 여행 가이드들은 그동안 축적한 지식을 총동원해 고객들의 오감을 만족시킬 수 있는 다양하고 독특한 상품들을 마련했습니다. 또 평가나 평점 등 온라인 특유의 피드백 시스템을 활용해 고객들에게 상품에 대한 정보를 투명하게 제공했습니다. 물론 이런 직거래 시스템을 만들어놓으면 회사의 직접적인 제어가 어렵다는 점을 노려 해외 현지 가이드가 고객을 상대로 사기를 치는 등의 부작용이 생길 우려가 있습니다. 이를 막기 위해 가이드와 인터뷰를 강화하는 등의 대책도 마련했습니다. 이런 모델은 기존 방식과 가치 창출 방식이 완전히 다릅니다. 따라서 대체 모델로 볼 수 있습니다.

앞서 언급했던 바와 같이 신문사가 닷컴회사를 만든 게 '대체' 모델이라면, '전환' 모델은 무엇일까요? 《허핑턴 포스트》가 대표적인 사례입니다. 기존 신문사는 기자들을 채용하고 육성해서 이들을 중심으로 콘텐츠를 제작합니다. 하지만 《허핑턴 포스트》는 초기부터 온라인 블로거를 끌어들여 콘텐츠를 만들었습니다. 고객들이 뉴스 자체보다는 의견을 읽고 교환하려는 욕구를 가지고 있다는 점을 간파하고 유명 블로거와 유력 정치인들에게 콘텐츠 제작을 맡긴 것입니다. 이미 블로거들이 다양한 콘텐츠를 생산하고 있었기 때문에 이를 잘 꿰기만 하면 되는 상황이었습니다. 그리고 독자들이 기사를 읽고 댓글로 자신의 의견을 표출하고 SNS로 전파하게 하면서 영향력을 키워갔습니다. 또 댓글을 많이 달거나 SNS를 통해 기사를 공유하는 등 적극적으로 참여하거나 악성댓글을 신고한 사람들에게는 배지를 부여해 명예로운 느낌을 갖도록 했습니다. 기자를 육성해서 기자들이 콘텐츠를 만들어야 한다는 오랜 고정관념에서 벗어난 《허핑턴 포스트》는 《뉴욕 타임스》New York Times, 《월스트리트 저널》Wall Street Journal 같은 유수의 언론사보다 더 많은 방문자수를 유치하며 미디어 업계의 판도를 바꿨습니다.

대체 모델은 실패 확률이 낮지만 큰 수익을 올리기 어렵고, 전환 모델은 실패 리스크가 큰 반면 성공했을 때 보상이 매우 높습니다. 만약 우리가 직면한 환경이 저성장뿐이라면 대체 모델을 활용해 원가를 낮추고 효율성을 높이는 방법으로 생존할 수 있습니다. 하지만 혁신이 빈발하는 초경쟁 환경까지 함께 경험해야 하는 제로 시대에 기업들이 살아남으려면 이제 반드시 전환 모델을 시도하고, 관련 역량을 축적해야 합니다. 과거 한 유통업체가 여러 온라인 채널 간 포인트를 통합해서 사용할 수 있게 해주는 서비스를 출시했습니다. 대형마트에서 모은 포인트로 백화점에서 명품도 살 수 있게 한 것입니다. 저는 이 서비스의 형태가 '대체' 모델이기 때문에 '전환' 모델이 빈번하게 발생하는 유통업계의 현실을 봤을 때 소비자들에게 큰 반향을 불러일으키기는 어려울 것이라고 판단했습니다. 역시 꽤 오랜 시간이 지났지만 큰 반향을 일으켰다는 소식은 듣지 못했습니다. 기발한 아이디어와 트렌디한 접근으로 이 회사가 만든 광고가 히트하긴 했지만, 비즈니스 모델 측면에서 업계의 큰 트렌드를 선도할 혁신으로 보기는 어렵습니다.

제로 시대에 대응하기 위한 우리의 새로운 시도가 '대체' 모델로 가득 차 있다면 미래는 암담해질 수 있습니다. 대체인지, 전환인지 구분해 보고 우리의 여러 시도 가운데 전환 모델을 찾아볼 수 없다면 우리의 대응 전략에 문제가 있다는 판단을 해야 합니다. 그리고 어렵더라도 가치 창출 활동 자체를 바꾸는 '전환' 모델을 고민해 보아야 합니다.

• **이미 다른 곳에 해답이 있다**: 앞서 소개했던 유통업의 비즈니스 모델 중 알리바바는 구글의 모델을, 제트닷컴은 코스트코 모델을 접목해서 혁신적인 비즈니스 모델을 창출했습니다. 혁신은 하늘 아래 완전히 새로운 것을 만드는 게 아닙니다. 세상에 없던 새로운 것을 만드는 건 '신'神의 역할이고, 사람은 이미 있는 것들을 새롭게 연결시키고 접목해서 혁신적인 것을 만들면 됩니다. 그래서 혁신가들의 가장 큰 특징은 전혀 연관 없는 것이라도 서로 연관 짓는 associating 능력입니다. 차를 타고 지나가다가 사과밭에 있는 사과를 보고 자신이 창업한 IT회사 이름을 애플로 지은 스티브 잡스가 대표적입니다. 길거리를 다니다 모서리가 둥근 것들을 바라보면서 아이폰 모서리도 둥글게 만든 것처럼 세상에 존재하는 전혀 상관

없어 보이는 것을 연결시키는 능력이 혁신의 핵심이고, 이는 혁신적인 비즈니스 모델을 만드는 데에도 결정적인 역할을 합니다.

《DBR》에 실린 안마의자 렌탈 기업 바디프랜드의 사례를 토대로 어떤 방식으로 이미 다른 곳에 존재하는 비즈니스 모델을 우리 사업에 접목할 수 있는지 설명해보겠습니다. 실제 바디프랜드 창업자가 이런 방식으로 생각을 했는지는 알 수 없지만, 이런 구조의 사고를 하면 맨땅에 헤딩하는 것보다는 훨씬 좋은 결과를 얻을 수 있을 것입니다.

안마의자 시장은 1,000만 원에 달할 정도로 고가인 일본 제품과 100만 원대 수준인 중국산 제품으로 양분돼 있었습니다. 전형적인 하이엔드, 로엔드 시장이었습니다. 바디프랜드는 비교적 저렴한 가격에 우수한 디자인의 안마의자를 만들겠다는 생각으로 시장에 뛰어들었습니다. 그런데 아무리 싼 제품이라도 100만 원이 넘는 상품의 특성상 수요는 매우 제한적이었습니다. 시장도 키우고 물건도 잘 팔려면 기존 비즈니스 모델로는 큰 한계가 있었습니다. 그래서 새로운 비즈니스 모델을 구상해보기로 했습니다. 다음과 같은 사고의 순서를 거치면 비교적 손쉽게 새로운 모델을 구상할 수 있습니다.

첫째, 문제의 일반화입니다. '안마의자를 어떻게 잘 팔아볼까?'라고 고민하면 절대 답이 안 나옵니다. 바디프랜드가 직면한 문제를 범용화·일반화시켜야 합니다. '고가 제품인데 소비자들의 가격 부담을 덜어줘서 수요를 창출할 방법은?' 이런 식으로 문제를 일반화 시켜야 답을 찾기에 훨씬 도움이 됩니다.

둘째, 광범위한 대안 탐색입니다. 안마의자를 넘어서서 모든 값비싼 제품을 판매하는 사례들을 수집해보면 흥미로운 시사점을 발견할 수 있습니다. 자동차는 목돈을 한 번에 주고 사는 사람도 있지만, 그렇게 하기 어려운 사람들을 위해 할부 제도를 운영합니다. 소유권과 이용권을 분리해서 이용권만 파는 렌트 제도도 있습니다. 자동차보다 더 비싼 주택은 전세, 월세, 보증부월세(반전세), 깔세(보증금이 전혀 없는 월세) 등 다양한 제도들이 있습니다. 휴대전화의 경우에도 많은 고객들은 대체로 할부 방식으로 구매해서 일정 기간 월 얼마씩 납부하다가 나중에 소유권을 이전받습니다.

셋째, 탐색한 대안 평가 및 비즈니스 모델 선택입니다. 여러 대안 가운데 우리 기업 및 사업의 특성에 부합하는 적절한 대안을 선택해 결합시키는 것입니다. 바디프랜드는 할부 방식으로 접근했습니다. 월 일정액을 내고 이용하다가 일정 기간이 지나면 돈을 더 이상 내지 않아도 되고 소유권도 완전히 고객에게 넘기는 방식입니다.

마지막, 넷째는 실행입니다. 혁신에는 고통이 따릅니다. 외부의 이질적인 요소가 들어오면 여러 가지 문제점이 생겨날 수 있습니다. 또 구체적인 비즈니스 모델도 정해야 합니다. 바디프랜드는 할부로 판매가 이뤄질 경우, 제조 과정에서 많은 돈이 지출되는 것에 비해 판매 금액은 3년 정도에 걸쳐 나눠 들어오기 때문에 현금 흐

| 바디프랜드 매출 및 영업이익 추이 |

단위: 억 원

	2010년	2011년	2012년	2013년	2014년
매출	188	340	652	785	1438
영업이익	26	61	151	181	283

출처: 금융감독원공시(dart.fss.or.kr)

름에 문제가 생길 수 있습니다. 이런 점에 대비할 수 있도록 초기 자본을 확충하고 협력업체에 대금 지급을 늦추는 등의 대책을 마련했습니다. 또 할부 가격을 어떻게 할지도 고민해봐야 합니다. 바디프랜드는 안마를 한 번 받을 때 드는 비용이 5만 원이라는 점에 착안해 월 4만 9,900원으로 정했습니다. '매달 안마 한 번 받을 가격만 내면 안마의자를 가질 수 있다'는 명확한 스토리텔링이 가능해진 것입니다.

이런 혁신적인 비즈니스 모델로 인해 바디프랜드라는 회사가 성장했을 뿐 아니라 안마의자 시장 자체가 커졌습니다. 원래 한국 안마의자 시장은 연 200억 원 정도였는데, 바디프랜드의 할부 모델이 등장하고 나서 무려 3,500억 원대로 커졌다고 합니다. 비즈니스 모델 혁신이 가져온 위력을 실감할 수 있는 대목입니다.

• 개방이 대세다: 비즈니스 모델을 설계할 때 고려해야 할 점이 하나 있습니다. 바로 개방입니다. 가치 창출 과정에서 문호를 활짝 열어

놓으면 '대체'를 뛰어넘는 '전환' 모델 창출이 가능합니다. 인터넷과 소셜미디어의 발달로 너무나 쉽게 다수 대중을 가치 창출 과정에 참여시킬 수 있는 시대입니다. 모름지기 기업 활동의 대부분은 경쟁사 노출을 막기 위해 비밀스럽게 진행해야 한다는 게 과거의 상식이었지만, 지금은 이런 틀에서 벗어나 개방을 통한 새로운 비즈니스 모델을 개척하는 선도적인 기업들이 시장에서 영향력을 확대하고 있습니다.

'동아비즈니스포럼 2015'에서 기조연설을 한 크리스 앤더슨 3D로보틱스3D Robotics 대표의 창업 스토리가 개방에 기초한 비즈니스 모델의 위력을 보여준 좋은 사례입니다. 앤더슨 대표는 아이들이 과학기술에 관심을 갖게 하기 위해 레고 블록으로 드론을 만들어 봤다고 합니다. 과거에는 첨단기술이었지만 요즘엔 장난감에서 사용하고 있을 정도로 수많은 기술들이 대중화됐기 때문에 인터넷 검색을 통해 레고 블록으로 드론을 만들 수 있었다고 합니다. 그는 이후에도 계속해서 드론을 제작했는데, 드론 제작에 관심 있는 사람들이 함께 도우면 좋을 것 같아서 'DIY드론'이란 인터넷 커뮤니티를 만들었습니다. 이후 커뮤니티 참가자들이 스스로 소프트웨어도 설계하고 각종 시스템을 만들어나갔고 결국 그럴듯한 드론 제품을 설계할 수 있었다고 합니다. 일부 회원들이 상용화해보자는 제안을 했고, 앤더슨 대표는 세계 여러 나라에서 온라인으로 필요한 부품을 구매해 실제 드론을 만들었습니다. 과거에는 유통망을 개척해야 물건을 팔 수 있었지만, 지금은 오픈마켓 모델인 아마존이나 알리바바를 통해 손쉽게 물건을 팔 수 있었죠. 그리고 주문부터 결제까지 이들 전자상거래 업체가 다 알아서 해줬습니다. 결국 만들었던 제품이 모두 팔렸고 이후 이런 일이 계속되면서 자연스럽게 회사가 설립됐습니다. 앤더슨 대표는 《와이어드》Wired란 IT 분야 전문 매거진의 편집장으로 일하다가 《롱테일 경제학》이라는 책을 집필해 크게 성공한 인물인데, 그는 3D 로보틱스에 전념하기 위해 편집장 직도 때려치웠습니다. 드론 같은 기술 중심의 제품을 만드는 기업에서 가장 중요한 역할은 연구개발R&D입니다. 그런데 3D 로보틱스는 연구개발을 인터넷 커뮤니티가 수행하고 있습니다. MIT나 하버드를 졸업한 인재들이 아니라, 드론에 대해 호기심을 갖고 있고 왕성하게 관련 자료를 찾아보며 '실행을 통해 배우는'learning by doing 평범한 사람들이 어떤 기술 기업보다 강력한 연구개발 결과물을 산출하고 있습니다. 실제 앤더슨의 가장 큰 조력자는 멕시코에 사는 고졸 출신 청년이었다고 합니다. 인터넷을 검색해가며 필요한 지식을 습득한 이 청년은 가격 부담이 거의 없는 소프트웨어를 선택해 적용하는 등 고객 가치를 혁신하는 데에 엄청난 기여를 했다는군요.

앞서 말씀드린 전환 모델 대부분은 개방을 무기로 하고 있습니다. 학력, 국적, 신분 등이 걸림돌이 되지 않고, 특정 과업을 잘할 수 있는 사람이면 누구라도 참여할 수 있게 한 덕분에 가치 창출의 방식을 획기적으로 바꾼 '전환' 모델을 만들어냈습니다. 요즘 유행하는 플랫폼 전략은 개방을 실천하기 위한 방법론으로, 여러 이해관계자들이 만나는 플랫폼을 구축하는 것이 성공의 원천이 된다는 점을 잘 보여주고 있습니다.

물론 개방은 통제의 상실, 혹은 권력의 분산을 의미합니다. 개방으로 인해 많은 사람들이 참여하다 보면 내 마음대로 일이 되지 않을 수도 있고, 내 이익에 반하는 것을 요구할 수도 있습니다. 크리스 앤더슨 대표도 커뮤니티와 회사의 이익이 충돌하는 경우가 생기기 때문에 절묘한 줄다리기가 필요하다고 강조합니다. 또 대부분 커뮤니티는 하향식bottom-up으로 결정이 이뤄지기 때문에 의사결정권의 상실 또한 감수해야 합니다. 하지만 "지고 이겨라."라는 말이 있습니다. 조중훈 한진그룹 창업주의 좌우명입니다. 지금 권한을 주는 것 같지만 이를 통해 창출할 수 있는 가치가 더 크다면 그렇게 해야 합니다. 특히, 개방하지 않으면 개방을 토대로 고객 가치를 혁신한 다른 경쟁자에게 밀릴 수 있다는 점을 잊어서는 안 됩니다.

전략 5: 기술 혁신으로 돌파하라

•

가격 대비 가치를 높일 수 있는 또 다른 영역으로 기술 혁신을 꼽을 수 있습니다. 특히 부품이나 소재, 제약/바이오, 화학 등 연구개발 비중이 높을 수밖에 없는 기업에서는 기술 혁신으로 돌파구를 마련해야 합니다. 기술 혁신은 두 가지 분야로 활용 가능합니다. 하나는 가치를 높이는 것이고, 다른 하나는 원가를 획기적으로 낮추는 것입니다. 《경영학의 진리체계》라는 책으로 잘 알려진 윤석철 한양대학 석좌교수는 그의 책을 통해 기업의 '생존 부등식'을 제시한 바 있는데, 원가보다 가격이 높아야 하고, 가격보다 가치가 높아야 한다는 것이 바로 그것입니다. 원가보다 가격이 낮으면 기업이 존속할 수 없습니다. 가격보다 가치가 낮으면 한두 번은 고객이 속아서 물건을 사겠지만, 결국 고객들의 외면을 받고 말 것입니다. 그렇다면 경영의 키워드는 원가를 낮추거나, 고객 가치를 높이는 것입니다. 기술은 제품의 원가를 낮추거나 가치를 높이는 데 결정적인 역할을 할 수 있습니다.

혁신적인 기술로 고객 가치를 크게 높인 대표적인 기업이 길리어드 사이언스Gilead Sciences입니다. 신종플루 치료제인 타미플루를 개발해 세계적으로 이름을 알린 이 회사는 에이즈 치료제도 개발했는데, 통상 하루 30알 이상의 약을 먹어야 했던 환자들에게 하루에 단 한 알만 먹어도 되는 제품을 개발해 큰 성공을 거뒀습니다. 그리고 최근에는 C형간염 치료제로 또 다시 성공 신화를 이어가고 있습니다. 기존 C형간염 치료제는 탈모나 면역력 저하 등 각종 부작용을 유발해 환자들은 심각한 고통을 겪어야 했고 완치율도 높지 않았습니다. 이 회사는 이런 문제점을 없앴고, 그냥 하루에 한 알의 약만 복용하면 석 달 이내에 치료가 되는 약을 개발했습니다. 이 알약의 가격은 얼마 정도가 적당할까요? 참고로 C형간염은 A형이나 B형과 달리 예방접종으로 감염을 막을 수 없습니다. 획기적인 완치율을 자랑하는 이 약의 가격은 미국에서 한 알에 100만 원이 넘습니다. 완치까지 석 달 동안 대략 1억 원 정도의 비용이 들어가지만 그래도 잘 팔리고 있습니다. 기존 치료제에 비해 월등한 가치를 제공하기 때문입니다. 앞서 가격 대비 가치는 가격이 꼭 싼 제품만을 의미하는 게 아니라고 말씀드렸듯이, 가격이 높아도 이처럼 가치가 더 높으면 문제가 되지 않습니다. 획기적인 기술이 얼마나 큰 부가가치를 가져올 수 있는지 보여주는 사례입니다.

기술 혁신으로 원가를 낮춰 성공한 또 다른 대표적인 사례가 유니클로Uniqlo의 '히트텍'입니다. 유니클로는 섬유회사 도레이와 합작해서 신체에서 나오는 수분을 활용해 열을 내는 신소재 섬유를 대량생산해 원가를 획기적으로 낮춘 히트텍을 상용화했습니다. 원래 다른 회사가 이런 개념을 가진 기술을 만들었는데 가격이 너무 높아 일반인들을 대상으로 제품을 판매하는 게 불가능했다고 합니다. 그런데 유니클로와 도레이가 기술적 장벽을 뛰어넘어 일반인들이 1만 원 대에 히트텍을 살 수 있도록 했습니다.

원가를 획기적으로 낮추거나 가치를 대폭 높이는 게 결코 쉬운 과제는 아닙니다. 실제 이런 과감한 기술 혁신 측면에서 큰 성과를 내고 있는 기업의 대부분이 선진국에 국한돼 있다는 점도 사실입니다. 하지만 국내 중소 제약회사인 한미약품의 사례는 자원이 부족한 기업들도 기술 혁신 분야에서 획기적인 성과를 낼 수 있다는 점을 보여줬습니다.

사실 과거 한국 제약사들은 주로 리베이트 영업에 의존했습니다. 결코 좋은 관행은 아니지만, 굳이 위험이 높은 신약 개발에 R&D 투자를 할 필요 없이 리베이트를 무기로 안정적으로 복제약을 팔 수 있었습니다. 제약업종에 진입하기만 하면 몇 대가 편안하게 먹고살 수 있다는 말이 나왔던 것도 이런 이유 때문이었습니다. 한미약품도 이런 관행에 의존했습니다.

그런데 2009년 정부 정책이 바뀌면서 환경이 급변했습니다. 정부가 제약업체의 리베이트로 추정되는 금액만큼 약품 가격을 내리도록 한 것입니다. 변화의 파고로 몇몇 제약업체는 문을 닫기도 했습니다. 한미약품도 2010년 창립 이래 첫 적자를 기록했습니다. 열악한 상황에서 한미약품은 R&D를 강화해 신약을 개발하는 방향으로 기업의 전략을 급선회했습니다. 신약 개발은 선진국 제약회사의 몫이라고 생각했던 업계의 통념으로는 이해하기 힘든 전략이었습니다. 적자가 나는데 무슨 투자를 하느냐며 반대하는 주주들도 많았다고 합니다. 하지만 한미약품은 영업 출신이 맡던 대표이사를 연구소 출신에게 맡겼고, 매출의 10~20퍼센트에 달하는 대규모 자금을 R&D에 투입했습니다. 한미약품으로서는 많은 돈이었지만 글로벌 제약회사에 비하면 턱없이 작은 규모였기 때문에 당뇨병이나 항암제 등 상대적으로 상업화가 쉬운 분야에 집중적으로 자금을 투자했습니다. 오너의 전폭적인 지원이 이뤄졌고, 연구소장이 상당 수준의 자금을 전결로 처리할 수 있도록 하는 등 의사결정의 속도도 높였습니다. 결국 2015년에만 총 7조 원이 넘는 기술수출 계약을 맺었고 계약금으로만 7,500억 원을 받는 탁월한 성과를 냈습니다. 한미약품 덕분에 '우리도 신약 개발을 할 수 있다'는 생각이 업계에 퍼져 이제 많은 한국의 제약사들이 기술 개발에 박차를 가하고 있습니다.

최고의 인재를 영입하고, 상업성이나 실용성이 높은 과제에 선택과 집중을 하며, 연구원들의 자율성과 창의성을 존중하는 기업문화를 만든다면 한미약품처럼 객관적인 자원의 한계를 돌파해 놀라운 성과를 내는 기업들이 더 많이 나올 수 있을 것입니다. 특히 R&D에서는 도전적인 목표를 갖는 게 무엇보다 중요합니다. 부작용 없이 병을 완치하겠다거나, 수십만 원짜리 소재를 1만 원대로 낮춘다거나 하는 식의 도전적인 목표를 설정하고 절실하게 노력해야 합니다. 야나이 다다시柳井正 유니클로 회장은 《한국경제》와의 인터뷰에서 "(히트텍 같은) 히트상품은 누구라도 만들 수 있다. 절실하게 노력하지 않기 때문에 못 만드는 것이다."라고 말했습니다. 실제 히트텍을 만들기까지 그는 1만 벌 정도의 시제품을 찢어 없앴다고 합니다. 과감한 목표를 향한 절실한 노력은 R&D 성공의 불변의 법칙입니다.

전략 6: 새로운 고객 발굴에 주력하라

•

새로운 수요처를 찾는 것도 가격 대비 가치를 높일 수 있는 현실적 대안 가운데 하나입니다. 앞서 가격보다 고객 가치가 높아야 한다고 말씀 드렸는데, 고객 가치란 말을 경제학적인 용어로 표현하면 '지불 의향 가격'willingness to pay이라고 할 수 있습니다. 똑같은 생수라도 도심 한복판에 있는 사람보다 험한 산에서 등산하던 도중에 물을 다 먹어버린 사람의 지불 의향 가격이 훨씬 높을 수밖에 없습니다. 현재 우리가 확보한 고객 이외에 새로운 용도로 우리 제품을 활용할 수 있는 고객을 찾아낸다면 새로운 성장 동력을 만들 수 있습니다. 특히 지불 의향 가격이 높은 고객을 찾아내려는 노력이 반드시 필요합니다. 사실 이런 노력은 경제 상황이 좋을 때엔 현재 상태에 안주하기 때문에 잘 이뤄지지 않습니다. 경제 상황이 나쁘거나 기업이 위기에 빠졌을 때 우리 제품의 새로운 수요처를 찾기 위한 노력이 본격화됩니다. 제로 시대에는 일상적으로 이런 노력을 이어나가야 합니다.

삼성경제연구소 강한수 수석연구원의 SERI CEO 강의에 따르면 일본 타월업체 토신東進은 경쟁이 치열해지고 중국산 저가 제품이 난립하자 타월의 장점을 무기로 새로운 영역을 찾았다고 합니다. 바로 머플러입니다. 머플러를 두르면 따뜻하긴 한데 자칫 땀이 날 수 있습니다. 그래서 일본 남성들 중 일부는 머플러와 타월을 함께 매고 다녔는데 토신은 여기서 아이디어를 얻었다고 합니다. 그래서 기능성 타월의 디자인을 머플러처럼 멋지게 만들어 출시했고, 어려운 여건에서도 성장의 발판을 마련할 수 있었다고 합니다.

교세라京セラ 창업자인 이나모리 가즈오稻盛和夫가 쓴 《불타는 투

혼》이란 책에 나온 사례도 여기에 해당합니다. 1차 오일쇼크 이후 경기 침체로 인해 섬유기기가 팔리지 않았고, 여기에 들어가는 교세라의 세라믹 부품도 팔리지 않아 교세라는 심각한 위기를 겪었다고 합니다. 교세라는 섬유기기에 실이 고속으로 이동하는 과정에서 마찰을 최소화할 수 있는 세라믹 부품을 납품하고 있었습니다. 하지만 불황으로 수요가 뚝 끊기자 교세라의 한 직원은 낚싯대를 만드는 업체를 찾아갔다고 합니다. 낚싯대에는 낚싯줄이 부드럽게 통과하도록 도와주는 가이드링이라는 부품이 있는데 과거 가이드링은 모두 쇠로 만들어져 있었습니다. 당연히 마찰도 심했고 큰 물고기를 잡았을 때 낚싯줄이 자주 끊기는 문제점이 있었습니다. 교세라 직원은 낚싯대 만드는 업체 직원에게 세라믹을 활용해 가이드링을 만들면 훨씬 마찰을 줄일 수 있다고 설득했습니다. 이후 낚싯대 가이드링에 세라믹을 사용하는 게 일반적인 관행이 되었다고 합니다. 교세라도 위기를 극복할 수 있었습니다.

이처럼 우리 제품에 대해 전혀 관심이 없을 것이라고 생각했던 고객에게 상상 외로 우리 제품이 굉장히 큰 가치를 제공할 수 있습니다. 또 기존 제품의 단점을 우리 제품이 완벽하게 해결할 수도 있습니다. 물론 여기에는 관점의 전환과 도전정신이 필요합니다. 경제 여건이 어렵고 혁신이 빈발하는 시기에는 우리 제품의 장점을 새로운 맥락에서 적용해보려는 노력 역시 반드시 필요합니다. 윤창현 서울시립대학 교수의 말처럼 "물구나무를 서서라도 새로운 관점에서 세상을 바라봐야" 생존할 수 있습니다.

전략 7: 서비스로 승부하라

•

샤오미의 체중계가 한국 시장에서 인기를 끈 요인은 단순히 체중을 잘 측정하는 기능 때문만은 아닙니다. 휴대전화와 연계해서 체중의 변화를 쉽게 추적할 수 있게 했기 때문에 고객 입장에서는 '체중 관리'라는 새로운 가치를 얻을 수 있었습니다. PC에 버금가는 성능에 이동성까지 갖춘 스마트폰을 대부분의 고객들이 휴대하고 다니기 때문에 단품으로 제품만 판매하던 과거의 관행에서 벗어나 큰 노력을 들이지 않고도 지속적인 서비스를 제공할 수 있는 시대가 된 것입니다. 즉, 제조업은 물건을 튼튼하게 잘 만들어 팔면 끝이라는 생각에서 벗어나 물건을 판매한 이후부터 본 게임이 시작된다고 생각해야 합니다.

제조업의 상징처럼 여겨지는 기업인 제너럴일렉트릭GE, General Electric의 변화가 이러한 트렌드를 잘 보여줍니다. GE는 과거 항공기 엔진을 만들어 고객에게 돈을 받고 팔면 소임을 다했다고 생각했습니다. 튼튼하게 만들어 고장이 잘 나지 않는 엔진을 공급하기만 하면 경쟁우위를 확보할 수 있었습니다. 하지만 이제 발달한 소프트웨어와 IT 인프라, 각종 센서 덕분에 항공기 엔진 제조업체가 고객인 항공회사의 유가 절감까지 유도할 수 있게 됐습니다. 항공기 엔진에 센서를 달아 실시간으로 엔진 정보를 취득하면서 어떤 방식으로 항공기를 운행하면 연료비를 더 줄일 수 있다는 조언을 해줄 수 있게 된 것입니다. 여기에 엔진의 결함 발생 가능성도 사전에 탐지해 유지·보수 비용도 줄일 수 있습니다. 실제 항공기 엔진을 만드는 GE는 전통적인 단품 납품에서 벗어나 다양한 서비스를 제공하는 서비스 기업으로 재탄생하고 있습니다. GE는 아시아 지역의 저가 항공사인 에어아시아Air Asia의 항공기 엔진 데이터를 수집·분석한 다음에 유류비 절감 솔루션을 제시해 실제 연간 1,000만 달러가량의 비용 절감을 유도했다고 합니다.

IT기술과 네트워크의 발달로 사물인터넷IoT, Internet of Things 혹은 만물인터넷IoE, Internet of Everything 시대가 열리면서 고객의 제품 이용 행태에 대한 방대한 데이터를 실시간으로 수집할 수 있게 되어 실질적으로 고객의 성공을 지원할 수 있는 서비스를 실현할 수 있게 되었습니다. 이런 최신 기술들을 잘 활용해 최고의 서비스를 내놓을 수 있는 기업이 시장의 선택을 받을 것이고, 시장 전체를 독식하는 일이 자주 발생할 것입니다. 제조업의 상징이었던 GE가 소프트웨어 엔지니어를 대거 채용하고, 소프트웨어 기업으로 변신하겠다고 선언한 데에는 이런 배경이 자리 잡고 있습니다. 모든 제조 기업은 소프트웨어 기업으로 변신할 준비를 해야 합니다.

사물인터넷이나 만물인터넷을 활용한 서비스화는 고객이 진짜로 원하는 가장 본질적인 욕구를 충족시켜줄 수 있다는 점에서 미래 경쟁우위의 원천이 될 것입니다. 사람들이 저울을 사는 이유는 몸무게를 재기 위한 것이라고 볼 수도 있지만, 이는 사실 다른 목적을 달성하기 위한 수단일 뿐입니다. 진짜 목적은 건강한 삶을 위해서, 혹은 살을 빼서 아름답게 보이고 싶어서 등일 것입니다. 항공사가 다기능적인 엔진을 장착한 비행기를 구매하는 이유는 그저 비행기를 공중에 띄우는 것이 목적이 아니라, 운송 서비스를 제공해서 원가를 줄이고 고객 가치를 높여 수익을 창출하기 위해서입니다. 고객들은 이런 심층적인 욕구를 말로 표현하진 않습니다. 하지만 누군가가 이런 심층적이고 본질적인 욕구를 충족시켜주는 서비스를 제공한다면 기꺼이 열광할 것입니다. 만물인터넷 시대에는 제품을 팔고 난 뒤에 본 게임이 벌어집니다. 이 게임에서 이기는 기업이 승리합니다.

> 만물인터넷 시대에는 제품을 팔고 난 뒤에 본 게임이 벌어진다. 이 게임에서 이기는 기업이 승리한다.

가격 대비 가치의 실현 전략: 고객의 성공이 우선이다

지금까지 가격 대비 가치를 높일 수 있는 여러 방법론을 살펴봤습니다. 이 외에도 상상력과 창의력을 발휘해 새로운 방법론을 발굴하는 혁신가가 많아지기를 바랍니다. 지금까지 말씀드린 방법 외에도 이미 개발되어 있는 다양한 창의적 아이디어 발상법을 활용해 가격 대비 가치를 높일 수 있는 방법을 찾을 수 있습니다. 브레인스토밍, 액션러닝, 블루오션 전략, 디자인씽킹 등 다양한 방법론들을 활용해 원가를 낮추고 고객 가치를 높이는 다양한 시도들을 하는 과정에서 학습 역량을 키우고 조직의 지식 수준을 높여야 합니다.

그런데 다양한 방법론을 활용하더라도 가격 대비 가치라는 어젠다의 핵심 취지를 잊어서는 안 됩니다. 가격 대비 가치라는 키워드가 가진 가장 중요한 의미는 바로 '고객의 성공'입니다. 과거에는 고객의 성공이라는 게 그다지 중요한 요소가 아니었습니다. 그보다 고객과의 관계를 다소 경쟁적인 관점에서 바라봤습니다. 산업의 구조가 기업의 수익성에 큰 영향을 끼친다는 마이클 포터 하버드대학 교수의 산업구조 분석론의 관점에서 보면, 고객의 힘이 클 때 우리 기업에는 수익성이 악화되는 등 좋지 않은 일이 생겨납니다. 그래서 가급적 고객의 힘을 약하게 만들어야 더 바람직한 결과을 얻을 수 있다는 시각이 우세했습니다. 기업의 독특한 자원이 경쟁우위의 원천이 된다는 '자원기반 관점'resource-based view도 대체하거나 모방하기 힘든 자원과 역량을 내부화하는 것만이 기업의 생존을 보장해준다고 역설합니다. 이런 관점에서는 훌륭한 자원을 내 것으로 만드는 게 경영의 초점이 됩니다.

하지만 가격 대비 가치라는 화두는 소비자가 지불하는 가격과 가치의 차이가 더 큰 기업, 즉 소비자가 얻는 가치에서 가격을 뺀 값이 더 큰 제품이 성공한다는 관점입니다. 소비자가 얻는 가치에서 가격을 뺀 것을 의미하는 경제학적 용어인 '소비자 잉여'consumer surplus를 키우는 기업이 성공할 수 있다는 것입니다. 이는 소비자의 주머니에서 더 많은 것을 빼내오는 기업이 생존한다는 과거의 관점과는 확연히 달라진 것입니다.

흥미로운 점은 위와 같이 소비자와의 경쟁적 관점을 제시했던 포터 교수가 최근 '고객 성공'이란 화두를 들고 나왔다는 점입니다. 포터 교수는 1980년대 산업구조 분석에 이어 1990년대 국가경쟁력 모델을 제시했는데, 2000년대에는 관심의 초점이 '기업의 사회적 책임'CSR, Corporate Social Responsibility으로 이동했습니다. 그리고 2011년《HBR》에 발표한 논문을 통해 한국 경영계에 큰 영향력을 행사한 '공유가치창출'CSV, Creating Shared Value이란 화두를 던졌습니다. 기업의 경제적 가치와 사회적 가치를 모두 추구하는 공유가치창출을 통해 자본주의의 문제점을 해결하자는 취지의 주장을 펼친 것입니다. 이후 2015년《HBR》논문에서 그는 사물인터넷이 가져오는 변화를 진단하고 '고객 성공'이란 화두를 들고 나왔습니다. '고객 성공 관리부서'를 만들자는 제안도 했습니다. 포터 교수에 따르면 고객 성공 관리부서는 물건을 팔고 난 다음부터 본격적으로 업무를 수행합니다. 고객이 우리 제품을 어떻게 사용하고 있는지 모니터링하고 각종 데이터를 수집한 다음, 고객의 본질적인 욕구가 충족되는 방향으로 각종 서비스를 제공하는 것이 이 부서의 핵심 역할입니다. 즉, 실제로 고객이 우리 제품과 서비스로 성공을 거두도록 최선을 다하는 것이 이 부서의 역할인 셈입니다. 어젠다 제시 능력이란 측면에서 포터 교수는 전 세계 경영학자 가운데 정상에 서 있다고 생각합니다. 그가 제시한 고객 성공 관리부서라는 아이디어는 주목할 만한 가치가 있고, 또한 가격 대비 가치가 중시되는 시대에 심각하게 고려해볼 만한 설득력 있는 제안이라고 생각합니다.

가격 대비 가치, 그리고 실질적인 고객 성공을 중시해야 하는 이유는 투명한 정보 공개와 기술 발달로 인한 서비스 기회 창출 때문입니다. 투명한 정보 공개로 인해 고객들은 어떤 제품이 실질적인 가치가 더 높은지에 대해 속속들이 알 수 있게 됐습니다. 과거에는 제한된 정보, 제한된 경쟁 구도 속에서 가격 대비 가치가 다소 낮은 제품이라도 생존할 수 있었습니다. 하지만 정보가 투명해지니 제품 구매 전 인터넷으로 간단히 검색만 해도 어떤 제품의 소비자 잉여가 더 높은지 금방 알 수 있습니다. 따라서 가격 대비 가치가 경쟁제품에 비해 조금이라도 높다면 시장을 독식할 수 있습니다.

또 기술 발달로 고객에게 실질적인 가치를 더할 수 있는 수많은 방법이 생겨나고 있습니다. 각종 센서나 인터넷, SNS 등을 활용해 고객들이 우리 제품이나 서비스를 어떻게 활용하고 있는지에 대한 데이터를 쉽게 수집할 수 있습니다. 이렇게 수집된 데이터를 분석해 고객들이 어떤 가치 요소에 대해 더 높은 만족감을 느끼는지를 파악해 고객들이 체감하는 소비자 잉여의 수준을 높일 수 있습니다.

어떤 분야든 끊임없이 새로운 비즈니스 모델이 등장해서 기존 모델을 극복하고 있습니다. 앞서 《허핑턴 포스트》가 기존 미디어의 '대체' 모델에서 벗어나 '전환' 모델을 만들었다고 말씀드렸는데요, 이 회사에서 일했던 조나 페레티Jonah Peretti가 창업한 버즈피드Buzzfeed는 더욱 새로운 가치 창출 방식으로 《허핑턴 포스트》보다 높은 성장세를 보이고 있습니다. 이 회사는 고객들이 어떤 뉴스나 콘텐츠에 반응하는지 끊임없이 데이터를 수집하고 축적하면서 고객들이 좋아할 만한 콘텐츠를 양산했습니다. 특히 어떤 콘텐츠를 다른 사람과 더 많이 '공유'하는지에 대해 가장 앞선 이해와 통찰을 갖게 됐습니다.

상식적으로 생각해보면 선정적이거나 폭력적인 내용을 다룬 매우 자극적인 기사를 사람들이 더 많이 소비하고 공유할 것 같지만, 실제 데이터를 분석해보니 이런 가설과는 다른 현상이 목격됐습니다. 공유라는 활동은 자신의 관심사와 자아 정체성을 표현하는 수단입니다. 따라서 선정적인 기사를 공유했을 때 사회적 비난을 받거나 자신의 정체성에 악영향을 미칠 것이라고 사람들은 우려했습니다. 대신 쉽고 재미있게 읽히면서도 정보 가치를 담은 콘텐츠들이 훨씬 자주 공유된다는 사실을 발견했습니다. 이런 통찰을 기반으로 버즈피드가 만들어낸 대표적인 콘텐츠가 바로 '리스티클'listicle입니다. '죽기 전에 가봐야 할 관광지 10곳' 같은 콘텐츠로, 순위list와 기사article를 결합한 콘텐츠를 리스티클이라고 합니다. 리스티클은 이후 다른 미디어에 의해 광범위하게 벤치마킹됐고 지금은 새로운 단어로 사전에 등재가 됐을 정도로 유명해졌습니다.

이처럼 다양한 수단을 통해 고객의 욕구를 이해하면서 서비스를 제공한 버즈피드는 오리지널 콘텐츠가 미흡하다거나, 저작권 침해 소지가 있다거나, 너무 가벼운 콘텐츠만 유포한다는 여러 논란에도 불구하고 성장세를 이어가고 있습니다. 백악관 출입은 물론이고 버락 오바마 대통령의 인터뷰까지 성사시켰습니다. 이제 버즈피드는 데이터를 활용한 고객 이해에 기초해 기성 전문 미디어들만이 만들 수 있었던 콘텐츠를 제작하며 사세를 확장하고 있습니다. 버즈피드처럼 고객을 보다 심층적으로 이해하는 역량을 가져야 더 높은 고객 가치를 창출할 수 있으며, 가격 대비 가치 경쟁에서 우위를 점할 수 있습니다.

그런데 문제는 기존 기업들이 가격 대비 가치, 혹은 고객 성공이라는 새로운 패러다임을 받아들이기 쉽지 않다는 데에 있습니다. 가격 대비 가치를 높이는 게임을 하려면, 비즈니스 모델이나 가치 창출 방식을 바꿔야 합니다. 이 과정에서 조직원들은 과거에 하지 않았던 업무를 수행하거나, 전혀 지식이 없는 새로운 역량을 갖춰야 합니다. 기존 신문사가 《허핑턴 포스트》나 버즈피드의 방식을 이해했다 하더라도 이들과 유사한 활동을 당장 시작하기는 무척 힘이 듭니다. 신문사의 기자들은 특정 영역에서 취재와 보도를 하는 데 익숙해져 있습니다. 또 전통 저널리즘 가치에 부합하는 고급스러운 콘텐츠를 생산하는 데에 능합니다. 이런 인력들에게 SNS를 통한 기사 공유를 해보게 하거나, 데이터를 분석해서 고객들이 좋아하는 기사가 어떤 형태인지 찾아내게 하는 건 매우 어려운 일일 것입니다. 또 '죽기 전에 해야 할 ○○○○ 리스트'처럼 저널리즘적 가치보다는 '짜깁기' 성격이 강한 콘텐츠에 대해 아무래도 거부감을 가질 게 분명합니다. 그래서 가격 대비 가치라는 새로운 목표가 이상적으로 보일지는 모르겠으나, 현실 조직에서 실현하기는 무척 어려울 수밖에 없습니다.

이를 해결할 두 가지 방법이 있습니다. 외부에서 필요한 역량을 가져오는 방법이 하나이고, 내부의 역량을 새롭게 재편하는 게 또 다른 방법입니다. 현실적으로 이 두 방법을 다 활용하는 게 가장 바람직하다고 봅니다. 가격 대비 높은 가치를 창출할 것으로 예상되는 사업을 시작한 다른 기업을 인수하거나, 역량을 가진 인재 즉, 고객 데이터를 분석해서 가치를 높일 수 있는 제안을 할 수 있는 사람을 영입하는 활동을 상시적으로 수행해야 합니다.

기존 내부 역량을 변화된 환경에 맞게 적응시키려는 노력도 지속적으로 추진해야 합니다. 해고하기 힘든 한국의 상황에서 조직원들에게 기존에 하던 일을 똑같이 시키다가 실적이 악화돼서 나중에 대규모 정리해고를 하는 형태로 대응하는 것은 최악의 결과만 가져올 뿐입니다. 기존 역량을 환경 변화에 맞게 변신시키려는 노력과 관련해서 중요한 개념이 바로 '조직 융해'histolysis 입니다.

아마 생명체 가운데서 가장 극적인 변화를 경험하는 종은 곤충이 아닐까 생각합니다. 알에서 애벌레로, 이어 번데기로 탈바꿈했다가 화려한 나비와 같은 성체로 근본적인 변화를 모색하는 곤충은 새로운 역량을 모색하는 많은 조직들에게 큰 영감을 줍니다. 번데기 단계에서 곤충은 애벌레로 생존할 때 도움을 줬던 기존 조직들을 없애는 대신, 성체가 되었을 때 도움을 주는 조직들을 새로 만들어낸다고 합니다. 이 과정이 바로 조직 융해입니다. 예를 들어서 애벌레 시절에는 왕성하게 먹이를 먹고 소화시켜야 하기 때문에 소화와 관련한 조직의 비중이 매우 큽니다. 실제 침이나 효소를 만드는 조직들이 애벌레 전체의 절반 이상을 차지합니다. 그런데 성체가 돼서는 이런 조직의 필요성이 줄어들기 때문에 번데기 단계에서 곤충은 기존 소화 관련 조직을 녹여 없애고 대신 성체가 됐을 때 필요한 조직을 새로 만들어냅니다. 이는 굉장히 고통스러운 과정임이 분명합니다. 하지만 이게 없이는 화려한 나비로 탄생할 수 없습니다.

개인 차원에서건, 조직 차원에서건 기존 역량을 없애고 새로운 역량을 만들어내는 것은 큰 고통을 수반합니다. 야구선수가 타격 폼이나 투구 자세를 바꿀 때, 골프 선수가 스윙 자세를 바꿀 때 모두 큰 고통을 겪는 것과 같은 이치입니다. 하지만 오늘날과 같은 제로 시대에서는 고통스럽다 하더라도 조직 융해 차원의 결단과 실행이 필요합니다.

최근 한국의 성장을 이끄는 데에 크게 기여했던 조선업체들이 많은 어려움을 겪고 있습니다. 조선업체들이 해양플랜트 같은 새로운 사업에 과감하게 도전한 것까지는 좋았지만 플랜트 같은 신사업을 기존 배를 만들던 인력에게 수행토록 했다는 점이 위기 상황에 놓이게 된 주요한 원인으로 꼽힙니다. 배를 건조하는 기술은 플랜트 기술에 약간의 도움이 되기는 하지만, 플랜트를 건조하기 위해서는 선박을 건조할 때와는 전혀 다른 새로운 기술과 역량이 대거 요구됩니다. 고통스럽더라도 조직원들이 이런 새로운 역량을 확보할 수 있도록 지원하고 훈련하고 성과 평가 체계를 새롭게 손봤어야 합니다. 기존 조직원의 재교육만으로 불가능하다면 해외 인재를 영입하는 등의 노력도 필요했습니다. 그랬다면 아마 상황은 많이 달라졌을 것입니다.

시장 변화를 살펴보면 고객들이 브랜드나 기업의 마케팅에 의해 구매를 결정하기보다 철저하게 가격 대비 가치에 기초해 의사결정을 하는 트렌드를 명확히 볼 수 있습니다. 예를 들어 한국 시장에서는 백화점 매출이 줄어드는 대신에 아울렛 매출이 늘어나는 현상을 목격할 수 있습니다. 명품 업체들이 고전하는 것도 이런 맥락에서입니다. 이름만 대면 알 수 있는 명품 브랜드를 들고 다니는 소비자에 대해 과거에는 '부유하다'는 인식이 있었지만 요즘에는 '가격 대비 가치가 높은 새로운 브랜드에 대한 탐색을 게을리 하는 약간 시대에 뒤떨어진 사람'이란 인식이 더 강하다고 합니다. 제 지인 중에는 대단히 부유한 사람인데도 인터넷 중고거래 사이트인 중고나라를 자주 이용하는 사람이 있습니다. 가격 대비 가치가 높은 제품은 중고 시장에서도 역시 큰 인기를 끌고 있다는군요. 브랜드라는 허명虛名에 집착하지 않고 실질을 숭상하는 분위기는 신흥국인 중국에서도 역시 목격된다고 합니다. 세계 경제는 이처럼 가격 대비 가치 패러다임으로 신속하게 전환하고 있습니다. '고객 성공'과 '조직 융해'는 가격 대비 가치 경쟁에서 승리하기 위한 핵심 키워드입니다. 고객의 성공을 위해 과감하게 조직의 변화를 꾀하고, 기존 역량이나 스킬에 안주하지 않고 조직 융해 차원의 변화를 모색해야 합니다.

가격 대비 가치 경쟁에서 우위를 점하기 위한
일곱 가지 전략

1. 글로벌한 시야를 가지고 공급망을 혁신하라.
2. 고객 가치를 구성하는 요소를 새롭게 재구성하라.
3. 고객들이 우리 제품의 경쟁 제품이라고 생각하는 것의 준거점을 바꿔라.
4. 비즈니스 모델을 끊임없이 전환하라.
5. 도전적인 기술 혁신으로 새로운 돌파구를 마련하라.
6. 지금까지 고객이라고 생각하지 않았던 새로운 고객을 발굴하라.
7. 실질적으로 고객에게 혜택을 주는 서비스로 승부하라.

CHAPTER 3

'느낌'의 힘은
'생각'보다 강하다

_감정으로 승부하라

THE AGE OF ZERO

THE AGE OF ZERO

감정, 이성을 이기는 힘

○

제2장에서 살펴봤던 가격 대비 가치라는 개념은 사람의 이성을 공략한다는 특징을 갖고 있습니다. 숫자로 계산할 수 있고, 측정할 수 있는 영역에서 고객에게 높은 가치를 제공하면 기업의 생존 확률은 높아집니다. 하지만 이성적으로 판단하기에 가격 대비 가치가 매우 높은 제품이 항상 우월한 성과를 내는 것은 아닙니다. 가격 경쟁력도 있고 품질 측면에서도 월등하다는 평가를 받는 회사가 항상 경쟁우위를 점하는 것도 아닙니다. 참 신기한 일이죠? 비즈니스가 정말 어려운 이유도 바로 여기에 있습니다.

나이키Nike와 아디다스Adidas를 보면 사업이 어려운 이유를 알 수 있습니다. 두 회사 가운데 어떤 회사가 더 오랜 역사를 갖고 있을까요? 아디다스입니다. 월드컵과 올림픽의 공식 후원사는 어디일까요? 역시 아디다스입니다. 나이키인 것으로 알고 계신 분들도 있는데 최근 개최된 월드컵이나 올림픽의 공식 후원은 아디다스가 다 독차지하고 있습니다. 역사가 오래된 만큼 아디다스는 스포츠 역사에서 신기록 제조기로서의 기록을 갖고 있습니다. 그만큼 아디다스는 품질, 기능, 스폰서십 등 기본적인 기업 활동 측면에서 나이키보다 앞섰으면 앞섰지 뒤처질 만한 요소는 거의 없습니다.

하지만 브랜드 가치는 어느 쪽이 높을까요? 나이키입니다.《포브스》Forbes의 추산에 따르면 나이키의 브랜드 가치는 260억 달러, 아디다스는 62억 달러입니다. 아디다스가 나이키의 절반에도 미치지 못하는 수준입니다. 시장조사기관 밀워드 브라운Millward Brown이 어패럴 브랜드의 가치를 조사한 결과에서는 더 격차가 납니다. 나이키의 브랜드 가치는 297억 달러, 아디다스는 46억 달러입니다. 아디다스 브랜드 가치가 나이키의 15퍼센트 수준에 그친다는 평가입니다. 브랜드 가치는 무형의 것이어서 조사 기관의 방법에 따라 큰 편차를 보입니다. 이런 편차를 감안하더라도 브랜드 가치 측면에서 나이키는 아디다스를 일관되게 앞서고 있습니다.

왜 이런 일이 생겼을까요? 여러 요인을 생각해볼 수 있겠지만 가격 대비 가치와 같은 이성적 측면에서만 보면 잘 이해되지 않는 현상입니다. 이런 현상을 이해하려면 다른 렌즈가 필요합니다. 바로 이성과 대척점에 있는 '감정'입니다.

강의를 하다가 가끔 청중들에게 아디다스라는 브랜드를 들으면 무엇이 떠오르는지를 물어볼 때가 있습니다. 즉각적으로 말하지 못하는 분들도 있고, 일부 청중은 '삼선'이 떠오른다고 대답합니다. 아디다스라는 거대한 브랜드를 대표하는 이미지가 줄 세 개라는 답변입니다. 하지만 나이키 하면 뭐가 떠오르는지 물으면 대체로 많은 분들이 즉각 대답하는 경우가 많습니다. 또 상당수는 'Just Do It'이 떠오른다고 말합니다.

바로 이런 차이가 두 브랜드 가치의 격차를 가져왔다고 생각합니다. 비즈니스가 어려운 이유는 아무리 질 좋은 제품을 만들어도, 또 마케팅에 엄청난 돈을 쏟아부어도 고객들의 머릿속에 제일 먼저 떠오르는 이미지 혹은 연상이 무엇인지에 따라 성과가 달라지기 때문입니다. 특히수없이 많은 업체들이 마케팅 메시지를 쏟아내는 현재 상황에서 더욱 중요한 것은 우리 브랜드에 노출됐을 때 고객들의 머릿속에서 떠오르는 한두 가지 요소가 경쟁업체보다 더 우월해야 한다는 것입니다. 여기서 경쟁업체보다 우월한 포지셔닝을 할 수 있는 핵심 요소로 감정이 자리 잡고 있습니다.

아디다스에 노출됐을 때 떠오르는 '삼선'이란 이미지는 감정에 그다지 큰 영향을 주는 요소가 아닙니다. 그냥 줄 세 개를 의미할 뿐입니다. 하지만 'Just Do It'은 다분히 감정에 영향을 주는 요소입니다. '현실에서 여러분이 어려움을 겪고 있다는 것을 우리는 알고 있다. 하지만 그럼에도 불구하고 시도하고 도전하자. 어려운 상황에서도 과감하게 앞으로 나아가려는 도전 정신이 무엇보다 아름다운 것이니까……'와 같은 메시지를 단 세 개의 단어로 표현하고 있습니다. 짧은 단 세 단어 안에 위로, 공감, 도전, 격려, 아름다움에 이르기까지 감정에 영향을 주는 수없이 많은 요소들이 포함되어 있습니다. 삶을 살아가면서 어려움을 겪은 많은 사람들에게 이 슬로건은 큰 용기와 위안을 줬습니다. 놀라운 점은 나이키가 심지어 이 단어를 광고에 사용하지 않았을 때에도 사람들은 'Just Do It'을 떠올린다는 점입니다. 아디다스도 'Impossible is Nothing'처럼 감정에 영향을 줄 수 있는 광고를 만들긴 했지만 지속성 측면에서 차이가 났던 것으로 보입니다. 어쨌든 결과적으로 많은 사람들은 아디다스 하면 이런 감정적인 슬로건보다는 삼선을 먼저 떠올리는 경우가 많으니까요.

'싸가지'는 '이념'보다 중요하다

○

일반적으로 '감정'이란 말을 들으면 어떤 이미지가 떠오르시나요? 긍정적 측면보다는 부정적 측면의 이미지가 먼저 떠오르곤 합니다. 일상생활에서 감정이란 말이 사용되는 사례들을 보면 이를 쉽게 알 수 있습니다. '감정에 휘둘린다', '너무 감정적이다', '감정에 좌우되지 말고 이성적으로 판단하자', '감정적 반응을 자제하자' 등등, 우리는 지금까지 합리성이 지배하는, 즉 이성적 판단에 의존하는 삶이 바람직하다는 통념을 갖고 있었습니다. 그 과정에서 우리는 감정은 가급적 억제해야 하고, 이성의 통제를 받아야 한다고 생각하게 되었습니다.

하지만 실제 의사결정 과정에서는 이성보다 감정이 훨씬 더 큰 영향을 끼칩니다. 뇌에 종양이 생겨서 감정을 담당하는 뇌를 떼어내야 했던 환자에 대한 연구가 인간의 의사결정 과정에서 감정의 역할을 이해하는 데에 결정적인 전기를 마련했습니다. 종양 제거 수술을 받은 이 환자는 이성 측면에서는 완벽했다고 합니다. 논리나 추론, 연산 등 이성을 활용한 문제를 보통 사람 이상으로 잘 풀어냈고, 기억력이나 지성 등도 보통 사람에 비해 절대 뒤처지지 않았다는군요. 다만 감정이 사라졌습니다. 슬픈 이야기를 들려주거나 개인적으로 아픈 과거사에 대한 이야기를 해도 어떤 감정적 동요가 없었다고 합니다. 감정에 전혀 휘둘리지 않는, 완벽하게 이성적인 사고를 하는 사람이 출현한 셈입니다. 과연 이 사람은 감정을 배제한 채 최고의 이성적인 판단으로 훌륭한 삶을 살았을까요?

놀랍게도 그는 매우 불행한 삶을 살았다고 합니다. 직장 생활에 잘 적응하지 못했고, 가정생활에서도 문제가 생겼습니다. 결국 직장에서 쫓겨났고 이혼하고 말았습니다. 왜 이런 일이 생겼는지 자세히 살펴보니 이 환자는 일상적인 의사결정과 관련된 여러 가지 대안들을 제시해서 각 대안의 장단점을 평가하는 것까지는 다른 사람과 차이가 없었고, 오히려 더 뛰어난 측면도 있었다고 합니다. 하지만 결정적으로 최종 선택을 하지 못했습니다. 의사결정의 최종 단계인 선택을 하지 못하게 되면서 사회생활이나 가정생활에서 치명적 문제가 생긴 것입니다. 후속

연구를 통해 사람은 여러 의사결정 대안을 마련하고 평가하는 데에는 이성이 영향을 끼치지만 최종적인 선택에서는 감정이 결정적인 영향을 끼친다는 점이 밝혀졌습니다. 실제 의사결정의 주인은 이성이 아닌 감정이었던 셈입니다.

비즈니스가 어려운 이유가 여기에 있습니다. 이성적으로 판단해서 최고의 제품을 생산하면 성공할 것 같지만, 그런 제품을 만들어도 시장에서 자주 실패하는 이유는 소비자들이 실제로는 이성이 아니라 감정에 기초해서 의사결정을 하기 때문입니다. 감정은 잘 아시다시피 기복이 심하고 너무나 다양한 요소에 의해 영향을 받기 때문에 합리적 이성으로 예측하기 쉽지 않습니다. 고객들이 어떻게 가치를 획득하는지 온전히 이해하기 위해서는 감정에 대한 이해가 필수적입니다. 나이키처럼 고객의 감정을 건드릴 수 있다면 오랜 기간 동안 사랑 받으며 높은 브랜드 가치를 유지할 수 있습니다.

이성보다 감정이 훨씬 더 중요하다는 것을 보여주는 일화는 일상생활에서 자주 찾아볼 수 있습니다. 만약 어떤 사람이 나에게 조언을 해준다고 할 때 정말 논리적, 이성적으로는 맞는 이야기인데 잔뜩 화를 내거나, 혹은 비아냥거리거나, 심지어 가끔 욕설을 섞으며 말을 한다면 어떨까요? 아무리 내 인생에 도움이 되는 천금 같은 교훈을 주더라도 그 사람과 더 이상 대화하고 싶지 않을 것입니다. 실제 한 정치권 인사는 이성적으로 매우 타당한 이야기를 곧잘 하는 스타일이었지만 전달 방식에 문제가 있었던지 '왜 저토록 옳은 이야기를 저렇게 싸가지 없이 할까'라는 비판을 받기도 했습니다. 아무 리 내용이 좋아도 싸가지 없이 말하면 추종자를 모을 수 없습니다. 그래서 '싸가지'는 '이념'보다 더 중요하다는 게 정치 현장 전문가들의 지배적 분석입니다.

의사결정의 실제 주인은 이성이 아닌 감정이다.

아버지와 아들의 일화도 감정의 중요성을 잘 보여줍니다. 추운 겨울, 아들은 아버지를 위해 외출 전에 아버지의 신발을 가슴에 품어 따뜻하게 만들었다고 합니다. 감동적인 효도에 아버지는 항상 아들을 칭찬했다는군요. 그런데 어떤 일이 생겨서 아들과 아버지 사이가 크게 틀어졌다고 합니다. 서로 미워하는 감정이 생겨난 거죠. 그래도 아들은 옛날부터 해왔던 대로 아버지를 위해 겨울에 또다시 신발을 품에 품었습니다. 그러자 아버지는 "왜 신발까지 훔쳐가?"라며 크게 화를 냈다는군요. 똑같은 일을 해도 감정에 따라 전혀 다른 해석이 나오고, 전혀 다른 행동으로 이어집니다.

이성적으로 대단히 훌륭한 제품을 만드는 능력을 갖추었다 하더라도 감정을 제대로 이해하지 못하면 21세기 새로운 패러다임에 적응하기 어렵습니다. '느끼는 것'feeling 이 '생각'thinking 보다 훨씬 더 즉각적으로 발화되고 의사결정과 행동에 더 큰 영향을 끼치는 경우가 많기 때문입니다. 인간의 판단과 행동에 결정적인 영향을 끼치는 감정을 이해하고 감정을 공략할 줄 아는 기업이 성공합니다.

비즈니스에서 감정이 갖는 의미

비즈니스 세계에서는 이성적으로는 이해할 수 없는 결정을 하는 사례를 자주 목격할 수 있습니다. 대표적인 게 교보문고가 초대형 책상과 의자를 서점 한복판에 두 개나 설치한 일입니다. 이성적으로 판단해보면 이는 이해할 수 없는 일입니다. 서점은 도서관이 아닙니다. 책을 팔아야 돈을 벌 수 있습니다. 그런데 서점에서 편안하게 책을 읽게 해버리면 소비자들은 그냥 책상에서 공짜로 책을 읽고 구매를 하지 않을 확률이 높습니다. 게다가 사람들에게 책을 편안하게 읽게 해주면 책에 손때가 묻어 판매하지 못하게 될 수도 있습니다. 출판사들도 싫어할 확률이 높습니다. 애써 만든 책을 고객이 사지 않고 읽기만 하고 가버리면 서점뿐만 아니라 출판사도 피해를 보기 때문입니다. 손때가 묻어 안 팔린 책이 반품되면 이로 인한 피해는 고스란히 출판사가 떠안아야 합니다. 또 책상을 놓으려면 책을 진열하는 공간을 없애야 합니다. 공간이 줄어들면 진열대가 줄어들어 판매량에 악영향을 끼칩니다. 모든 이성을 총동원해도 서점에서 책상과 의자를 제공하는 건 절대 해서는 안 될 일입니다.

하지만 감정이란 렌즈로 보면 전혀 다른 해석이 가능합니다. 사람들은 그동안 서점에서 책을 읽으려면 앉을 곳이 없어서 서서 보거나 쪼그리고 앉아야 했습니다. 쪼그려 앉으면 피가 잘 통하지 않게 되어 힘들어 하는 소비자들이 많았습니다. 물론 도서관이 아니고 책을 판매하는

교보문고 광화문점에 설치된 5만 년 된 카우리 소나무 테이블에서 사람들이 책을 읽고 있다.
사진 제공 교보문고

곳이기 때문에 이런 점을 불평하는 소비자는 거의 없었습니다. 그런데 여러 가지로 손해가 날 가능성이 높음에도 불구하고 서점에서 대형 책상을 설치했다는 소식을 들으면 소비자들은 어떤 감정을 갖게 될까요? 아마도 많은 고객들은 서점의 배려심을 긍정적으로 평가하면서 우호적인 감정을 갖게 될 확률이 높습니다. 특히 비즈니스 측면에서 손해를 감수하면서까지 고객 편의를 먼저 생각했다는 점에서 상당히 큰 호감을 가질 확률이 높습니다. 교보문고는 그것도 5만 년이나 된 뉴질랜드산 카우리 소나무로 책상을 제작했다고 하니 더욱 흐뭇하다는 반응을 보일 확률이 높습니다. 시간이 나면 한번 방문해서 앉아보고 싶다는 생각을 하는 고객도 많을 것 같습니다. 또 많은 사람들이 책을 읽고 있는 모습을 보고 나도 더 많은 책을 읽어야겠다는 자극도 받을 수 있습니다. 결국 호감과 자극 덕분에 더 많은 사람이 책을 살 수도 있습니다. 실제 의자 설치 후에 소비자들의 반응과 평가가 더 좋아지고 매출에도 긍정적 영향을 끼쳤다는 전언입니다. 이런 전략은 이성이 아니라 감정을 이해해야 구사할 수 있습니다.

세계적 명성의 경영 저널 《HBR》도 이런 측면에서 굉장히 의미 있는 실험을 했습니다. 《HBR》 아티클은 일반 뉴스 콘텐츠와 달리 하나의 논문입니다. 매우 깊이 있는 주제를 다루고 있기 때문에 당연히 돈을 받고 파는 게 오랜 원칙이었습니다. 그런데 최근에 방침을 바꿨습니다. 인터넷 홈페이지에서 간단하게 이메일 등 몇 가지 개인정보만 적어내면 월 10건의 아티클을 무료로 볼 수 있게 했습니다. 이건 이성적으로 보면 이해하기 힘든 일입니다. 월 10건이면 오프라인 매체를 살 이유가 없어지기 때문입니다. 오프라인 매체에 실리는 논문 형태의 길이가 긴 아티클은 월 평균 8~9건 정도입니다. 짧은 아티클도 있지만 어쨌든 10건을 볼 수 있게 되면 《HBR》의 핵심이 되는 긴 형태의 논문은 모두 읽을 수 있습니다. 당연히 오프라인 구독에 큰 타격을 줄 수 있는 말도 안 되는 정책이라고 볼 수도 있습니다. 그러나 이성이 아닌 감정이란 렌즈로 보면 다른 생각을 할 수도 있습니다. 많은 아티클을 볼 수 있으니 더 많은 사람이 더 자주 온라인 사이트를 찾아가게 되고, 그렇게 몇 번 방문하다보면 해당 사이트에 보다 더 친숙해지게 됩니다. 따라서 시간이 나면 가끔 방문해서 새로운 이슈가 없는지 검색도 하고, 더 오랜 시간 머물게 됩니다. 고객들은 친숙한 감정이 생겨나고, 아티클에 만족한 일부 고객들은 온라인보다 긴 아티클을 더 편리하게 볼 수 있는 오프라인 매거진을 구독할 수도 있습니다. 혹은 제약 없이 서비스를 이용할 수 있는 온라인 상품을 구매할 수도 있습니다. 제품이나 서비스를 제공하는 기업에 친근하고 친숙한 감정을 가진 소비자가 더 많이 늘어나는 게 폐쇄정책보다 더 도움이 된다는 판단은 현실에서 적중했습니다. 더 많은 사람이 유입됐고, 더 많은 사람이 온라인이나 오프라인 상품을 구매했습니다. 기존 독자들의 충성도는 특별한 변화가 없었습니다.

이처럼 고객의 감정을 이해하고 감정적으로 소통하려는 노력을 지속하다보면 장기적으로 더 바람직한 결과를 낳을 수 있습니다. 지금까지 기업들은 이성적 사고를 기반으로 경영을 해왔습니다. 대부분 기업 경영자들은 냉철한 논리와 합리적 이성을 무기로 생존해왔습니다. 그러나 이제는 감정의 시대입니다. 한 차원 높은 전략을 구사하려면 감정에 대해 이해하고 소비자의 감정을 공략할 수 있는 수준 높은 전략을 모색해야 할 때입니다.

감정 형성의 원천:
연결 고리를 만들어라

○

기업들이 변화하는 환경에 적응하지 못하는 이유가 무엇일까요? 여러 설명이 가능하지만 그중 유력한 요인으로 '관심'attention을 꼽을 수 있습니다. '관심기반 관점'attention-based view으로 경영전략 분야에서 새로운 패러다임을 연 윌리엄 오카시오William Ocasio 노스웨스턴 대학 교수는 CIA의 사례를 들어 이를 명확하게 설명합니다. CIA는 매우 훌륭한 정보원을 보유하고 있는 조직이지만 9·11테러 때 속수무책으로 당하고 말았습니다. 이유는 정보가 없어서가 아니었습니다. 알카에다 조직원들이 비행 훈련을 하고 있다는 첩보 등을 입수했지만 이에 제대로 대처하지 못했습니다. 냉전 체제가 끝난 후 북한이나 이라크 등 새로운 위협 요인에만 지나치게 집중하면서 관련 첩보가 여러 차례 입수되었음에도 불구하고 알카에다의 위협에 대해서는 '관심'을 쏟지 못했기 때문에 9·11테러와 같은 대참사를 막아내지 못한 것입니다. 기업 경영도 이와 마찬가지입니다. 경영자와 조직이 어떤 분야에 관심을 갖느냐는 매우 중대한 성과 차이의 원천이 됩니다.

시장에서도 결국 소비자의 관심을 모을 수 있는 기업이 성공합니다. 관심이 생겨야 감정도 생겨나고 이런저런 고객의 평가도 받게 되며 소비자와 교감을 할 수 있기 때문입니다. 고객의 관심을 모을 수 있는 가장 좋은 방법은 무엇일까요? 좋은 광고를 만들거나, 시식행사 등과 같이 제품을 고객에게 체험하게 하는 이벤트를 진행하기도 하고, SNS시대에 걸맞은 문화콘텐츠를 제작하거나, 기부나 봉사활동을 통해 좋은 이미지를 구축하는 등 다양한 방법들이 활용되고 있습니다. 그런데 이런 방법들은 대부분 비즈니스를 위한 목적에서 하는 활동이란 것을 고객들이 모두 알고 있다는 점에서 분명 한계가 있습니다. 광고를 아무리 잘 만들고 인기 드라마에 PPL product placement 을 교묘하게 잘 하더라도, 고객들은 기업이 돈을 벌기 위해 벌이는 활동이라는 것을 알고 있습니다. 때문에 결국 자신의 지갑을 털기 위한 고도의 계산된 활동이라는 점을 인지한 고객들은 정도의 차이는 있지만 어쨌든 일정한 수준의 반감을 갖게 되는 게 불가피합니다. 심리학에서는 이를 '심리적 반발 이론' psychological reactance theory으로 설명합니다. 광고에 노출되었을 때 고객은 자신들의 자유로운 선택을 억압당한다는 생각에서 반발심을 갖는다는 것입니다. 그래서 TV를 보다 광고가 나오면 많은 고객들이 채널을 돌립니다. 이런 소비자들의 성향 때문에 요즘에는 교묘하게 콘텐츠로 위장할 수 있는 PPL을 활용하는 기업들이 많습니다. 하지만 최근 경영학자들의 연구 결과를 보면 이런 교묘한 PPL도 여전히 소비자들의 반발심을 유발하며, 광고 브랜드뿐 아니라 심지어 해당 광고를 전달한 콘텐츠에 대한 평가까지도 악화시키는 것으로 나타나고 있습니다.

그렇다면 기업이 반발심 같은 부작용 없이 고객들의 관심을 모으고 궁극적으로 좋은 정서적 유대관계를 형성할 수 있는 방법은 없을까요?

저는 이런 탁월한 방법을 자영업자에게서 찾을 수 있었습니다. 자영업자 가운데 월등하게 장사를 잘 하는 분들이 있습니다. 이런 분들의 공통적인 비결이 하나 있습니다. 바로 고객의 이름을 잘 외운다는 것입니다. 사람의 이름과 얼굴을 기억하는 능력이 남들보다 특별히 뛰어나서 그렇게 하는 건 아닙니다. 사람을 한 번 보고 얼굴과 이름을 장기간 기억하는 능력을 가진 사람은 그리 많지 않습니다. 성과를 낸 자영업자 가운데 상당수는 상당한 시간과 노력을 기울여서 틈날 때마다 고객의 인상착의와 이름을 메모지에 기록해놓고 잊지 않기 위해 애쓰면서 외우고 또 외웁니다.

이런 노력은 투자한 시간 대비 가치가 상당히 높습니다. 한두 번 매장을 찾았을 뿐인데도 주인이 이름을 불러주는 순간, 고객과 주인은 이제 단순한 거래 관계가 아니라 '아는 사람' 혹은 '지인'이란 새로운 관계로 격상됩니다. 당연히 물건을 살 때 가격이나 품질 등 다른 조건이 비슷하다면 아는 사람이 파는 물건을 사주는 게 인지상정이고, 실제 고객들은 이런 행동을 하게 됩니다. 관계가 더 발전하면 자신이 알고 있는 다른 지인들까지 데려와서 물건을 사주기도 합니다. 즉, 단골이 되는 것입니다. 아는 사이가 되면 반발심 따위는 자리 잡을 공간이 전혀 없습니다. 오히려 우리 편을 위해 내가 뭘 도와줄 수 있을까를 고객들은 고민하게 됩니다. 물론, 한두 번 만났는데도 불구하고 내 이름을 기억한 사장님에 대해 우리의 이성은 '불과 한두 번 봤는데도 내 이름을 기억할 정도로 비즈니스에 투철한 분이니 앞으로 조심해야겠네'라고 생각할지도 모릅니다. 그러나 이미 이보다 앞서 더 즉각적인 반응을 보이는 감정은 '와! 한두 번밖에 보지 않았는데 내 이름을 기억하다니, 이 사장님은 내 존재감을 알아주네. 내가 좀 존재감이 있긴 하지'라고 생각하며 감정적으로 무장해제가 됩니다.

자영업자에게서 배울 수 있는 또 다른 감정의 기술은 개인화된 관리입니다. 예를 들어 요새 자영업 하시는 분들의 상당수는 문자메시지를 활용해서 고객에게 메시지를 보냅니다. 그런데 메시지의 상당수는 전혀 개인화되지 않은 단체 메시지인 경우가 많습니다. 언제부터 할인 행사를 한다거나, 생일 같은 이벤트에 보내는 문자도 정형화된 양식에 사람 이름만 바꿔서 보내는 식입니다. 그러다보니 보험 영업을 하는 제 친구는 저에게 "남국아! 저무는 한 해 잘 마무리하시고 새해 복 많이 받으세요."와 같은 반말과 경어체가 함께 섞여 있는 대단히 혼란스러운 문자를 보낸 적도 있습니다.

그러나 높은 성과를 내는 자영업자들은 다릅니다. 고객의 특징에 맞게 개인화된 문자를 보내거나, 이런저런 여건 때문에 완벽한 개인화가 어렵다면 적어도 몇 개 그룹으로 나눠서 다른 메시지를 보냅니다. 고객들의 숫자가 많아 혼자서 이런 일을 하기 힘들다면 비서를 고용해서라도 메시지 개인화에 총력을 기울입니다. 고객들은 메시지가 개인화된 것인지, 단체 메시지에 이름만 바꾼 것인지 금방 알 수 있습니다. 그냥 읽어보면 금방 감이 옵니다. 대부분 고객들은 단체 메시지를 받으면 곧바로 삭제합니다. 하지만 개인화된 메시지는 조금 더 오래 보관합니다.

감정적 친밀감도 유발됩니다. 친밀한 상대와 더 자주 접촉하게 되고 거래를 하게 되는 것 역시 인지상정입니다.

호텔 같은 서비스 업체에서는 자영업자들이 현장에서 체득한 이런 기술을 그대로 활용하면 됩니다. 실제 한 호텔 지배인은 엄청난 숫자의 고객 이름과 얼굴을 기억하고 있고, 이게 호텔의 핵심 경쟁력 가운데 하나라고 합니다. 또 다른 호텔에서는 재방문한 고객에 대해 "안녕하십니까."가 아니라 "다시 찾아 주셔서 반갑습니다."라는 식으로 인사를 하게 해서 고객만족도를 높인 사례가 있습니다.

그런데 고객과의 대면 접촉이 매우 어려운 업종도 많습니다. 인터넷 회사가 대표적입니다. 또 고객의 숫자가 너무 많아 몇몇 직원의 기억력으로 도저히 커버할 수 없는 경우도 있습니다. 대부분의 대기업이 이런 상황에 처해 있습니다. 자영업자와 달리 대규모 고객을 상대해야 하는 기업들은 고객과 단순한 거래 이상의 연결고리를 확보하기 위해 어떻게 해야 할까요?

무엇보다 다양한 첨단 기술을 활용하는 게 큰 도움을 줍니다. 기술을 잘만 활용하면 개인들의 이름을 외우는 것보다 훨씬 크고 지속적인 효과를 기대할 수도 있습니다. 스타벅스Starbucks의 '콜마이네임'call my name서비스가 이를 잘 보여줍니다. 스타벅스는 자사 홈페이지에 자신의 이름이나 닉네임을 등록한 사람이 음료를 구매할 경우 음료를 전달할 때 이름을 불러주는 서비스를 실시하고 있습니다. 이 서비스를 이용하며 다양한 닉네임을 등록한 네티즌들이 자신들의 독특한 경험을 온라인에서 주고받으면서 스타벅스 브랜드에 대한 긍정적 감정이 형성되는 또 하나의 계기가 될 수 있었습니다.

개인화된 추천 서비스도 고객 개인과의 연결고리를 만들 수 있는 유력한 수단입니다. 한국에서도 비즈니스를 시작한 넷플릭스는 추천 알고리즘을 잘 활용해 고객 만족도를 높인 대표적인 사례입니다. 추천은 단순히 고객의 취향만 반영해서는 안 됩니다. 예를 들어 취향을 존중해준다는 이유로 고객이 좋아하는 유사한 장르만 계속 보여주면 고객들이 금세 지루함을 느낄 수 있기 때문입니다. 따라서 개인의 취향을 존중하되 적정한 수준에서 새로운 시도를 해볼 수 있도록 추천의 다양화도 동시에 필요합니다. 이런 알고리즘을 만들기 위해 넷플릭스는 유사한 영화를 고른 사람이 함께 본 영화 가운데서 만족도가 높았던 작품을 추천해주는 방식으로 고객의 취향을 반영할 뿐만 아니라 새로움이란 가치도 함께 제공하기 위해 노력하고 있습니다.

온라인 기업이 아닌 전통 산업 분야에 속한 기업도 얼마든지 기술을 활용해 고객의 관심사를 반영한 추천 시스템을 만들어 고객들과 연결고리를 지속적으로 형성할 수 있습니다. 인터넷과 스마트폰이 대중화된 덕분에 이런 일이 얼마든지 가능합니다. 로레알Loreal이 대표적입니다. 로레알은 '메이크업 지니어스'라는 앱을 만들었습니다. 앱을 내려받은 고객은 자신의 사진을 촬영한 다음, 가상으로 특정 제품을 사용해 화장을 한 자신의 모습을 볼 수 있으며 이를 다른 사람과 공유할 수도 있습니다. 화장을 한 모델들의 사진을 보고 자신의 얼굴에 이런 스타일을 적용하면 어떤 모습이 어떻게 연출되는지 가상으로 살펴볼 수도 있습니다. 원하는 스타일이 나오면 고객은 이 앱을 통해 제품 구매 정보를 얻을 수 있으며, 제품을 사고 난 후에 해당 제품을 어떻게 사용해야 하는지에 대한 정보도 함께 확보할 수 있습니다. 그리고 고객과 유사한 취향을 가진 사람들이 활용한 다른 스타일들을 추천해줘 고객들에게 새로운 시도도 할 수 있도록 유도합니다.

물론 이런 앱이 실질적으로 가치를 창출하기 위해서는 몇 가지 기술적인 장벽을 넘어야 합니다. 얼굴인식 기술 및 다양한 조명이나 머리 모양의 변화에 따라 화장을 한 얼굴이 어떻게 변해가는지를 실제와 최대한 유사하게 보여줘야 합니다. 로레알은 이런 부문에 대해 과감하게 투자했습니다. 그 결과 소비자들의 취향을 체계적으로 반영해 제품 구매 후에 실제 어떤 변화를 체험할 수 있는지를 보여주면서 고객들의 취향과 관심사에 부합하는 제품을 추천하고 구매할 수 있도록 유도해 로레알은 고객 충성도를 높일 수 있었습니다.

지속적인 유대관계: 참신한 일관성

○

기업들을 대상으로 여러 기관들이 다양한 랭킹 조사를 실시합니다. 보통 시간이 지나면서 랭킹은 자주 변합니다. 그런데 유독 한국에서 한 분야의 랭킹을 독식하는 기업이 있습니다. 조사 기관과 방법은 다양하지만 '기업의 사회적 책임' 혹은 착한 기업과 관련된 조사가 실시되면 항상 빠지지 않고 최상위권에 등장하는 기업이 바로 유한킴벌리입니다. 경영 여건의 변화가 빈번한 한국적 기업 환경에서 어떻게 이러한 일이 가능했을까요?

잘 아시다시피 유한킴벌리는 '우리강산 푸르게 푸르게'라는 사회 공헌 브랜드로 유명합니다. 그런데 논리적으로 생각해보면 현재 1조 4,000억 원대 정도의 매출을 올리는 특정 민간기업이 이익금을 활용해서 진행하는 산림녹화 사업에는 한계가 있을 수밖에 없습니다. 정부에는 아예 산림녹화를 담당하는 전담 부처인 산림청이 있고, 각 지방자치단체와 교육기관 등도 활발하게 녹화사업을 벌여왔습니다. 논리적, 이성적으로 생각해보면 단 한 기업의 기여도가 그렇게 높다고 보기는 어렵습니다. 게다가 유한킴벌리는 나무를 원료로 해서 화장지나 기저귀 등의 생활용품을 만드는 회사입니다. 조금 삐딱하게 바라보면 벌목에 따른 비난을 막고 자사 이미지를 포장하기 위해 이런 활동을 하는 것 아니냐는 비판도 받을 수 있는 처지입니다. 그러나 국민들은 기업의 CSR 활동이라고 하면 유한킴벌리의 '우리강산 푸르게 푸르게' 캠페인을 가장 먼저 떠올립니다.

그렇다면 유한킴벌리는 어떻게 이런 지위에 오를 수 있었을까요? 유한킴벌리가 사회 공헌의 대표 브랜드가 된 것은 첫째, 다른 기업이 환경적 가치에 대해 관심을 기울이지 않고 있던 시대에 선도적으로 환경 이슈를 제기했다는 점 때문입니다. 즉, 가장 먼저 이슈를 제기했다는 점에서 나중에 환경이 중요한 트렌드가 됐을 때 뒤늦게 따라간 기업에 비해 진정성이 높다는 평가를 받을 수 있었습니다. 두 번째 이유는 이를 30년 넘게 일관되게 이어왔다는 점입니다. 캠페인 초기에는 이런저런 오해와 비판을 받을 수 있습니다. 그러나 10년, 20년을 넘어 30년을 한결같이 지속하면 오해를 하는 사람이 오히려 이상한 사람이 됩니다. 단기적 이익을 추구하기 위해서나 기업의 약점을 감추기 위한 목적에서 하는 활동이 아니라는 것을 입증할 수 있는 가장 강력한 수단은 바로 시간이기 때문입니다.

이성적으로 생각해보면 현재 트렌드를 반영하는, 즉 현재 사람들이 관심을 갖고 있는 영역이 무엇인지 알아보고 이에 대해 마케팅 메시지를 집중하는 게 더 손쉽게 목표를 달성할 수 있을 것처럼 보입니다. 현재 사람들이 중시하는 가치가 '의리'라면 '의리'에 초점을 맞춘 메시지를 제공하고, '정의'라는 키워드가 부상하면 '정의'라는 콘셉트로 어필하는 게 더 바람직할 것 같습니다. 사람들의 관심이 높으니 당연히 마케팅 메시지의 효과도 커질 것입니다. 그러나 이런 접근은 인간의 복잡하고 미묘한 감정의 세계를 잘 이해하지 못한 것입니다. 단기적으로는 효과가 클 수도 있겠지만 사람들의 관심사가 바뀌면 새로운 메시지를 계속 개발해서 전달해야 합니다. 이렇게 마케팅 메시지의 축이 자주 변하면 사람들의 기억에 오래 남아 있을 수 없습니다. 또 메시지나 의도의 진정성에도 의문이 제기될 수 있습니다. 반면 하나의 메시지에 집중하면서 오랜 시간 지속하면 사람들은 그 특정 기업에 대해 노출되는 순간, 가장 먼저 해당 메시지를 떠올리게 됩니다. 그리고 이 효과는 상당합니다. 바로 '스필오버 효과'spill-over effect 때문입니다.

예를 들어 만약 어떤 브랜드가 자신들이 만드는 자동차가 세상에서 가장 안전한 자동차라는 인식을 소비자에게 심어줬다면 소비자는 안전이란 측면에서만 해당 브랜드의 가치를 높게 평가할까요? 그렇지 않습니다. 안전이라는 가치가 다른 영역에까지 파급효과를 미칩니다. 그래서 엔진의 성능이나 내구성 같은 안전과 상관없는 다른 가치 요소에 대해서도 고객들은 긍정적인 평가를 내립니다. 결국, 하나의 특정 가치를 줄기차게 강조하는 것이 여러 장점을 나열하는 것에 비해 장기적으로 고객들에게 긍정적인 감정을 유발하는 데 결정적인 역할을 할 수 있습니다.

그런데 지속적으로 하나의 메시지를 전달하는 것에도 심각한 문제가 있습니다. 소비자들이 지루함을 느낄 수 있다는 것입니다. 처음에는 신선하고 좋은 느낌이 들더라도 시간이 지나 메시지가 반복되면 식상한 느낌이 들고, 그렇게 되면 관심이 줄어들어 감정적 유대관계가 생길 소지가 아예 없어질 수도 있습니다. 즉, 고객 감정을 공략하기 위한 기업의 핵심 과제는 일관성을 유지하면서도 소비자가 지루함을 느끼지 않도록 새로운 모습을 보여줘야 한다는 것입니다. 두 속성은 언뜻 모순적인 것 같지만 둘 모두 매우 중요한 가치여서 반드시 둘 다 추구해야합니다. 그렇다면 어떻게 해야 상호 모순적인 성격을 갖고 있는 일관성과 참신성을 모두 추구할 수 있을까요?

세상을 둘로 나누면 정말 재미있는 통찰을 많이 발견할 수 있습니다. 유학에서는 음과 양, 단 두 가지 요소로 세상의 변화를 해석하고 행동 지침을 제공하는 '주역'周易이라는 위대한 철학체계를 갖고 있습니다. 또 디지털 혁명도 딱 두 개의 숫자, 즉 0과 1만으로 세상을 바꾸고 있습니다. 경영학에서도 세상을 둘로 나누는 방식이 매우 유용합니다. 수많은 기업의 활동을 기존 자원과 지식에 의존하는 '활용'exploitation과 새로운 지식과 자원을 추구하는 '탐색'exploration으로 구분하면, 많은 기업들이 쉽게 성과를 낼 수 있는 활용에 치중하느라 탐색 활동을 소홀히 해 환경 변화에 대처할 동력을 제대로 갖추지 못하고 있음을 알 수 있습니다. 또 활용과 탐색 활동 간 적절한 비율을 유지하는 기업이 훨씬 지속 가능성이 높다는 사실도 알 수 있습니다. 리더십 분야에서도 '거래적'transactional, '변혁적'transformational이란 두 가지 개념으로 리더십을 구분하고 난 후 리더십에 대한 이해도가 비약적으로 발전했습니다.

일관성과 참신성을 동시에 추구할 때 발생하는 모순을 해결할 수 있는 방법도 세상을 둘로 나눠보면 답이 나옵니다. 즉, 변하지 말아야 할 것과 변해야 할 것이 무엇인지에 대해 고민해보면 답을 찾을 수 있습니다. 예를 들어보겠습니다. 우리나라에서 가장 많이 팔린 책은 무엇일까요? 종교 서적 등 여러 곳에서 발간해 판매 부수 추적이 어려운 책은 제외하고, 특정 출판사가 판매해서 부수 추적이 가능한 책들 가운데서 말입니다. 운전면허시험 문제집이나 이문열의 《삼국지》 등을 떠올리시는 분들도 있을 텐데, 가장 많이 팔린 책은 바로 《수학의 정석》입니다. 1966년 처음 출간된 이래 지금까지 4,500만 부 정도가 팔렸다고 합니다. 수십 권의 시리즈 책이 아닌데도 달성한 기록이라서 더 대단한데, 이 책의 저자 홍성대 상산고등학교 이사장이 《DBR》과의 인터뷰에서 성공 비결을 밝혔습니다. 그 핵심은 변하지 말아야 할 것과 변해야 할 것을 잘 구분한 데 있습니다.

우선 변하지 않았던 건 무엇일까요? 투박한 제목과 책 표지 디자인은 예나 지금이나 비슷합니다. 약간 변하긴 했지만 화려한 비주얼 없이 책 제목만 표시해놓는 '촌스러운'(홍 이사장 표현 그대로입니다) 디자인을 계속 유지하고 있습니다. 또 책의 구조도 변함없습니다. 기본 개념을 설명한 뒤에 기본 문제를 풀어보며 이를 복습할 수 있도록 한 다음에 '유제'와 '연습문제'를 풀어보면서 능력을 심화시켰던 방식은 예나 지금이나 똑같습니다. 마케팅을 하지 않는다는 원칙도 고수하고 있습니다. 지금도 영업마케팅 관련 사원은 단 한 명이고 수금만 주로 한다고 합니다.

대신, 문제는 입시 제도의 변화에 발맞춰 지속적으로 바꿨습니다. 전체 문제의 10퍼센트 정도를 바꾸는 대폭적인 개정이 여섯 차례 있었고, 이보다 낮은 비율로 문제를 고친 경우는 더 많았다고 합니다. 그래서 문제의 상당수가 초기와는 다릅니다. 이런 변화에 대해 적응하는 노력을 통해 《수학의 정석》은 참신성과 일관성이라는 서로 이질적인 두 마리 토끼를 잡을 수 있었습니다.

라면 시장에서 부동의 1위를 차지하고 있는 '신라면'도 마찬가지입니다. 신라면의 아성을 추격하기 위해 수없이 많은 브랜드가 도전했습니다. 하지만 신라면은 아직도 감히 넘볼 수 없는 위상을 고수하고 있습니다. 한 식품업계 관계자는 "엄청나게 혁신적인 제품을 만들어 시장에 출시해서 관심을 모아도 시간이 지나면 결국 고객들은 신라면으로 돌아가더라."는 패배주의가 가득한 말을 했을 정도입니다. 역시 신라면도 '매울 신辛'자를 크게 부각한 독특한 디자인과 매운 맛이란 정체성을 그대로 유지하고 있습니다. 심지어 지역에 따라, 혹은 강수량에 따라 미세하게 달라지는 고추의 매운맛을 교정해서 균일한 맛을 낼 수 있는 역량까지도 갖추고 있습니다. 이 정도로 일관성에 신경을 기울이고 있지만, 시장의 상황이 과거와 달라졌다고 판단되면 과감한 변화를 추구합니다. 실제로 외환위기처럼 스트레스가 많은 시기에는 더 매운 맛을 찾는 고객들이 늘어나는 경향이 있다고 합니다. 이런 점에 착안해 불황기에는 매운 맛의 강도를 더 높인다고 합니다. 또 포장 디자인도 기본적인 정체성은 유지하면서도 트렌드에 부합하는 변화를 지속적으로 모색하고 있습니다.

명품 업체 에르메스Hermés는 최고급 가죽을 사용하고 수작업을 고집한다는 측면에서 철저한 일관성을 유지하고 있습니다. 반면, 어떤 제품을 어떤 방식으로 만들지에 대해서는 꾸준한 변화를 모색했습니다.

에르메스는 원래 안장과 마구를 만들던 회사였으나, 자동차가 등장하면서 안장과 마구 시장이 급격히 줄어들자 안장과 마구를 만들던 가죽을 활용해 가방을 만들면서 성장했습니다. 지금은 디지털 전략에도 적극적입니다. 하지만 최고급 가죽과 실크를 확보한다는 것은 지금도 변하지 않는 가장 중요한 원칙 가운데 하나입니다.

여러분의 기업이 변해야 할 점과 지켜야 할 점은 무엇입니까? 단순한 질문 같지만 이에 대해 즉각 명쾌한 답을 내리는 기업은 그다지 많지 않습니다. 하지만 고객의 감정을 사로잡고 싶다면 명확한 답을 갖고 있어야 합니다. 제가 제작에 참여하고 있는 《DBR》은 '깊이 있는 콘텐츠', '현장형 콘텐츠', '실용적 솔루션 제시'라는 세 가지 사명이 절대 변해서는 안 되는 가치라고 생각하고 있습니다. 이 외에 콘텐츠 양식이나 디자인, 구성 등 다른 모든 요소는 얼마든지 변할 수 있다고 생각합니다.

변하지 않는 가치를 가질 경우, 고객들은 신뢰감을 갖게 되고 이는 고객의 감정적 반응을 이끌어낼 수 있습니다. '사회 공헌' 하면 유한킴벌리, '수학' 하면 《수학의 정석》, '라면' 하면 신라면을 먼저 떠올리는 식입니다. 또 정체성을 유지하면서 변화하는 환경에 맞춰 지속적으로 변화를 추진하면 지루함의 덫에 빠지지 않고 꾸준히 고객의 관심을 받을 수 있습니다. 변해야 할 것과 변하지 말아야 할 것

> 여러분의 기업이 변해야 할 점과 지켜야 할 점은 무엇인가? 고객의 감정을 사로잡고 싶다면 이에 대한 명확한 답을 갖고 있어야 한다.

에 대해 명확하게 구분하고 이를 일관되게 실천해야 합니다. 그러면 고객들은 신뢰를 주고 마음의 문을 열 것입니다.

고객 감정 공략을 위한
세 가지 솔루션

○

지금까지 감정이 비즈니스에서 왜 중요한지, 그리고 고객 감정과 연결고리를 만들어내고 지속적인 유대관계를 형성하기 위한 참신한 일관성의 중요성을 살펴보았습니다. 이번에는 구체적으로 고객의 감정을 공략하기 위한 구체적인 세 가지 솔루션을 제시하고자 합니다.

인간의 감정은 크게 세 가지 경로를 통해 생겨납니다. 예를 들어 너무나 아름다운 이성을 보면 금세 긍정적이고 열정적인 감정이 생겨나는 것처럼, 즉각적이고 본능적인 반응으로 감정이 유발되는 경우가 있습니다. 이런 즉각적이고 본능적인 감정에 영향을 주기에 가장 좋은 요소는 바로 아름다움입니다. 아름다운 제품을 보면 소비자들은 즉각적인 호감을 느끼게 됩니다.

두 번째 경로는 행동을 통해서 생기는 감정입니다. 아름다운 사람과 만났을 때 첫인상 때문에 매우 호의적인 감정이 생겼다 하더라도 대화하는 과정에서 그 사람의 지적 수준이 너무 낮거나, 놀라울 정도로 무례한 행동을 한다면 호감은 사라지고 적대적인 감정이 생길 수도 있습니다. 제품도 마찬가지입니다. 너무나 외관이 아름다워 구매를 했는데, 제품을 사용하는 과정에서 너무 불편하거나 자주 고장이 난다면 고객들의 감정은 심각하게 악화될 수 있습니다. 행동을 통한 감정 유발 단계에서 성공적으로 고객들과 유대관계를 맺으려면 고객 경험에 대한 아주 깊이 있는 통찰이 필요합니다.

세 번째 경로는 반추reflection를 통한 감정 형성입니다. 반추는 어떤 사람과의 관계를 총체적으로 되돌아보면서 생기는 감정을 의미합니다. 오래 생활했던 부부가 그동안 함께 살아왔던 인생을 되돌아보면서 생기는 감정과 유사한 것입니다. 고객이 제품을 사용하는 데에 있어 광고, 마케팅, 브랜딩 활동으로 인한 경험, 사용부터 폐기하기까지의 과정에서 느꼈던 총체적 감정, 보완재 활용 과정에서 느꼈던 일 등을 되돌아보며 생겨나는 감정입니다. 사실 제품이나 서비스 전 과정에서 완벽하게 고객을 만족시킬 수는 없습니다. 어떤 점에서는 부족한 면이 있을 수 있고, 어떤 점에서는 불편함이나 불쾌감을 유발할 수도 있습니다. 서비스 실패 사례도 흔하게 나타납니다. 어떤 기업도 고객에게 완벽하게 좋은 기억만 남길 수는 없습니다. 그러나 만약 진짜 고객을 위한다는 진심을 갖고 있다면, 실패 혹은 실수 사례가 있다 하더라도 결국 특정 시점에 그동안 있었던 일을 되돌아보았을 때 고객에게 최선을 다하려고 노력했다는 진심을 가진 기업에 대해 고객들은 긍정적인 감정을 형성할 것입니다. 결국 반추 과정에서 형성되는 감정에 영향을 주기 위한 가장 좋은 대안은 고객을 위한다는 진짜 마음을 갖는 것입니다.

다음에서 고객의 감정을 사로잡는 세 가지 솔루션을 보다 자세히 살펴보겠습니다.

본능: 새로운 아름다움을 추구하라

•

아름다움은 단순히 기호의 문제가 아닙니다. 생명체의 생존 및 번영과 직접 관련이 있는 매우 중요한 이슈입니다. 아름다운 생명체는 이성의 선택을 받아 자신의 유전자를 이어받는 후손을 남길 수 있었기 때문입니다. 그래서 공작처럼 아름다움에 집착하다가 너무 큰 날개를 갖게 돼 외부의 공격에 취약해지는 상황이 발생할 정도로 모든 생명체는 아름다움에 집착합니다.

현대인들도 이런 동물적 본성을 그대로 갖고 있습니다. 아름다운 이성을 만나면 거의 감정적으로 무장해제가 되곤 합니다. 하지만 기업에서 아름다움에 관심을 갖게 된 건 비교적 최근 일입니다. 20세기 대량 생산을 상징하는 기업인 포드자동차Ford Motor Company의 설립자 헨리 포드Henry Ford는 "모든 고객은 원하는 색깔의 차를 가질 수 있다. 만약 그들이 검은 색을 원하기만 한다면."이란 유명한 말을 남겼습니다. 포드는 아름다움을 희생한 대신 효율성을 얻었습니다. 모든 차량 색깔을 검정색으로 통일하면 당연히 원가는 줄어들지만, 아름다움이라는 측면은 희생될 수밖에 없습니다. 하지만 포디즘Fordism의 위력은 대단했습니다. 그래서인지 비교적 최근에 들어서야 디자인이나 미적 요소가 기업 경영의 중심 어젠다로 부상했습니다. 많은 경영자들이 관심을 갖고 있는 디자인 경영이란 화두도 1990년대 후반에 들어서야 퍼지기 시작했습니다. 아름다움을 추구하는 것이 모든 동물들이 갖고 있는 본능이라는 점을 감안하면 최근에 들어서야 시작된 기업들의 노력은 오히려 한참 늦은 감이 있습니다.

이제 많은 기업들이 예술적 경험, 즉 아름다움이 고객의 즉각적인 감정적 반응을 이끌어내고 영향을 끼칠 수 있다는 점을 깨닫고 이에 집중적으로 투자하고 있습니다. 자동차 기업들은 예외 없이 유명 디자이너 영입 경쟁을 벌이고 있습니다. 마세라티Maserati는 유명 피아니스트와 협력해 차내로 유입되는 엔진 소음을 최대한 아름답게 들리도록 공간을 설계하기 위해 노력하고 있습니다. 오토바이 할리 데이비슨의 최고 경쟁력은 심장을 울리는 엔진 소리와 진동이라는 것에 이의를 제기하는 사람은 없습니다. '기네스 맥주' 역시 다른 맥주를 마시며 경험하기 쉽지 않은 매우 부드러운 거품이 입술을 적실 때의 기분 좋은 느낌 덕분에 많은 사람들의 사랑을 받고 있습니다. 카지노에서 사용되는 슬롯머신 제작 업체들은 레버를 잡아당길 때의 느낌, 돈이 나올 때의 소리 등을 예술적인 수준으로 만들기 위해 지속적인 투자를 진행하고 있습니다. 예술작품을 가전제품 표면에 사용하거나, 광고나 제품 패키지에 예술작품을 사용하는 기업도 늘고 있습니다. 역사적으로 프랑스 와인

'샤토 무통 로칠드'가 피카소나 앤디 위홀 같은 당대 최고 예술가의 작품을 라벨에 사용했으며, 현대 기업들도 다양한 형태로 예술작품을 활용하면서 '아트 인퓨전'art infusion 효과를 노리고 있습니다.

실제 학자들의 연구 결과에 따르면 예술작품을 제품에 활용할 경우 고객들의 지불 의사가 더 높아지는 것으로 나타났습니다. 심지어 부정적인 감정을 유발할 수 있는 예술작품, 즉 재난이나 불행을 연상시킬 수 있는 작품을 사용하더라도 예술작품을 사용하지 않았을 때보다 고객들의 지불 의향이 더 높아졌습니다. 아름다운 무언가를 만나게 되면 이성이 아니라 즉각적으로 반응하는 감정을 강렬하게 자극해 고객들의 만족감을 훨씬 더 높일 수 있어 지불 의향을 높인다는 게 공통적인 연구 결과입니다.

이제 많은 기업들이 자사 제품이나 서비스를 통해 고객들이 아름다움을 체험할 수 있도록 다양한 노력을 벌이고 있습니다. 예술적 디자인의 중요성을 간파하고 이에 대한 투자를 강화하는 기업들도 많습니다. 삼성은 자원이 부족한 상황에서도 디자이너 육성에 집중적인 투자를 해서 글로벌 브랜드로 도약하는 결정적 계기를 마련했습니다. 요즘 아름다운 제품을 만들어야 한다는 대의명분에 이의를 제기하는 사람은 아무도 없을 것입니다.

그런데 아름다움이란 분야에서 앞서나가기 위해서는 절대 잊지 말아야 할 요소가 있습니다. 아름다움의 기준은 시대에 따라 극명하게 달라진다는 점입니다. 최근 한 TV 프로그램에 출연한 메이크업 전문가가 1980년대에 여성들 사이에서 유행했던 메이크업과 머리 모양을 재현했는데 요즘 사람들에게 그것은 굉장히 우습고 충격적으로 보였습니다. 아름다움에 대한 기준은 이처럼 시대 상황에 따라 크게 변화하기 마련입니다.

그런 관점에서 본다면 기업들도 아름다움에 대한 새로운 관점 경쟁을 벌이고 있다고 볼 수 있습니다. 시대를 선도하는 최고의 예술가는 아름다움에 대한 새로운 관점을 제시하는 사람입니다. 마찬가지로 아름다움이란 관점에서 선도적인 기업이 되려면 아름다움에 대한 새로운 관점을 제시할 수 있을 만큼의 역량을 가져야 합니다.

그렇다면 기업도 새로운 관점에서 아름다움을 만들어내는 예술인들에게 배울 필요가 있습니다. 뉴욕 예술계에서 백남준 이후 최고의 한국 예술가로 평가받고 있는 니키 리Nikki S. Lee의 사례를 보면 아름다움에 대한 새로운 관점을 어떻게 만들어낼 수 있는지에 대한 힌트를 얻을 수 있습니다.

일반적으로 사진 예술계에서는 예술가가 피사체를 찾아 사진을 찍어서 작품을 만드는 게 통념이었습니다. 그러나 니키 리는 자신이 피사체가 됐습니다. 자신이 예술가라는 사실을 알린 후 수많은 집단에 들어가 함께 생활하며 그 집단에 속한 사람들에게 자신의 사진을 찍어달라고 부탁했습니다. 레즈비언, 학생, 평범한 직장인, 노년층, 스트리퍼 등 수많은 집단에서 생활하면서 그는 해당 집단의 정체성에 맞는 옷과 화장을 하고, 때로는 살을 찌웠다가 빼기도 하면서 작품 활동을 진행했습니다.

예술가가 직접 현장에서 가서 자신과 완전히 다른 정체성을 완벽하게 소화하는 모습을 담은 그의 사진작품은 뉴욕 예술계에 큰 충격을 줬습니다. 정체성에 대한 고민을 하던 뉴욕 대중들의 관심사와 맞아떨어지면서 《뉴욕 타임스》는 두 페이지에 걸쳐 니키 리의 작품을 소개하기도 했습니다. 과거 사진작품은 피사체를 예술가의 관점과 시각에서 재해석하는 것이 핵심 콘텐츠였습니다. 하지만 니키 리는 예술가 자신이 피사체가 되었습니다. 그것도 정체성의 변화란 의미심장한 화두를 몸소 실천하며 보여줬습니다. 그리고 새로운 정체성을 지원해준 그룹에 속한 사람이 예술가를 피사체로 삼아 사진을 찍어줬습니다. 주체와 객체를 뒤바꿔놓았고, 정체성이란 고정 불변하는 것이라는 기존 통념도 뒤집어버렸습니다. 이런 아름다움에 대한 시각의 전환에 대중들은 열광했습니다.

이런 성과의 원천은 무엇일까요? 예술가의 영감의 원천을 찾는 것은 무척이나 어려운 일이지만 적어도 부나 명성을 추구하는 것과는 거리가 있는 것 같습니다. 실제 이런 점을 엿볼 수 있는 대목이 있습니다. 신동엽 연세대학 교수와의 인터뷰에서 니키 리는 "《뉴욕 타임스》에 기사가 나왔지만 사러 가지도 않았다. 누가 사든가 말든가, 나는 내가 인생의 최대 관심사일 뿐이다."라고 말했습니다. 돈을 쫓으면 돈이 잘 벌리지 않습니다. 명예도 마찬가지입니다. 아마도 삶에 대한 확고한 태도를 갖고 스스로의 철학을 더욱 강화시키는 것이 놀라운 관점 전환의 원동

력이 된 것 같습니다. 트렌드를 추종하
는 게 아니라 새로운 트렌드를 선도하
기 위해서는 아름다움에 대한 새로운
해석, 새로운 관점에서의 접근이 필요
합니다.

트렌드를 추종하는 게 아니라
새로운 트렌드를 선도하기 위
해서는 아름다움에 대한 새로
운 해석, 새로운 관점에서의 접
근이 필요하다.

비즈니스에서 이런 관점의 전환을 잘 보여준 대표적인 사례가 도브
Dove의 '리얼 뷰티 캠페인'real beauty campaign입니다. 미용 관련 용품
의 모델은 조각 같은 몸매와 비현실적인 외모를 가진 여성이 담당하는
게 너무나 당연한 통념이었습니다. 많은 기업들은 여성들에게 저렇게
예뻐질 수 있다는 희망을 주는 게 사업에 도움이 된다고 판단했기 때문
입니다. 하지만 도브는 리얼 뷰티 캠페인을 통해 전혀 새로운 차원에서
아름다움에 대한 기준을 제시했습니다.

도브는 평상시에 우리가 볼 수 있는 다양한 국적, 다양한 연령대의
평범한 여성들을 모델로 등장시켜 우리가 흔하게 만나는 여성들도 충
분히 아름답다는 사실을 보여줬습니다. 또 화장과 화려한 포토샵 기능
을 활용해 평범한 얼굴을 가진 사람이 어떻게 비현실적인 외모로 치장
되어 화장품 광고모델이 되는지를 보여주는 1분짜리 영상을 만들어 공
전의 히트를 기록하기도 했습니다. 일반인들이 자신의 모습을 얼마나
과소평가하고 있는지 보여주는 영상도 많은 사람의 가슴을 울렸습니
다. 영상에서 한 몽타주 스케치 전문가가 커튼을 사이에 두고 여성의
얼굴을 그려냅니다. 물론 몽타주 전문가는 상대 여성의 얼굴을 볼 수

없고, 설명만을 듣고 얼굴을 그려냅니다. 그는 총 두 장의 그림을 그리는데, 첫 번째 그림은 해당 여성이 자신의 외모에 대해 설명하는 것을 듣고 그린 것이고, 두 번째 그림은 이 여성과 같은 대기실에서 기다리며 이 여성을 바라봤던 다른 사람의 설명을 듣고 그린 것입니다. 놀랍게도 여성이 자기 스스로에 대해 설명한 것을 토대로 그린 그림은 그다지 아름답게 보이지 않았습니다. 그러나 타인이 설명한 대로 그린 그림은 훨씬 아름답게 그려져 있었습니다. "당신은 당신이 생각한 것보다 더 아름답습니다."라는 자막으로 끝나는 이 영상 역시 아름다움에 대한 비현실적인 기준에 질식해 자신을 과소평가했던 수많은 사람들에게 성찰의 시간을 갖게 했습니다.

광고 마케팅에서만 아름다움의 관점 전환이 필요한 것은 아닙니다. 건설회사는 끝없이 변화하는 소비자 욕구에 부응하기 위해 새로운 관점에서 공간을 디자인해야 합니다. 한옥을 접목시키거나, 단독주택의 장점을 아파트에 결합시키거나, 공기나 향기, 조명 등 세세한 부분에 관심을 기울여 실질적으로 삶의 질을 향상시켜줄 수 있는 공간을 제공하는 등 지금까지 상대적으로 관심이 적었던 영역에서 끝없는 혁신을 해야 합니다. 자동차 회사들도 아름다움에 대한 새로운 관점을 시도하며 끝없이 새로운 디자인에 도전해야 합니다. TV 같은 가전제품 등도 양 옆의 스피커를 정면에서 잘 보이지 않게 숨기거나 테두리를 없애는 등의 새로운 미의 기준을 제시하기 위한 치열한 경쟁을 벌이고 있습니다. 아름다움에 대한 기준과 관점은 끝없이 변화할 수밖에 없습니다.

새로운 아름다움의 기준을 제시하는 기업들은 소비자의 즉각적인 감정을 사로잡아 강력한 고객 로열티를 확보할 수 있습니다.

행동: 소비자 경험에서 답을 찾아라

•

행동을 통해 유발되는 소비자의 감정을 공략하기 위해서는 경험에 대한 광적 집착이 필요합니다. 현재의 경제 패러다임을 '경험경제'Experience Economy 시대로 보는 시각이 존재합니다. 경험경제란 말을 처음으로 사용한 조지프 파인 2세Joseph Pine II와 제임스 길모어James Gilmore에 따르면 인류의 경제 발전 단계는 크게 네 가지로 구분됩니다. 이들은 케이크 사례를 들어 이 네 가지 단계를 명쾌하게 설명합니다. 1단계는 농업 경제 시대입니다. 과거 어머니들은 밀을 재배해서 직접 집에서 케이크를 만들어 먹었습니다. 재료비는 적게 들지만 케이크 하나를 만들 때 굉장한 시간과 노력이 들어갈 수밖에 없었습니다. 2단계는 공업경제 시대로 명명됐습니다. 이 시대에 부모들은 여러 재료들을 시장에서 1~2달러에 구매해서 케이크를 만들었습니다. 3단계는 서비스경제 시대입니다. 부모들은 10달러 이상을 빵 가게에 지불하고 완벽하게 만들어진 케이크를 사 먹었습니다. 마지막 4단계는 경험경제 시대입니다. 부모들은 100달러 이상을 지불해 이벤트 업체를 고용하거나, 키즈카페처럼 파티를 할 수 있는 곳에서 즐거운 경험을 하게 합니다. 이때 케이크는 서비스로 그냥 주기도 합니다. 즉, 경제 발전 단계에서 경험을 판매하는 게 가장 부가가치가 높다는 게 조지프 파인 2세와 제임스 길모어의 주장입니다.

저는 단순히 고객에게 좋은 경험을 선물해주는 게 부가가치가 높다는 점 외에도 다른 중요한 포인트가 있다고 생각합니다. 과거에는 정보의 제작 및 공유가 무척 힘들었습니다. 그래서 소비자들에게 나쁜 경험을 주더라도, 마케팅만 잘하면 정보가 부족한 소비자들이 잘 모르고 물건을 사기도 했습니다. 또한 과거에는 유사한 상품을 생산하는 경쟁자도 그리 많지 않았습니다. 그런데 경쟁이 심화되면서 일단 소비자가 선택할 수 있는 대안이 이전에 비해 크게 늘어났습니다. 그리고 소비자들은 인터넷과 모바일 덕분에 다른 사람의 경험을 사전에 알 수 있게 됐습니다. 연세대학 조광수 교수는 이런 소비자를 '유저머'usermer, user+consumer(사용 경험을 알고 있는 소비자)라고 부릅니다. 유저머 시대에 접어들면서 고객들은 가격뿐만 아니라 사용자 경험까지 고려해 의사결정을 할 수 있게 되었습니다.

예를 들어서 요즘 아이를 키우는 부모들은 대부분 지역 기반 인터넷 커뮤니티 활동을 합니다. 여기에서 수많은 소비자들이 정보를 교환합니다. 그래서 아이 젖병이나 카시트를 사고 싶은데 어떤 제품이 좋은지 알려달라는 글을 올리면 실제 제품을 사용했던 수많은 소비자들의 사용담과 추천이 쏟아집니다. 즉, 과거 소비자들은 구매를 먼저 하고 경험을 했지만, 오늘날의 소비자는 경험에 대한 정보를 갖고 난 다음 구매에 나서고 있습니다. 그러니 소비자들은 제품의 장단점에 대해 어쩌면 생산기업보다 더 많은 지식과 통찰을 갖고 있습니다. 경험에 대해 신경 쓰지 않는 기업은 소비자의 선택을 받을 수 없습니다.

또 소비자들은 경험에 대해 이전보다 훨씬 큰 가치를 부여하고 있습니다. 과거에는 경험의 질이 떨어지더라도 그냥 기본적으로 제공하는 기능에 만족하며 이해하고 넘어가는 소비자가 많았지만, 요즘엔 경험 측면에서 기대에 미치지 못하면 바로 다른 경쟁 제품으로 옮겨가는 고객들이 많습니다. 제가 아는 어떤 분은 특정 자동차를 구매하기 위해 다양한 정보를 냉철하게 분석했습니다. 그런데 매장을 직접 찾아 자동차 문을 여닫는데, 이때 들리는 소리가 영 마음에 들지 않았다는 이유로 결국 다른 회사의 자동차를 구매했습니다. 또 다른 예를 들어보자면, 어떤 분은 자신의 경험을 바탕으로 호텔의 서비스 수준을 평가할 수 있는 기준을 제게 알려준 적이 있습니다. 이분은 물 잔에 물이 줄어들었을 때 얼마나 빨리 채워주는지로 호텔의 수준을 측정할 수 있다고 합니다. 이분은 주요 호텔별로 물 잔이 빨리 채워지는 순서에 따라 랭킹을 매길 정도로 사용자 경험에 대한 놀라운 정보로 무장하고 있었습니다. 당연히 이분은 호텔 행사장을 선택할 때에 이 랭킹을 기준으로 삼아 선택합니다.

이처럼 아주 미세한 경험의 차이를 중시하는 현상은 사실 소비 수준이 높아질수록, 선진국이 될수록 더 강하게 나타나는 아주 자연스러운 현상입니다. 경쟁이 격화되고 이로 인해 타사와 차별화하려는 노력이 이어지면 경험 경쟁을 벌이는 제품의 숫자가 많아지고, 세분화된 상품도 늘어나면서 소비자들은 미세한 차이에 이전보다 더 민감하게 반응하게 됩니다. 이렇게 '경쟁 격화→세분화된 상품 출시→소비자 욕구 세분화→경쟁 격화'로 이어지는 순환 구조가 꾸준히 만들어지면서 선진국이 될수록 경험에 대한 소비자들의 요구 수준이 극도로 높아집니다. 그래서 선진국 식당일수록 주문이 오래 걸립니다. 고객들이 매우 까다로운 경험을 요구하기 때문입니다. 선진국 식품 유통매장에 가면 과일과 술의 종류도 많습니다. 사과도 수많은 종류가 진열되어 있고, 미세한 제조 기법의 차이에 따라 술의 종류도 엄청나게 많습니다. 경험을 논하지 않고는 선도적 기업으로 도약하기 힘든 시대입니다.

따라서 과거 기업들처럼 제품을 판매하고 나면 끝이라고 생각하면 안 됩니다. 과거 많은 기업들은 혹시 사용 과정에서 문제가 생겨 고객 불만이 접수되면 애프터서비스 정도만 해주면 된다고 생각했습니다. 과거에는 판매가 되면 가장 중요한 이슈인 수금이 완료됐기 때문에 중요한 여정이 다 끝났

> 아주 미세한 경험의 차이를 중시하는 현상은 소비 수준이 높아질수록, 선진국이 될수록 더 강하게 나타나는 아주 자연스러운 현상이다.

다고 생각했습니다. 그런데 고객 입장에서 구매는 그저 고통스러운 과정일 뿐입니다. 지갑에서 돈이 지출됨에 따르는 아픔을 느끼기 때문입니다. 구매 후 사용과정이야말로 고객들이 진짜로 가치를 느끼는 순간입니다. 그런데 이런 사용과정, 즉 사용자들의 제품의 가치를 느끼는

경험에 대해서는 많은 기업들이 그동안 소홀하게 다뤄왔습니다. 경영자의 주된 관심사는 성장, 이익 증가, 다각화, HRHuman Resourses 등이었습니다. 고객들이 우리 제품을 사용하는 과정에서 무엇을 느끼고 있는지, 더 편하게 제품을 사용하게 할 방법은 없는지, 더 가치를 많이 느끼도록 만드는 방안은 없는지 등을 고민하는 것은 대기업에서는 실무자인 대리나 과장급의 몫이었습니다.

예를 들어 TV를 만든다고 가정해봅시다. 사용자들은 TV를 볼 때 무엇을 제일 많이 사용할까요? 바로 리모컨입니다. 간편하고 손쉽게 TV를 조작하기 위해서는 여러 기능을 편리하게 사용할 수 있는 리모컨 설계가 필수적입니다. 그런데 지금까지 대부분 조직에서 리모컨에 어떤 버튼을 어떤 방식으로 배치할지와 같은 문제는 대리, 과장급들이 결정했습니다. 하지만 경험경제가 의미하는 핵심 메시지는 이런 경험 이슈가 이제 CEO의 어젠다가 돼야 한다는 것입니다.

너무 사소한 문제라고 생각하시나요? 눈코 뜰 새 없이 바쁜 CEO가 이처럼 지나치게 사소하기 짝이 없는 일까지 챙겨야 한다는 데 동의할 수 없다고 생각하시는 분도 많으실 것 같습니다. 그러나 이제 생각을 바꿔야 합니다. 이건희 삼성 회장은 과거 일본 제품들은 오디오의 볼륨 조절 버튼이 묵직하게 돌아가면서 소비자들에게 굉장히 좋은 경험을 주는데, 삼성 제품으로는 왜 이런 경험을 하지 못하느냐며 전문경영인들을 질책하기도 했습니다. 애플의 스티브 잡스Steve Jobs도 휴대전화 포장 디자인을 수차례 변경하라고 지시했습니다. 휴대전화 포장 박스는 개봉 후 곧바로 휴지통에 들어가게 될 운명이니 여기에 공을 들이고 돈을 투자하는 건 이성적으로 봤을 때 이해할 수 없는 일입니다. 하지만 의사결정의 주인인 감정의 시각으로 보면 잡스가 왜 이런 일에 집착했는지 이해할 수 있습니다. 비록 쓰레기통으로 곧 들어갈 물건이긴 하지만, 고객은 휴대전화를 구매하고 나서 휴대전화가 아니라 포장 박스를 먼저 보게 됩니다. 포장 박스를 보면서 제품에 대한 첫 번째 경험을 하게 되고 이게 즉각적으로 감정에 영향을 끼칩니다. '역시 애플은 다르다', '나의 선택이 옳았다'는 식의 자부심을 고객에게 심어주는 계기도 될 수 있습니다.

고객 경험이란 화두를 기업 현장에서 제대로 활용하기 위해서는 다음과 같은 방법을 활용해야 합니다.

• **불편함을 찾아라**: 어떤 제품이든 소비자들은 제품을 사용하며 이런 저런 불편함을 겪고 있습니다. 혁신 기업들의 특징은 이런 불편함을 매의 눈처럼 정확히 잡아내서 대안을 마련하는 것입니다. 경영자가 해야 할 매우 중요한 과제도 이런 일입니다. BMW코리아 김효준 사장이 이런 노력과 관련해서는 가장 모범적인 사례를 만들었다고 생각합니다. 그는 외환위기 와중에 사장에 취임했는데 사업 철수까지 고려해야 할 정도로 매우 어려운 상황이었다고 합니다. 또 당시만 해도 조직 내에서는 BMW가 벤츠에 비해 브랜드 파워가 뒤처진다는 생각이 지배적이었다는군요. 하지만 그가 취임한

후 15년 만에 판매 대수가 100배 뛰었습니다. 그가 이런 성과를 낸 원동력 가운데 하나는 고객들의 불편함을 듣기 위해 수시로 매장을 방문한 데에 있습니다. 그는 사복을 입고 고객으로 위장해 실제 고객들이 무슨 이야기를 하는지, 어떤 불만을 갖고 있는지 수집하면서 많은 시간을 보냈습니다. 부품 값이 비싸다는 이야기, 수리 과정에서 멀쩡한 부품까지 교체하는 등 고객을 속이는 것 같다는 불만, 지방에서 운전하다가 고장이 나서 제때 집에 돌아가지 못해 호텔비와 항공료가 들었으니 보상해줘야 하는 것 아니냐는 등 다양한 불만들을 접수했습니다. 누군가에게 욕을 먹는 것을 좋아할 사람은 없습니다. 하지만 고객들의 불만은 가장 확실한 혁신 아이디어의 보고입니다.

김효준 사장은 청취한 의견을 토대로 개선 아이디어를 냈습니다. 부품 값이 왜 높은지 알아보니 소량으로 자주 들여와서 관리하기 때문이라는 것을 알게 됐고, 이를 해결하기 위해 대규모 부품 센터를 세웠습니다. 수리 과정을 믿을 수 없다는 불만에 착안해 수리 전 과정을 CCTV로 녹화해서 고객들에게 보여줬습니다. 지방에서 운전하다가 차가 고장이 날 경우 도시에 비해 많은 비용이 드는데, 이를 보상해달라는 고객의 요구에 대해서는 온 임원이 반대했다고 합니다. 이는 제조회사가 할 일이 아니라는 이유에서였습니다. 하지만 김 사장의 생각은 달랐습니다. 과감하게 현금으로 보상을 해주는 제도를 도입했는데, 한 해에 이 제도로 인해 지출되는 보상금은 미미한 수준이라고 합니다. 대신 이런 제도가 있다는 사실을 들은 것만으로도 고객들은 상당한 호감을 갖게 됐습니다.

김 사장이 이렇게 고객의 불만에 집중하다보니 자신이 직접 겪은 불편함도 혁신의 원천으로 삼았습니다. 한 번은 김 사장이 BMW를 몰고 공항에 가서 주차를 한 후 출장을 다녀왔습니다. 그런데 차를 인도받아보니 자신이 주차하고 나서 17킬로미터 정도 더 운행됐다는 사실을 알았습니다. 주차요원이 차량을 운전하고 다닌 것이죠. 여기서 그는 이런 일이 다른 고객에게도 일어날 것이라고 생각했습니다. 그래서 이런 일로 인해 고객이 불쾌함을 느끼지 않도록 공항에서 차를 맡았다가 귀국할 때 돌려주는 서비스를 실시했습니다. 이처럼 고객들의 가려운 곳을 긁어주는 서비스 아이디어는 모두 불만에서 나왔습니다. 그리고 김 사장은 이 점을 간파하고 '불만 컬렉터'가 되기를 자처했습니다.

자, 그렇다면 고객의 불만을 어떻게 모아야 할까요? 김 사장은 판매장만 돌아도 쉽게 고객을 만날 수 있었지만 모두가 이렇게 쉽게 불만을 들을 수 있는 건 아닙니다. 직접 고객을 만나기 쉽지 않다면, 개발팀이나 회사 직원들이 고객이 되어 제품을 체험해보는 게 좋습니다. 자사 제품을 이용해보면서 사소한 불편함이라도 간과하지 말고 파악해서 개선안을 마련하면 됩니다. 신발을 만드는 회사라면 신발을 신고 전 직원이 걷고 뛰어보면서 뭐가 불편한지 찾아내야 합니다. 휠체어를 만드는 회사라면 직원들이 직접 휠체어를 탄 채 대중교통을 이용해보고, 식당에 가서 식사도 해보면서 불편 사항을 찾아내야 합니다. 노인 용품을 만드는 회사라면 등에 허리를 굽혀주는 보형물을 집어넣고 노인 분장을 하며 일상적인 생활을 해보면서 불편사항을 찾아내야 합니다. 너무 심한 것 아니냐는 생각이 드실지도 모르겠는데, 지금 말씀드린 내용은 가상이 아닌 실제 기업들이 실행한 사례입니다. 안에서 내부 보고 자료를 만들거나, 위계적인 조직의 운영과 관리를 위해 시간을 보내는 것보다 10배 혹은 100배 이상 더 큰 가치를 창출할 수 있는 일이 바로 이런 노력입니다.

고객을 대상으로 정기적인 조사를 하는 기업들은 많습니다. 하지만 이것만으로는 고객의 불편사항을 발견하기 힘듭니다. 고객들이 말로 표현하는 불만사항은 대체로 단순한 요구사항에 그치는 경우가 많습니다. 그냥 가격이 비싸다거나, 더 많이 주면 좋겠다거나 하는 식입니다. 이런 의견은 혁신에 큰 도움이 되지 않습니다. 대부분 고객들이 이런 반응을 보이는 건 당연한 일입니다. 생업에 바쁜 데다 수많은 제품과 서비스를 이용하고 있는데, 그중에 유독 특정 제품에 관심을 가져야 할 특별한 이유가 없기 때문입니다. 또 대다수 고객들은 어지간한 불편을 참고 넘어가거나 나름의 대책을 강구하면서 그냥 생활하곤 합니다.

예를 들어 에어컨을 만드는 회사라고 가정해봅시다. 소비자들을 만나서 불만도 들어보고 포커스 그룹 인터뷰를 통해서 의견을 받아봐도 그다지 혁신적인 아이디어는 잘 안 나옵니다. 그렇다고 해서 고객들에게 불편한 점이 없는 것은 아닙니다. 몸이 약한 분들은 여름에 에어컨 바람이 직접 나오는 자리를 피해서 앉곤 하는데, 이런 게 다 현실에서 겪는 불편사항입니다. 물론 고객들은 굳이 이런 불편함을 겪고 있다고 회사에 얘기하지는 않습니다. 그냥 바람이 직접 나오는 자리를 피하고 본인이 하려고 했던 활동을 하는 게 회사에 전화를 걸어서 문제를 해결하는 것보다 훨씬 이익이기 때문입니다. 하지만 혁신 기업들은 이런 문제들에 대해 예민하게 반응해야 합니다. 그래서 날카로운 관찰력이 필요합니다. 예를 들어 어떤 고객이 에어컨을 피해 다른 자리로 옮기는 것을 매의 눈으로 관찰하고 왜 그런지를 고민해봐야 통찰을 얻을 수 있습니다. 그런데 에어컨을 만드는 많은 업체들이 이런 고객의 불편 사항을 오랫동안 놓치고 있었습니다.

삼성전자는 이런 불편을 해소할 수 있는 에어컨을 2015년 출시했습니다. 개발팀은 어떤 가게에 갔다가 에어컨에서 나오는 바람이 사람에게 직접 닿지 않도록 가림막을 설치한 것을 보고 아이디어를 얻었다고 합니다. 왜 가림막을 설치했는지 가게 주인에게 물어보니 에어컨 바람을 직접 맞아 추위를 호소하는 고객이 많아서 그렇게 했다는 답이 돌아왔습니다. 결국 에어컨 바람이 나오는 곳은 너무 춥고 바람이 닿지 않는 곳은 덥다는 문제점을 해결해야 고객 불편이 해소될 수 있다는 생각에서 삼성 개발팀은 냉기를 골고루

퍼트리는 시스템에어컨을 개발해 고객들의 긍정적인 반응을 이끌어냈습니다. 2016년에는 아예 바람 없이 온도를 낮추는 개념의 무풍 에어컨을 출시하기도 했습니다.

이처럼 고객들이 말하지 않고 묵묵히 견뎌가며 참아내고 있는 불편한 사항까지 찾아내려면 단순히 고객을 만나서 대화하는 것 이상의 노력이 필요합니다. 고객 불만을 체계적으로 파악할 수 있는 대표적인 방법이 인류학 연구방법론을 활용하는 것입니다.

• **인류학자가 돼라**: 앞서 소비자 조사를 아무리 열심히 해도 혁신 아이디어는 좀처럼 나오지 않는다고 했는데, 설문 방식의 단순한 소비자 조사는 때로는 심지어 현실을 왜곡하기까지도 합니다. 덕성여자대학 문화인류학과 이용숙 교수 연구팀은 이를 보여주는 무척 흥미로운 연구 결과를 발표했습니다. 연구팀은 고객들에게 제품을 사기 전에 구매 여부를 선택할 때 어떤 요소를 중시하는지 물어봤습니다. 예를 들어 침대 매트리스 구매 고객에게 물어봤더니 대체로 매트리스 품질을 중시한다는 답을 들을 수 있습니다. 이는 매우 합리적인 대답입니다. 침대의 핵심 편익은 편안한 수면이고, 이를 위해서는 당연히 매트리스 품질이 좋아야 하기 때문입니다. 하지만 연구팀이 동반 쇼핑을 하면서 소비자의 행동을 관찰하고 나중에 사후 면담까지 해서 제품 선택 당시에 실제 소비자들이 무엇을 기준으로 의사결정을 했는지 추적조사를 한 결과, 상당수의

소비자는 매트리스 품질보다 브랜드나 디자인을 최우선 요소로 고려해 제품을 선택한 것으로 나타났습니다.

이 연구 결과는 기업들에게 큰 시사점을 줍니다. 즉 어설픈 소비자 조사는 매우 위험하다는 점입니다. 만일 어떤 기업이 매트리스 품질이 중요하다는 소비자 조사 결과를 믿고 모든 자원을 여기에만 투자한다면 소비자의 선택을 받지 못할 수도 있습니다. 연구 결과에 의하면 소비자들은 말로는 매트리스 품질이 중요하다고 하지만 실제 구매 과정에서는 품질보다 브랜드를 더 중시하기 때문입니다. 만약, 인류학자들이 사용하는 참여관찰 방법에 기초한 민족지학ethnography 같은 방법으로 소비자의 심층 심리를 이해하고 브랜드와 디자인에 투자한 기업에 비해 밀릴 수밖에 없습니다. 물론 이 말이 매트리스에 투자하지 말자는 건 아닙니다. 당연히 적정 수준의 품질은 유지돼야 합니다. 하지만 여기에만 매달리면 다른 경쟁자에게 밀릴 수 있습니다. 물론 이 연구 결과는 소수의 사람들을 대상으로 한 것이어서 일반화에 한계가 있지만, 적어도 소비자의 말과 실제 행동이 다르다는 점은 분명히 보여줬다는 측면에서 큰 의미가 있습니다. 그리고 기업의 혁신가들이 인류학자가 돼야 하는 이유를 명확히 제시했다는 것도 중요한 시사점입니다. 실제 선도적인 기업들은 인류학자를 고용하거나 인류학자들의 연구방법론을 활용해서 소비자들의 심층 욕구를 파악하고 있습니다.

《HBR》2014년 3월호에《술집으로 걸어 들어간 인류학자》An Anth

-ropologist Walks into a Bar 라는 제목의 논문이 실렸는데 여기에 나온 사례가 인류학적 관찰의 위력을 잘 보여줍니다. 이 논문에는 인공 항문을 만드는 업체의 이야기가 나옵니다. 이 회사는 제품 판매를 위해 많은 돈을 투자했는데 이상하게 사업이 기대만큼 성장하지 않았습니다. 그런데 소비자 조사를 실시해봐도 불만사항은 크게 접수되지 않았습니다. 제품에 특별한 문제가 없음에도 왜 이렇게 판매가 신통치 않은지 파악하기 위해 이 회사는 인류학적 연구를 해보았습니다. 고객들의 생활을 직접 관찰하고, 주변 사람들의 이야기를 들으면서 심층 심리를 파악하는 인류학적 방법론으로 연구를 해보았더니 놀라운 사실을 알 수 있었다고 합니다.

대체로 환자들이 병원에서 인공 항문을 달고 생활했을 때에는 큰 문제가 없었다고 합니다. 그런데 병원에서 퇴원하고 난 후 외출을 했을 때 문제가 생겼습니다. 병원에서는 주로 누워 있었고 문제가 생겨도 전문가들이 즉각 도움을 줬기 때문에 인공 항문을 부착하고 생활하기에 불편함이 없었습니다. 그런데 일상생활에서는 병원에서보다 활동량 자체가 굉장히 많습니다. 게다가 문제가 생겼을 때 긴급하게 도움을 받기도 어려웠습니다. 그러다보니 퇴원 후 외출을 했던 고객들은 여러 사람이 모여 있는 상황에서 인공 항문에 문제가 생기는 아찔한 경험을 한두 번씩 해봤던 것입니다. 이런 위험천만한 경험을 한 환자들은 이후 아예 외출 자체를 꺼리게 되었다고 합니다. 결국 불만이 없어서가 아니라 불만 자체가 생길 소지를 없애버렸기 때문에 소비자 조사에서는 어떤 문제도 제기되지 않았던 것입니다. 결국 이 회사는 이런 통찰을 기반으로 환자별 체형에 맞게 제품의 종류를 다양하게 구성하고, 첨단 소재와 접착제 등을 활용해 누출 가능성을 최소화한 제품을 개발해 큰 성공을 거뒀다고 합니다.

소비자 조사와 같은 수동적인 조사에 그치지 말고 고객을 연구하는 인류학자가 돼서 고객보다 더 자세히, 그리고 더 잘 고객의 욕구를 파악하는 기업이 경쟁우위를 점할 수 있는 시대입니다.

- **고객 경험의 전 과정을 살펴라:** 경험을 중시하는 기업들은 고객이 우리 제품을 사용하면서 느끼는 가치에 집중해 개선안을 내는 경우가 많습니다. 하지만 고객이 우리 제품이나 브랜드와 만나는 전 과정으로 시야를 확대하면 더욱 차별화된 경험을 제공할 수 있습니다. 여기서 주목할 만한 개념이 글로벌 컨설팅사 맥킨지McKinsey& Company가 강조하고 있는 '고객 여정'customer journey 입니다. 고객들이 우리 제품과 서비스를 알게 되고 구매 결정을 해서 사용하는 전 과정을 뜻하는 용어입니다. 고객 여정은 각 회사별로 지도 형태로 그려볼 수 있습니다. 고객들은 제품에 대한 정보를 입수하고 다양한 경로를 통해 우리 제품이나 서비스를 판매하는 장소로 가서 물건을 구매하고 결제하며 배송을 받은 다음, 사용하면서 유지·보수 서비스도 받게 되고 궁극적으로 폐기 처분하거나 대체품

을 사기도 합니다. 이런 전 과정을 지도 형태로 그려보고 난 다음, 전 과정을 대상으로 고객의 불편사항을 찾아 개선 방안을 모색해야 합니다.

이런 노력을 하면 지금까지 신경 쓰지 못했던 불편 요소를 찾아낼 수 있고, 차별화의 전기도 마련할 수 있습니다. 예를 들어 의류업체들은 지금까지는 오프라인 점포나 온라인 쇼핑몰을 찾은 방문객들에게 좋은 경험을 제공하는 게 가장 중요하다고 생각하고 여기에 많은 투자를 했습니다. 하지만 고객 여정 전체로 시야를 확장하면 새로운 관점이 도출될 수 있습니다. 예를 들면 이런 고민을 할 수 있습니다. 남성들의 경우 매장에서의 경험이나 온라인 사이트에서의 경험, 즉 고객 여정 중 구매 단계에서의 경험도 중요하긴 하지만 이보다 더 큰 고민거리가 있습니다. 무엇을 사야 할지, 즉 어떤 옷을 사서 입어야 하는지에 대한 고민이 제일 큰 애로사항인 경우가 많습니다. 패션에 자신이 없는 많은 남성들은 그래서 여자친구나 배우자에게 의존하기도 합니다.

미국 시카고에서 창업한 트렁크 클럽trunk club이라는 스타트업 기업은 이런 고민에 착안했습니다. 그래서 옷 선택과 관련한 남성들의 고민을 해결해주기 위해 전문 스타일리스트가 고객의 취향에 맞는 옷을 선택해 배송해주는 사업을 시작했습니다. 고객은 배송 받은 옷이나 신발을 착용해본 다음에 마음에 드는 것만 입고, 나머지는 반송하면 됩니다. 고객 여정 가운데 좋은 옷을 입고 싶기는 하지만 그럴 만한 안목이 부족해 정보 수집이나 선택 과정에서 애를 먹는 남성 고객들의 경험을 획기적으로 향상시켜준 트렁크클럽은 비즈니스 모델의 가치를 인정받아 노드스트롬Nordstrom 백화점에 인수되면서 성공 창업 스토리를 써내려 갔습니다.

사실 고객의 경험은 전체 과정이 서로 분절적인, 즉 따로 떨어져 있는 게 아니라 서로에게 영향을 미치며 의존한다는 특성을 지니고 있습니다. 따라서 특정 경험에만 집중하는 것은 자칫 고객에게 모순적인 경험을 안겨줄 수도 있습니다. 고객들의 경험 전체를 대상으로 해서 우리 기업만이 줄 수 있는 독특한 경험을 안겨주자는 생각으로 접근하는 것이 더 바람직합니다.

이렇게 총체적인 경험 설계를 해서 성공한 대표적인 사례가 시애틀 사운더스Seattle Sounders라는 미국의 축구단입니다. 컨설팅사 웨슬리퀘스트Wesley Quest의 김정윤 이사는 시애틀 사운더스의 성공 사례를 집중 분석한 글을 《DBR》에 실었는데, 그 내용이 매우 인상적입니다. 이 사례가 흥미로운 이유는 미국에서 축구는 미식축구나 야구, 농구에 밀리는 대표적인 비인기 종목이기 때문입니다. 하지만 축구 구단임에도 불구하고 시애틀 사운더스는 미국의 다른 축구 구단은 물론이고 영국 프리미어리그를 대표하는 구단 가운데 하나인 첼시보다도 더 많은 관중을 끌어모을 정도로 인기를 얻고 있습니다. 그 비결은 바로 총체적인 경험 관리입니다. 축구클럽의 경영자로서 고객의 경험을 관리하겠다고 마음먹은 분들의 대부분은 아마 축구장 안에서의 고객의 경험에 집중할 것입니다. 그러나 이 정도로는 경쟁자를 제압하기 쉽지 않습니다. 훨씬 더 큰 시야로 바라볼 필요가 있습니다.

이 구단은 경험의 시작을 경기장이 아닌 도심에서부터 설계했습니다. 경기장에 오기 전 도심 한복판에서 마칭밴드를 이끌고 고객들이 행진을 하며 경기장으로 입장하도록 했습니다. 이 과정에서 고객들은 흥분, 열정, 기대 같은 감정을 경험하게 됩니다. 경기장에 들어서면 많은 사람들의 이름이 적혀 있는 큰 조형물이 보입니다. 누구의 이름이 적혀 있을까요? 역대 구단

> 고객의 경험은 하나하나가 따로 떨어져 있는 게 아니라 전체 과정이 서로 영향을 미친다. 그러므로 고객의 경험 전체를 대상으로 하여 우리 기업만이 줄 수 있는 독특한 경험을 안겨주자는 생각으로 접근해야 한다.

주나 선수, 혹은 축구 발전에 기여한 사람들일까요? 그렇지 않습니다. 가장 중요한 경험의 주체인 연간 회원권을 구매한 고객들 이름이 적혀 있습니다. 또 대다수 고객들은 마칭밴드와 함께 조금 일찍 경기장에 도착하는데, 여유 시간 동안 호텔급으로 꾸며놓은 레스토랑과 휴게실 등을 이용할 수 있습니다. 또 경기장 안에서 축구를 관람하면서 식사를 할 수도 있고 주전 멤버들과 사진을 찍을 수도 있습니다. 또 선수들만 이용하는 라커 룸을 고객들이 방문해볼 수 있게 하거나, 경기 후 선수들과 만나 사인을 받거나 사진을 찍을 수 있는 프로그램도 운영하고 있습니다. 경기장 입장 전부터 입장

한 후까지 전 과정에서 고객들이 다양한 경험을 하며 감정적 자극을 받을 수 있도록 설계한 이 프로그램들 덕분에 시애틀 사운더스는 높은 수준의 고객 충성도를 확보할 수 있었습니다.

이런 경험을 설계하기 위해서는 고객들이 경험하는 전 과정에 대해 현재 고객들이 어떤 형태의 감정을 느끼고 있는지 면밀히 판단해보고 이를 토대로 개선안을 고민해볼 필요가 있습니다. 이런 노력을 꾸준히 수행하는 기업과 그렇지 않은 기업의 경쟁력은 크게 차이가 날 수밖에 없겠죠. 고객 경험의 전 과정을 관리하는 것은 경영자의 매우 중요한 과제입니다.

반추: 진심은 통한다

•

지금까지 감정 공략을 위해 제시된 방법론들을 보면서 아마 의문을 제기하고 싶은 분이 있으실 것 같습니다. 고객들의 감정에 즉각적인 영향을 끼칠 수 있는 매우 효과적인 방법은 감정을 직접 자극하는 것입니다. 눈물이 나올 만큼 감동적인 캠페인을 하거나, 아주 재미있는 브랜드 경험을 유도하거나, 최근 트렌드나 문화 코드를 반영해 브랜드에 긍정적 영향을 끼치거나, 편가르기 등의 기술을 통해 고객들이 기업의 편에 서도록 유도하는 것 같은 방법들이 바로 그것입니다. 이처럼 고객의 감정을 자극하는 훌륭한 방법에 대해서는 왜 말하지 않느냐는 의문을 가질 수 있을 것이라 생각합니다.

하지만 저는 이런 방법이 장기적인 관점에서 대안이 될 수 없다고 생각합니다. 단기적으로는 분명히 고객의 감정에 직접적인 영향을 끼치는 이런 접근이 큰 도움을 줄 수 있습니다. 그러나 트렌드를 반영한 접근은 해당 트렌드가 지고 나면 끝입니다. 단기적으로 고객의 눈물샘을 자극했다고 하더라도, 해당 제품이나 서비스가 갖고 있는 본원적인 가치와 부합하지 않으면 고객들은 진정성에 대해 의심할 것입니다. 즉, 광고가 단기적으로 히트해서 큰 도움을 줄 수도 있지만 장기적인 고객 충성도 형성은 전혀 별개의 문제라는 이야기입니다.

오히려 기업 정체성과 부합하지 않고 내용만 그럴듯한 마케팅 캠페인은 단기적으로는 기업에 좋은 효과를 줄지 몰라도, 장기적으로는 큰 위험이 될 수 있습니다. 두산의 '사람이 미래다' 캠페인을 보면 이런 위험이 상당하다는 것을 알 수 있습니다. 두산은 이 캠페인을 8년여 동안 일관되게 진행하면서 많은 반향을 불러일으켰습니다. 두산의 입사 선호도와 인지도가 높아지고 대중들의 호감도도 높아졌습니다. 기업 성과를 자랑하거나 화려한 이미지를 부각시켰던 다른 기업의 브랜드 광고와 달리 기업이 추구하는 핵심 가치를 위주로 마케팅했다는 점에서 높은 점수를 받았습니다. 그런데 경제 상황이 어려워지면서 이 광고는 오히려 부메랑이 되어 돌아왔습니다. 한 계열사에서 구조조정을 실시했는데 20대 신참급 직원에게도 퇴직 압력을 넣은 사실이 드러나면서 8년간 애써 쌓아왔던 이미지 작업이 한순간에 무위로 돌아가고 말았습니다. 정확히 말하면 그냥 원점으로 돌아간 게 아니라 오히려 위기가 더 심화되었습니다. '사람이 미래다'라는 캠페인을 워낙 많은 사람들이 알고 있었기 때문에 퇴직 이슈가 나온 이후에 오히려 실망감이 커진 것입니다. 그래서 인터넷에서는 '퇴직이 미래다', '사람이 노예다' 등 패러디 문구가 홍수를 이뤘고 그동안 국민들을 상대로 사기를 친 것 아니냐는 비판까지 거세졌습니다. '사람이 미래다'와 같은 캠페인을 대대적으로 전개하려면 이에 부합하는 철학을 경영진이 공유해야 하고 이를 뒷받침하기 위한 시스템을 구축하고 실질적인 자원을 투자해야 합니다. 직원의 역량 계발을 경영의 실질적 우선순위로 삼고 이에 대한 관심과 행동이 수반되어야 합니다. 그냥 캠페인 자체가 멋있어 보여 한번 해보자는 식으로 결정했는데, 캠페인이 진짜 잘돼 많은 국민이 기억하게 되면 나중에 심각한 문제가 생길 수 있습니다. 해당 캠페인과 다른 정체성을 보여주는 사건이 터지면 큰 역풍을 맞게 되기 때문입니다.

결국 진심이 중요합니다. 겉으로 드러나는 감정을 공략하는 감동적인 마케팅 캠페인은 뛰어난 대행사에 돈만 주면 얼마든지 만들어낼 수 있습니다. 운이 좋으면 국민들 모두가 기억하는 수준의 성공을 거둘 수도 있습니다. 그러나 진심과 부합하지 않는다면 언제 터질지 모르는 폭탄을 들고 있는 것과 같습니다.

진심은 진짜 마음입니다. 진짜 마음보다는 겉으로 포장하는 게 중요한 것 아니냐고 생각하시는 분들도 계실 겁니다. 하지만 진짜 마음은 놀랍게도 전달이 됩니다. 최근 한 저가항공사에서는 "기내에서의 흡연은 엄격히 금지되어 있습니다. 그럼에도 불구하고, 흡연을 원하시는 분께서는 항공기 밖에서만 가능함을 알려드립니다. 다만 저희 항공사에서는 낙하산을 제공해 드리지 않는 점을 참고해주시기 바랍니다."라는 식의 무척 즐겁고 유머가 넘치는 안내 방송을 실시하고 있습니다. 안내 방송 내용은 고객에게 즐거움이란 감정을 유발할 수 있을 만큼 충분히 재미있습니다. 그런데 안내문을 읽는 사람에 따라 반응은 극과 극을 오갑니다. 이 안내문을 읽는 사람이 고객들을 웃게 해주고 싶다는 생각을 갖고 즐거운 마음으로 읽으면 좋은 반응을 유발합니다. 반면, 회사일이니 어쩔 수 없이 시키는 대로 한다는 생각을 가진 사람이 읽으면 듣는 고객들은 정말 힘들어합니다. 제 지인 한 분은 영혼 없이 국어책 읽듯이 안내 방송을 읽는 승무원 때문에 정말 어색하고 불편해서 힘들었다고 전합니다. 진짜 내 마음이 어떤 생각을 갖고 있느냐에 따라 이렇게 감정적으로 다른 영향을 끼칩니다.

반면, 앞서 항공사처럼 훌륭한 스크립트와는 거리가 먼 극단적인 말을 하는 분들도 있습니다. 어떤 식당에 가면 할머니가 다짜고짜 욕을 합니다. 내 돈 내고 가서 밥을 먹는데 욕까지 동시에 먹는 이성적으로는 도저히 이해할 수 없는 일이 벌어집니다. 그런데도 사람은 북적댑니다. 이유는 욕쟁이 할머니의 진짜 마음은 겉으로 표현되는 욕설과 다르다는 것을 알고 있기 때문입니다. 진짜 마음은 묘하게 그대로 전달이 됩니다. 반대로 친절한 말로 기막힌 교양을 갖춘 것처럼 말해도 고객들이 기분 나쁜 감정을 느낄 수도 있습니다. 백화점에 수수한 옷차림으로 간 고객들은 우아한 목소리로 고객을 상대하는 점원들과 대화하다가 그 속에 비아냥거림 같은 것을 느끼기도 합니다. '옷차림을 보아하니 비싼 제품을 살 여유가 없을 것 같은데 빨리 다른 곳으로 갔으면 좋겠다'는 생각을 가졌지만 겉으로는 부드럽게 말하는 점원의 속마음을 고객들은 신기하게 알아차립니다. 진심은 겉으로 아무리 다르게 포장해도 결국 전달이 되곤 합니다.

지금까지 고객의 감정에 호소할 수 있는 다양한 방법들을 말씀드렸는데, 무엇보다 중요한 것은 '진심'입니다. 수없이 많은 활동을 해야 하는 기업들이 전체 고객 서비스를 완벽하게 수행하는 것은 원천적으로 불가능합니다. 또 우리의 잘못이 아니더라도 다른 이유 때문에 우리 기업의 제품이나 서비스에 문제가 생길 수도 있습니다. 최선을 다하더라도 예상치 못한 실패 사례는 피할 수 없다는 얘기입니다. 하지만 고객이 우리 제품이나 서비스를 통해 큰 가치와 만족을 얻었으면 좋겠다는 진심을 갖고 있다면, 서비스 실패 등으로 인해 단기적으로 고객들을 실망시킬 수도 있지만 장기적으로 고객들은 그 기업을 믿어줄 것입니다. 단기적으로 서비스 실패 때문에 기업에 격한 감정을 갖게 되더라도 진심으로 기업이 최선을 다해 실패를 수습하는 모습을 본 고객들은 반추 과정에서 결국 기업에 대해 긍정적 정서를 갖게 될 것입니다.

'진짜 마음'을 가지면 무서울 게 없습니다. 도미노피자Domino Pizza의 '피자 턴어라운드 캠페인'이 이를 잘 보여줍니다. 유튜브에서 간단한 검색(검색어 pizza turnaround)만으로도 이 캠페인의 내용을 쉽게 볼 수 있는데, 고객들이 과거 도미노피자의 문제점을 적나라하게 이야기하는 장면을 여과 없이 그대로 공개했습니다. 전자레인지에 데워 먹는 냉동피자만도 못하다는 불평은 차라리 예의 바른 편에 속합니다. 어떤 고객은 "피자 맛이 골판지cardboard 같다."라는 극언을 서슴지 않습니다. 아마 대다수 위계적인 조직에서 고객들의 이런 불평은 절대로 경영진에게 전달되지 못합니다. 그런데 도미노피자의 최고경영진은 피자가 골판지 같다는 불평을 하는 고객의 말을 실시간으로 들으며 곤혹스러워 했습니다. 물론 전 직원들에게도 이런 내용이 전달됐습니다. 주방 벽면에 고객들의 부정적인 코멘트가 적힌 종이를 붙여놓기도 했습니다. 이 회사 CEO는 "부정적인 코멘트에 실망할 수도 있지만 극복하자는 의지를 다질 수도 있는데, 우리는 후자를 택했다."며 전사적인 혁신 운동을 벌였습니다. 그리고 이 과정을 모조리 동영상에 담아 전 세계에 공개했습니다. 자사 제품이 골판지 같은 맛이 난다는 평가를 받았다는 점을 공개하고 싶은 경영자는 별로 없을 것입니다. 그러나 고객들에게 최선을 다하겠다는 진심을 가지면 부끄러운 과거도 얼마든지 공개할 수 있습니다.

개방적이고 수평적 문화를 가진 외국의 사례여서 한국적 상황에는 안 맞는다고 생각하시는 분도 계실 겁니다. 그러나 한국에도 유사한 사례가 있습니다. 삼성화재는 정량조사만으로 알 수 없는 소비자들의 실제 생각을 듣기 위해 고객 패널제도를 운영했습니다. 이런 제도를 운영하는 것 자체만으로는 별일이 아니라고 볼 수도 있습니다. 이런 제도는 여러 회사에서 운영하고 있기 때문입니다. 그런데 삼성화재의 차이점은 고객의 적나라한 목소리를 도미노피자와 마찬가지로 최고경영진이 직접 들었다는 점입니다. 서비스가 형편없고 보상이 잘 안된다는 내용이나 심지어 '빛 좋은 개살구'와 같은 자극적인 표현도 그대로 전달됐습니다. 위계적 질서를 가진 한국 조직에서 회사에 대한 고객의 불만이 적나라하게 표출되는 것은 여러 문제를 야기할 수 있습니다. 실제 실무 부서에서 고객 패널단 운영팀에 대해 "일부 고객의 의견을 일반화시키는 것 아니냐"는 식의 압력을 가했다고 합니다. 그러나 최고경영자는 이런 의견을 듣고 문제를 고치겠다는 진짜 마음을 갖고 있었고, 고객의 의견을 실제로 듣고 개선안을 마련하도록 집중적으로 독려했습니다. 그리고 그 과정을 《DBR》에 자세히 공개했습니다. 우리의 약점이나 취약점을 공개하면 사람들이 비난할까요? 그렇지 않습니다. 오히려 진짜 마음, 진심에 대한 믿음이 더 커질 수 있습니다.

감정의 시대에 감정을 움직이는 최고의 방법은 내 마음을 꾸밈없이 그대로 갖는 것입니다. 이별의 슬픔을 전달하고 싶은 가수가 이를 가장 표현할 수 있는 방법은 무엇일까요? 실제 이별의 슬픔을 마음속으로 느끼면서 노래를 부르면 됩니다. 마음속에는 행사비를 받아서 즐겁게 쓰겠다는 생각을 갖고 있으면서 겉으로만 슬픈 척 이별 노래를 부르면 감정은 전혀 전달이 되지 않습니다. 실제 한 가수는 이별 노래를 불러야 하는데, 도저히 감정이 잡히지 않아서 실제 연인과 이별을 하고 노래를 불렀다고 합니다. 물론 진심이 전달된 노래는 크게 성공했습니다. 제가 현역 기자 시절, 남북 이산가족 상봉과 관련한 뉴스를 취재하고 있었는데 데스크로부터 "독자들이 읽고 눈물이 날 정도의 기자 칼럼을 써라."라는 지시를 받았습니다. 주로 논리적인 뉴스를 써왔던 탓에 감정을 울리는 방법을 찾지 못해 한참을 고민했던 기억이 납니다. 그런데 남을 울리려면 내 마음속 깊이 슬픔을 가져야 할 것 같다는 생각을 했고, 진짜 슬픔의 감정을 가지면서 글을 썼더니 술술 글이 풀렸던 경험이 있습니다. 역시 예상대로 기자 칼럼이 나가고 나서 실제 눈물을 흘렸다는 독자의 이야기도 들었습니다. 고객의 감정을 울리는 가장 좋은 방법은 나 스스로 고객에게 전달하고 싶은 감정을 진짜로 간직하는 것입니다. 우여곡절이 있겠지만 진심은 어떻게든 전달이 됩니다.

감정의 시대에 생존하려면

○

인공지능의 시대가 도래하고 있습니다. 강력한 학습 기능으로 무장한 인공지능은 인간의 노동력이 담당했던 많은 부분을 대체하면서 사회적으로 비약적인 생산성 향상을 가져올 것입니다. 하지만 이와 동시에 일자리 파괴라는 심각한 부작용도 불러올 것으로 예상됩니다. 인공지능이 경제 주체로 부상할수록 승자 독식 현상은 더욱 심화될 수밖에 없습니다. 인공지능은 특히 이성적인 사고를 필요로 하는 많은 과업에서 인간을 대체할 것입니다. 경우의 수가 거의 무한대에 가까워 인공지능이 쉽게 넘보지 못할 것으로 예상된 바둑 분야에서 세계 최고수를 꺾는 일이 가능해진 것을 보면, 이성적 사고를 기초로 하는 분야의 경우 인공지능을 활용하지 않는 조직은 경쟁에서 밀려날 수밖에 없습니다. 결국, 이성을 기초로 한 일자리는 사라질 확률이 높습니다. 인공지능의 일자리 공습에서 살아남을 확률이 가장 높은 분야는 역시 감정과 관련된 분야입니다. 새로운 개념의 TV 프로그램을 만들어내는 PD, 새로운 아름다움을 개척하는 예술가, 감정을 어루만져줄 줄 아는 호스피스 병동의 간호사, 마음의 상처를 치유해주는 심리치료사, 즐거움이란 감정을 유발할 줄 아는 코미디언 등은 인공지능의 공습에서도 상대적으로 안전한 영역에서 가치를 지속적으로 창출할 수 있을 것입니다.

기업도 마찬가지입니다. 감정을 어루만져주는 기업은 메마른 이성만을 기초로 호소하는 기업보다 훨씬 오랜 기간 경쟁우위에 설 수 있을 것입니다. 즉각적인 감정을 유발하는 '아름다움', 행동 과정에서 생겨나는 감정을 잡기 위한 '고객 경험', 반추를 통한 긍정적 감정 형성에 기여하는 '진심'이라는 세 가지 키워드를 잊지 마시기 바랍니다.

고객들의 감정에 효과적으로 호소하기 위한
세 가지 솔루션

1. 아름다움으로 즉각적 감정을 유발하라.
2. 고객 경험을 재구성해 행동 과정에서 발생하는 감정을 잡아라.
3. 반추하는 고객을 위해 진심으로 승부하라.

CHAPTER 4

패스트 팔로어를 넘어
도약으로 가는 길

_개성에서 답을 찾아라

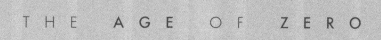

THE AGE OF ZERO

THE AGE OF ZERO

효율 지상주의 시대를 넘어

○

만약 이 글을 읽는 독자 여러분들이 감자를 주식으로 하는 나라의 농업 정책 결정자라고 가정해봅시다. 두 가지 의사결정 대안이 있습니다. 하나는 다양한 종류의 품종을 재배하는 것이고, 다른 하나는 단일 품종을 재배하는 것입니다. 둘 중 어떤 선택을 하시겠습니까? 효율성이란 잣대로 보면 어떤 대안이 더 좋을까요? 단연 단일 품종일 것입니다. 품종을 단일화하면 모든 게 표준화되기 때문에 원가가 크게 줄어듭니다. 같은 품종의 씨앗만 생산해도 되고, 재배, 수확 과정도 모두 동일한 방법을 사용합니다. 농약도 선택한 종자에 필요한 한 종류만 개발하면 됩니다. 한 품종의 종자 개량에만 집중하면 되니 연구개발 자금의 효율성도 크게 올라갈 것입니다. 반면 여러 품종을 재배하면 종자도 여러 종을 개량해야 하고, 재배 방법이나 농약 등도 품종에 따라 달라질 수 있습니다. 당연히 비용이 올라가고, 생산량은 단일 품종에 집중하는 것보다 낮아질 수밖에 없습니다.

그러나 빛이 있으면 그림자가 생기듯, 세상 모든 일에는 양면이 있습니다. 단일 품종 재배라는 옵션은 당장 효율성 측면에서 매우 탁월한 선택이지만, 그 이면에 어두운 그림자가 도사리고 있습니다. 환경이 바뀌었을 때, 혹은 선택한 단일 품종에 치명적인 병충해가 발생하면 해당 품종 전체가 사라질 수도 있습니다. 실제로 과거 아일랜드에서는 800만 명의 인구 중 100만 명이 죽는 대기근이 발생했는데, 그 원인이 한 품종의 감자를 해마다 같은 땅에 생산량을 늘리려 촘촘히 심은 결과 병·해충에 취약해져서 치명타를 입었기 때문이라는군요. 외부 환경이 안정적일 때에는 큰 문제없이 높은 생산성을 기록했는데, 이 품종에 특히 큰 타격을 주는 병이 돌자 전체 감자 생산량이 급격히 감소했고 전 국민이 심각한 고통을 받았다고 합니다.

위와 같은 사례를 통해 대부분의 생물 종들이 무성생식이 아닌 유성생식을 택한 이유를 알 수 있습니다. 단기적 효율성 관점에서만 보면 똑같은 유전자를 계속 찍어내는 무성생식이 훨씬 효율적입니다. 이성을 따로 만날 필요 없이 같은 유전자를 계속 복제할 수 있기 때문에 외부 환경만 좋으면 단기간에 엄청난 수의 개체를 만들어낼 수 있습니다. 그러나 그런 효율성을 버리고 대부분의 생명체들은 유성생식을 택했습니다. 암컷과 수컷이 만나야 하고, 세포가 결합해야 하기 때문에 매우 불편하고 번거로운 방식입니다. 그러나 장기 생존에는 유성생식이 훨씬 유리합니다. 무성생식은 하나의 유전자만 존재하기 때문에 갑작스러운 환경 변화로 해당 유전자에 치명적인 환경이 조성되면 종 전체가 몰살당하고 맙니다. 하지만 유성생식 체제에서는 매번 새로운 유전자들이 출현하기 때문에 외부 환경이 변하면 일부는 죽겠지만 일부는 살아남아서 지속성을 유지할 수 있습니다. 다양한 유전자를 가진 후손을 만들어가는 것, 즉 각자가 가진 유전적 특이성을 바탕으로 개성을 발전시키며 살아가는 것이 제로 시대 지속 가능성을 위한 생존 방정식입니다.

그런데 불행하게도 20세기의 대량생산 시대는 효율성 지상주의 시대였습니다. 유사한 제품과 서비스를 여러 기업들이 만들었습니다. 생물학적 관점에서 보자면 하나의 품종만 선택해서 무성생식에 치중한 것입니다. 비즈니스뿐만 아니라 다른 영역에서도 이런 비슷한 패러다임이 지배적이었습니다. 학교에서도 똑같은 커리큘럼에 똑같은 주제를 가르치면서 전국의 수험생을 1등부터 꼴찌까지 한 줄로 가지런히 세우는 놀라운 일을 우리 교육 당국은 해냈습니다. 개성, 다양성보다는 획일성, 보편성이 강조돼왔습니다.

하지만 이제 달라져야 합니다. 무엇보다 경쟁이 매우 치열해졌습니다. 소비자들이 선택할 수 있는 옵션이 너무 많아졌습니다. 어떤 산업이 발전했는지 보려면 해당 산업에 다양성이 얼마나 확보되어 있는지를 보면 알 수 있습니다. 자동차 산업을 예로 들면 과거에는 검은색 모델T(포드가 만든 세계 최초의 대량생산 자동차)가 유일한 대안이었지만, 산업이 발달하고 혁신이 이뤄질수록 소형차, 준중형차, 중형차, 대형차, 스포츠카, SUV 등 전통적인 분류를 뛰어넘는 다양한 크로스오버 차량들이 만들어지고 새로운 서브 카테고리가 끝없이 나와 소비자들을 유혹합니다. 경쟁이 치열해지면 자연스럽게 다양성이 확보되고, 저마다 개성을 드러내며 시장에서 경쟁을 합니다.

이런 경쟁에서 이기려면 남과 비슷한 점을 가장 먼저 버려야 합니다. 치열한 경쟁이 펼쳐지는 대표적인 분야 가운데 하나가 대중가요라고 생각합니다. 가수 지망생을 뽑는 오디션 프로그램들을 보면 특징적인 현상을 목격할 수 있습니다. 과거에는 노래만 잘하면 경쟁에서 이길수 있었습니다. 그런데 요즘에는 아무리 노래를 잘해도 탈락하는 사례가 많습니다. 가장 큰 이유는 개성이 부족하다는 점 때문입니다. 어디선가 들어본 듯한 목소리라거나, 기성 가수 가운데 누군가를 떠올리게하는 참가자, 자신만의 독특한 무언가를 어필하지 못하는 참가자는 아무리 기교가 탁월해도 탈락하고 맙니다. 대신 노래를 그렇게 잘하지는 못하더라도 자신만의 개성이 담겨 있으면 잠재력, 혹은 발전 가능성이있다면서 합격되기도 합니다. 실제 예술 세계에서 가장 치욕적인 말은다른 누군가의 작품과 비슷하다는 평가를 받는 것입니다. 이는 자신만의 개성에 기반을 둔 독특한 작품 세계를 펼치지 못하고 누군가를 따라하고 있다는 비난과 다름없기 때문입니다.

이런 관점에서 한국의 석학 이어령 교수의 말이 무척 의미 있게 다가옵니다. 한국에서는 대부분 모두가 한 방향으로 뜁니다. 그러나 이렇게 모두가 같은 방향을 보면 1등은 한 명밖에 나올 수 없습니다. 그러나 360도 방향으로 뛰면 1등이 360명이 나온다는 게 이어령 교수의 통찰입니다. 아마도 방향은 무한대로 세분화할 수 있기 때문에 각자가 원하는 방향으로 뛰면 대한민국 국민뿐만 아니라 전 세계인 모두가 1등이 될 수 있을 것입니다. 신이 사람에게 서로 다른 유전자를 갖게 한 것도 이런 이유 때문이라고 생각합니다. 물론 일란성쌍둥이가 있지만, 놀랍게도 이들은 경험을 달리 하기 때문에 각자의 꿈과 희망이 다르다고 합니다. 각자의 다른 유전자를 바탕으로 자신의 개성을 표출하는 것, 앞으로 사업은 물론이고 모든 분야에서 적용될 보편적인 패러다임이 될 것입니다.

비슷비슷함을 경계해야 하는 이유

개성을 추구하는 것이 실제로 사업에 도움이 될지 의아해하시는 분이 여전히 계실 것 같습니다. 예술 같은 분야에서야 개성이 중요할지 몰라도, 비즈니스에서는 단기간에 빨리 트렌드에 올라타서 발 빠르게 대세가 된 제품이나 서비스를 모방하는 게 훨씬 더 성과가 큰 것 아니냐고 생각하실 수 있습니다.

물론 단기적으로 보면 맞는 이야기입니다. 그리고 역량과 기술력 등이 객관적으로 떨어지는 기업들은 '신속한 모방'만이 살 길입니다.

하지만 많은 한국 기업들은 이제 이 단계를 넘어섰습니다. 유명한 '패스트 팔로어'fast follower(발 빠른 추격자) 전략만으로 성공을 지속하기가 어려운 상황입니다. 많은 한국 기업들은 패스트 팔로어 전략으로 이미 적지 않은 역량을 축적했습니다. 글로벌 시장에서 강한 경쟁력을 가진 기업들도 많아졌습니다. 여기서 한 단계 더 도약하려면 반드시 개성이라는 키워드를 염두에 두어야 합니다. 즉, 우리 기업만이 할 수 있는 일, 우리 기업만의 특징을 반영한 제품이나 서비스를 개발하기 위해 노력해야 합니다. 물론 개성의 반영이 독불장군처럼 자신의 고정된 스타일을 비즈니스에 무작정 적용하라는 의미는 아닙니다. 시대의 변화와 시장 환경의 변화에 맞서 개성도 변화·발전해야 합니다. 다만, 세상의 변화를 받아들이는 방식은 자신만의 독특한 특성에 기반을 두어야 합니다. 가수들이 자신만의 스타일로 기존 곡을 해석해서 부르는 것처럼, 우리만의 스타일로 현재의 트렌드를 재탄생시키려는 노력이 필요합니다.

그렇다면 개성이라는 키워드를 갖고 사업을 추진했을 때와 그렇지 않았을 때 과연 어떤 차이가 날까요? 코엑스몰 리모델링 사례와 코오롱의 유통사업 진출 첫 작품인 커먼그라운드 사례를 비교해보면 의미 있는 통찰이 나옵니다. 《DBR》에서는 매년 연말 의미 있는 비즈니스 사례를 집중 분석하는데, 저성장이 고착화된 최근의 사례들을 되짚어보면 지금까지 말씀드렸던 가격 대비 가치, 감정, 개성이란 키워드로 해석이 가능합니다. 과거 사례들은 다양한 유형이 많았는데 구조적 저성장 국면에 접어든 이후에는 일련의 공통점들이 드러나고 있습니다.

한국을 대표하는 대규모 쇼핑공간인 코엑스몰은 시설 노후화 등으로 인해 대대적인 리모델링을 단행했습니다. 1년 반 넘는 기간 동안 공사가 진행됐고 비용도 3,000억 원이나 들어간 큰 프로젝트였습니다. 아마 여러분이 프로젝트 담당자였더라도 이 정도 규모의 공사면 당연히 공모를 통해 세계 최고의 건축사무소를 선정했을 것입니다. 코엑스 역시 세계적 명성이 있는 건축사무소에 설계를 맡겼습니다. 또 최고급이란 느낌을 주기 위해 대리석도 아낌없이 깔았습니다. 여기에 더해 매장을 밝고 모던한 분위기로 연출했습니다. 투자비 규모, 건축회사의 명성, 대리석 등 값비싼 자재 사용 등의 요소를 감안하면 당연히 큰 성공을 거둘 수 있을 것 같았습니다.

그런데 결과는 예상과 달랐습니다. 마침 메르스 여파까지 겪는 등 불운도 따랐지만, 고객들의 반응은 기대 이하였습니다. 리모델링 전보다 찾는 사람이 줄어 매출이 급감했다며 입주 상인들이 임대료를 깎아달라고 항의하는 사태도 벌어졌습니다. 리모델링 후 만들어진 새로운 공간은 어디가 어딘지 분간하기 힘들다는 불평이 쏟아졌고, 인터넷에서는 우스갯소리지만 'I'm Coexed'란 말이 '나는 길을 잃었다'는 뜻으로 쓰이기도 할 정도였습니다.

최고의 건축사무소를 동원했고 좋은 자재를 사용해 아낌없이 투자했는데 어디서 문제가 생긴 것일까요? 이런 현상을 이해하기 위한 핵심 키워드가 바로 개성입니다. 대리석은 사실 백화점 같은 고급 쇼핑몰에서 주로 사용하는 자재입니다. 그런데 불행하게도 코엑스몰 바로 옆에는 고급 백화점의 대명사 중 하나인 현대백화점이 자리 잡고 있습니다. 고급스러움을 찾는 사람은 굳이 코엑스몰에 가기보다는 백화점을 선택할 확률이 높다는 얘기입니다.

특히 대리석 바닥에 환한 조명으로 치장한 새로운 공간은 과거 코엑스몰 특유의 개성을 약화시켜버렸습니다. 리모델링 이전의 코엑스몰은 지하공간이었지만 작은 길 사이로 다양한 종류의 가게들이 자리 잡고 있어서 흡사 삼청동이나 홍대 앞 골목길을 걷는 듯한 분위기를 연출했습니다. 그러나 리모델링 후 어디나 대리석에 환한 조명이 밝혀지면서 이런 개성을 더 이상 찾을 수 없게 됐습니다.

유통업체 간 경쟁이 치열해지면서 유사한 분위기라면 그중에서 가장 뛰어난 곳을 향해 고객들의 쏠림 현상이 심해집니다. 즉 자신만의 독특한 영역이 있어야 성공할 수 있다는 것입니다. 만약 리모델링을 계획할 때부터 코엑스몰이 가진 개성을 더욱 부각시켜 다른 쇼핑몰에서는 찾을 수 없는 코엑스몰만이 가진 특징을 살리는 쪽으로 전략을 짰더라면 더 좋은 결과가 나오지 않았을까 생각합니다. 실제 코엑스몰은 이번 리모델링 과정에서 버스킹 공연을 할 수 있는 실내 공간을 만들었는데, 이런 공간은 다른 곳에서 찾기 어려운 탓에 사람을 모으는 동인이 되고 있다고 합니다.

반면, 처음부터 우리만이 가진 개성으로 승부해보자고 출발한 유통회사도 있습니다. 코오롱 그룹이 최초로 유통 사업에 진출하면서 선보인 커먼그라운드입니다. 코오롱은 유통 사업을 시작하면서 목표를 명확히 했습니다. 고급이나 럭셔리 같은 목표를 잡았더라면 아마도 이미 고급스러움을 정체성으로 갖고 있는 기존 유통업체들을 넘어서기 힘들었을 것입니다. 코오롱은 아예 처음부터 "세상에 없는 콘셉트로 업의 영역을 재정의하자"는 목표를 세웠습니다. 후발주자여서 남들과 비슷하게 보이면 망한다고 생각한 겁니다. 그렇게 서울 광진구의 건대입구 상권에서 다소 떨어져 소외돼 있던 택시 차고지 부지에 컨테이너 200개를 쌓아올렸습니다. 그리고 컨테이너 안에는 철저하게 20대를 겨냥해 이들이 좋아할 만한 콘셉트의 의류나 잡화 브랜드를 입점시켰습니다. 특히 홍대 앞이나 삼청동에서 인기를 끌고 있는 브랜드를 유치하는 데 주력했습니다. 특이한 제품으로 젊은 층의 인기를 모은 온라인 브랜드도 적극 입점시켰습니다. 식음료 매장도 철저하게 20대들이 선호할 만한 독특한 개성을 가진 브랜드와 접촉했습니다. 특이할 만한 것은 코오롱이 보유한 많은 의류 브랜드를 입점시키지 않았다는 점입니다. 자사의 최초 유통 사업임에도 불구하고 20대 취향에 맞지 않는다는 이유로 자사 브랜드를 넣지 않았다는 것은 다른 유통업체와 차별화하겠다는 의지가 얼마나 강한지를 보여주는 상징적인 조치입니다.

매장 운영에 있어서도 20대 문화를 반영하기 위해 노력했습니다. 요즘엔 친절을 하도 강조하다보니 사람은 물론이고 심지어 사물에도 존칭을 쓰는 사례가 많습니다. "커피 나오셨습니다." 같은 식으로 말하는 경우가 많다는 얘기입니다. 그런데 커먼그라운드는 수평적 소통을 중

컨테이너 복합 쇼핑몰이라는 독특한 콘셉트로 업의 영역을 재정의한 커먼그라운드.
사진 제공 커먼그라운드

시하는 20대의 취향을 반영해 자연스럽게 고객을 응대하도록 했습니다. 거리에서 매장을 운영해본 입점업체가 많았는데 최대한 길거리 매장처럼 고객을 응대해달라고 주문했다는군요.

이렇게 개성으로 똘똘 뭉친 장소를 만들어낸 결과, 커먼그라운드는 크게 성공했을 뿐만 아니라 상대적으로 중심상권에서 멀어 소외됐던 택시 차고지 인근 지역의 가치를 높이는 등 지역 활성화에도 기여했습니다. 그러자 많은 지방자치단체들이 커먼그라운드와 같은 성공적인 지역 활성화 사례를 만들어달라며 코오롱에 접촉했고, 코오롱은 다른 지역에도 사업을 확장할 계획입니다.

개성은 사실 우리의 존재 이유와 맞닿아 있습니다. 만약 우리 기업의 제품이 다른 기업의 제품과 크게 다르지 않다면, 고객 입장에서는 우리 제품이 사라져도 크게 아쉬워하지 않을 것입니다. 하지만 우리가 다른 곳에서는 만들지 못하는 개성이 담긴 제품을 만들어낸다면, 우리가 사라졌을 때 많은 사람들은 아쉬움을 표할 것입니다. 신이 인간에게 서로 다른 유전자를 부여한 이유는 그 유전자를 갖고 자신만의 개성을 표출해서 세상에 기여하라는 소명을 준 것이 아닌가 하는 생각을 합니다. 기업도 마찬가지입니다. 여러 독특한 유전자들이 가치를 만들어나가는 조직인 기업도 독특한 문화와 DNA를 갖고 있습니다. 이런 독특한 유전자를 토대로 자신만의 색깔을 만들어가는 것은 세상에 태어난 근본적인 이유를 설명할 때 빠질 수 없는 대목이라고 저는 봅니다.

소비자의 지갑이 얇아지는 저성장 시기인데다 경쟁의 강도마저 극단적으로 강해지는 제로 시대에 고객들은 가야 할 특별한 이유가 있는 곳에 찾아가서 돈을 씁니다. 사야 할 특별한 이유, 즉, '내가 왜 당신 회사의 제품을 사야 하는지'에 대한 명확한 답을 주는 곳의 제품을 구매합니다. 개성은 제로 시대에 절대 빼놓아서는 안 될 생존의 핵심 키워드입니다. 뒤에 이어질 내용에서는 독특한 개성을 개발하고 발전시키기 위한 대안을 제시하고자 합니다.

개성은 확고한 철학으로부터 나온다

나만의 독특한 개성은 우리가 지향하는 바, 삶에서 우리가 중시하는 바가 무엇인지에서부터 출발합니다. 삶에 대한 우리의 태도, 가치관, 인생에서 가장 중시하는 목적 등에 기초해 나만의 세계관이 형성되고 이를 토대로 나만의 개성이 출현합니다. 기업도 마찬가지입니다. 기업의 구성원인 조직원들이 공유하는 가치, 이들이 공유하는 철학을 기초로 개성이 표출됩니다. 개인이든 기업이든 매번 이뤄지는 수많은 의사결정들이 가치나 목적, 세계관에 기초해 있다는 점에서 개성의 출발점은 이런 부분들이 될 수밖에 없습니다.

그래서 개성이 뚜렷한 사람이나 기업들은 사업에 대한 철학이 매우 뚜렷합니다. 의사결정의 기준도 비교적 명확합니다. 반대로 개성이 뚜렷하지 않은 사람이나 기업은 귀가 얇아서 이리저리 흔들리며 사업에 대한 의사결정도 일관성이 떨어집니다. 사기를 당하는 것도, 달콤한 유혹에 잘 넘어가는 것도 결과적으로 본질적인 가치 체계나 철학, 목적의식, 세계관 등이 확고하지 않기 때문입니다. 이런 사람이나 기업들은 어쩌다 운 좋게 성공할 수 있을지 몰라도 그 성공을 지속해나가기는 어렵습니다.

이런 관점에서 본다면 개성은 사실 인격적으로 대단히 성숙한 사람에게서 나타나는 것입니다. 확고한 철학이나 가치관을 갖기까지 많은 고민과 경험을 해야 하기 때문에, 결국 개성은 성숙한 인격을 갖춘 사람에게서 드러나게 돼 있습니다. 인격이 미성숙한 사람의 경우 자주 흔들리기도 하고, 시간이 지나면서 정체성 자체가 달라지곤 합니다. 기업도 마찬가지입니다. 개성을 드러내기까지 많은 시간과 노력, 경험이 필요합니다. 이런 과정 없이 드러나는 기업의 특징은 사람이 바뀌거나 환경이 변했을 때 계속 바뀌기 때문에 개성이라고 이름 붙이기 어렵습니다.

개성의 출발점은 가치관, 혹은 삶의 목적이 무엇인가에 대한 통찰입니다. 그런데 이런 고민을 깊게 하는 사람은 의외로 많지 않습니다. 실제 대학에서 강의를 하면서 학생들에게 가장 중요한 삶의 목표가 뭐냐고 질문하면 대체로 CEO나 지도자가 되고 싶다거나, 일정 금액 이상의 돈을 벌고 싶다는 대답이 나옵니다. 페라리 같은 슈퍼카를 사고 싶다는 대답을 하는 학생도 있습니다. 그런데 이런 대답은 한결같이 한계가 있습니다. 수단과 목적이라는 단 두 가지 개념으로 세상을 나눠보면 학생들의 대답은 모두 수단에 속합니다. 즉, CEO나 리더가 돼서 하고 싶은 일이 무엇인지, 수십억 원의 돈을 벌고 나서 하고 싶은 것이 무엇인지에 대한 고민이 별로 없습니다.

페라리를 예로 들어서 설명해보겠습니다. 페라리 같은 슈퍼카는 무엇인가를 얻기 위한 수단입니다. 페라리를 통해 달성할 수 있는 목적은 크게 두 가지로 볼 수 있습니다. 하나는 보통 차에 비해 월등한 속도나 반응성 같은 슈퍼카가 지닌 놀라운 성능을 즐기는 것입니다. 놀라운 성능을 즐기는 것이 목적이고 페라리는 그 목적 달성을 위한 수단일 뿐입니다. 그런데 만약 놀라운 성능을 즐기는 게 목적이라면 꼭 수단이 페라리일 필요는 없습니다. 제 주변에도 카레이싱 선수가 있는데, 평범한 직장인인데도 얼마든지 카레이서로서의 취미를 즐기며 속도나 반응성이 탁월한 다양한 차량을 타면서 목적을 달성하고 있으니까요. 사실 페라리 한 대만 사는 것보다 카레이싱 취미를 갖는 게 주행 성능을 만끽하겠다는 목적 달성에는 훨씬 좋은 선택입니다. 더 다양한 차도 타볼 수 있고, 일반 도로에서는 절대 낼 수 없는 속도까지도 체험할 수 있기 때문입니다. 즉, 수억짜리 페라리를 사는 건 목적을 달성하기에 현명한 수단으로 보기 어렵습니다.

페라리라는 수단을 통해 달성할 수 있는 또 다른 목적은 아마도 우월감일 것입니다. 남들이 갖기 힘든 자동차를 가졌기 때문에 다른 사람보다 내가 더 우월하다는 자부심이나 만족감을 가질 수 있겠죠. 그런데 우월감이 목적이 되면 그 삶은 불행할 수밖에 없습니다. 어지간히 돈을 벌었다 하더라도 자기보다 더 큰 부자가 있기 마련이기 때문입니다. 그래서 항상 욕구 불만에 시달릴 확률이 높습니다. 설령 정말 열심히 노력해서 한국에서 1위 부자가 되더라도 만족하기 힘듭니다. 현재 한국 1위 부자인 이건희 삼성 회장은 글로벌 부자 순위에서는 112위로 100위 안에도 못 드는 수준이니까요. 정말 노력하고 하늘이 도와줘서 세계 1위의 부자가 됐다고 해도 마음을 놓을 수 없습니다. 시간이 지나면서 부자 순위는 계속 변하니까요. 결국 평생 불만 속에서 살 수밖에 없습니다. 이렇듯 우월감이 가장 중요한 삶의 목적이 된다면 불행의 굴레에서 헤어날 수 없습니다. 그리고 무엇보다 삶의 목적이 우월감을 느끼는 것이 전부라면 인격적 성숙도 측면에서 그다지 높은 평가를 받기도 어려울 것 같습니다.

여기까지 생각해보면 목적을 고민하지 않고 수단만 고민하면 훌륭한 삶을 살기 어렵다는 점을 알 수 있습니다. 수단은 언제든지 바꿀 수 있는 것이고, 목적 달성을 위해 더 좋은 수단이 나타나면 새로운 수단을 찾는 게 더 바람직합니다. 그런데 수단에 집착하면 결과적으로 우리의 목적 달성에 해를 끼치는 일이 생길 수 있습니다. 혹은 수단에 집착하다가 불행한 삶을 살 수도 있습니다.

문제는 이런 수단과 목적의 전도 현상이 기업에서도 흔히 일어나고 있다는 점입니다. 기업에서는 매출이나 이익 같은 것을 목표로 정하는 경우가 많은데, 이는 앞서 논의대로 보면 수단일 뿐입니다. 돈을 벌어서 무엇을 하고 싶은지에 대한 고민이 부족하면 좋은 기업이 되기 힘든 시대입니다. 과거 한국 기업은 대체로 뚜렷한 목적의식이 있었습니다. 우리나라의 경제 여건이 워낙 어려웠기 때문에 '사업보국' 같은 숭고한 목적의식을 내걸기도 했으며, 대일청구권 자금으로 포항제철을 건설할 당시 우리의 선배들은 제철소 사업에 실패하면 오른쪽으로 돌아서 영일만에 빠져 죽자는 '우향우 정신'을 갖고 사업에 임했습니다. 이런 탁월한 목적의식은 성공의 원천이 되었습니다.

하지만 우리 경제가 발전하고 먹고살 만해지면서 오히려 이런 의식은 사라져버렸습니다. 매출 목표 달성과 같은 수단만을 강조하는 조직이 많아졌습니다. 그런데 숫자가 목적이 되면, 즉 매출이나 이익을 내는 게 최고의 목적이 되면 어떤 일이 생길까요? 조직원들을 열심히 독려하면 이들이 열심히 뛰긴 할 것입니다. 그런데 문제는 뭐든지 다 하게 된다는 것입니다. 돈이 될 것 같은 아이템이 있으면 우리의 정체성과 무관한 것까지 하려고 듭니다. 단기적으로는 이게 이득이지만, 장기적으로는 독이 되어 돌아올 확률이 높습니다. 스타벅스 사례가 이를 잘 보여줍니다. 스타벅스는 창업 이후 급성장세를 보였는데, 주주들의 성장 요구에 맞춰 지점을 무리하게 확장했습니다. 무리한 확장 과정에서 서비스 품질은 저하됐고 문화를 팔겠다던 스타벅스 본래의 취지는 사라졌습니다. 매장은 시장처럼 번잡스러운 분위기를 연출했습니다. 또 돈이 될 것 같으면 곰 인형까지도 마다하지 않고 판매했습니다. 그 결과, 소비자들이 외면하기 시작했습니다. 스타벅스만의 특성, 개성, 스타벅스에 가야 하는 특별한 이유가 사라져버렸기 때문입니다.

위기가 심각해지자 창업자인 하워드 슐츠Howard Schultz가 복귀했습니다. 그리고 그가 첫 번째로 한 일은 잘 알려진 대로 미국 내 전 매장의 문을 닫고 바리스타에게 커피 교육을 시킨 것입니다. 매장 전체의 문을 닫는 행동은 돈을 버는 것을 최고의 목표로 삼은 기업이라면 절대로 생각할 수 없는 일입니다. 그러나 창업자인 하워드 슐츠는 스타벅스를 통해 이루고 싶었던 것이 있었기에 단기적인 매출을 버리더라도 이를 다시 교육시키고 직원들의 공감을 얻어내는 것이 중요하다고 생각했습니다. 곰 인형을 파는 게 아니라 제대로 된 커피를 파는 것이 단기적으로는 손해일지 몰라도 장기적으로 큰 이익을 볼 수 있을 것이라 생각했습니다. 이후 스타벅스는 극적인 턴어라운드turn around(기업회생)의 모범 사례를 만들었습니다. 사람들에게 스타벅스를 찾아가야 할 이유를 만들어줬기 때문입니다.

그래도 이 험한 세상에 목적이나 존재 이유 같은 철학적 이슈가 무슨 경영에 도움을 주겠느냐고 생각하시는 분들이 여전히 많으실 것이라 생각합니다. 당장 먹고살기도 힘든데 한가한 소리 하는 것 아니냐고 말할 수도 있습니다. 이런 분들께는 가장 존경받는 경영자 가운데 한 분으로 꼽히는 이나모리 가즈오 교세라 창업자 이야기를 들려 드리고 싶습니다. 이나모리 가즈오는 자신이 창업한 기업을 세계적 회사로 키웠다는 점뿐만 아니라, 2010년 파산했던 일본항공JAL을 극적으로 회생시켰다는 측면에서도 놀라운 성과를 보인 경영자로 꼽힙니다.

JAL은 일본 경제의 문제점을 압축적으로 보여준 회사였습니다. 민영화되긴 했지만 정치인들의 입김이 작용해 장사가 되지 않는 지역의 노선을 운영해야 했고, 미국과의 무역 분쟁이 생길 때마다 갈등 해결을 위해 미국 항공기를 사줘야 하는 등 경제논리와 무관하게 움직였던 회사입니다. 당연히 실적이 악화될 수밖에 없었습니다. 실적 악화의 원인이 정치권에 있었기에 정치권은 JAL이 위기에 처할 때마다 자금을 투입해 위기를 극복하게 도와줬습니다. 이런 과정이 이어지다보니 경영진은 기업의 경쟁력보다는 정치적 이슈에 더 신경 쓸 수밖에 없었고 방만한 경영도 이어졌습니다. 내 몫 챙기기에만 주력하는 조직 문화가 형성되었고, 무려 8개의 노조가 난립했다고 합니다. 누가 경영자로 와도 20조 원이 넘는 부채를 안고 쓰러진 거대한 공룡 조직을 회생시키는 건 불가능할 것처럼 보였습니다. 그런데 이나모리 가즈오가 CEO로 부임한 후 상황이 바뀌었습니다. 급격하게 실적이 좋아졌고, 도쿄증권거래소에서 상장 폐지된 이후 불과 2년 8개월여 만에 재상장에 성공해 역대 최단기간 내 회생 성공 사례를 만들었습니다. 무엇이 이런 기적적인 성공을 가능케 했을까요?

만일 여러분이 이런 중병에 걸린 조직의 CEO로 취임했다면 무엇부터 하시겠습니까? 아마도 이미 추진 중이었던 구조조정을 가속화하거나, 급한 자금을 융통하기 위해 금융회사를 찾거나, 아니면 정부나 정치권 인사들을 만나 자금 지원에 대한 협조를 얻는 일부터 하겠다는 대답을 하시는 분이 많을 듯합니다. 그런데 이나모리 가즈오는 이상한 행보를 보였습니다. 고위 임원들 전부를 한 달 동안 총 17차례나 진행되는 리더십 교육에 참여시킨 겁니다. 이미 예정된 구조조정을 앞두고 있어 업무가 산더미처럼 쌓여 있는 고위 경영진에게 엄청난 시간을 빼서 교육에 참여토록 한 것입니다. 구조조정을 해야 하니까 '구조조정 실무' 같은 교육프로그램을 진행한 것일까요? 교육 내용은 이와는 거리가 멀었습니다. 어떻게 보면 정말 한가하기 짝이 없습니다. '거짓말 하면 안 된다', '인생은 열정적으로 살아야 한다', '배려하는 마음을 가져야 한다', '사업을 하는 목적과 의미가 명확해야 한다' 등등, 20조 원 부채에 시달리는 파산기업의 경영자들, 특히 대규모 구조조정을 앞둔 경영자들에게는 한가하게만 들리는 주제였습니다.

그런데 신기하게도 조직이 변하기 시작했습니다. 고위임원에 이어 중간관리자와 직원들에게도 교육을 실시했고, 차례로 의식과 생각이 달라졌으며 조직의 성과는 급상승했습니다. 경영 철학과 인생관에 대한 교육은 곧 사업의 목적에 대한 이야기입니다. 그동안 수단만 생각하고, 목적에 대해 생각해보지 못했던 조직원들에게 목적에 대해 고민하게 하자 놀랍게도 조직 전체가 변한 것입니다. 이렇게 생각이 변하자 모두가 각자 위치에서 비용을 줄이고 가치를 키울 수 있는 아이디어를 냈습니다. 항공기 기장들은 종이컵이나 장갑 등을 재사용하는 방식으로 기여했다고 합니다. 종이컵 재사용 자체는 큰 의미가 없지만 모든 조직원이 한 마음이 되어서 회생을 위해 노력하자 회생 불능처럼 보였던 조직이 살아나기 시작했습니다. 이나모리 가즈오가 경영의 고수로 불리는 이유가 여기에 있습니다. 아무리 경제 상황이 어려워도, 아무리 최악의 위기가 찾아와도 우리의 의식 구조와 철학, 목적의식 등을 강조하는 것은 목적의식 없이 당장 밖으로 나가 돈을 벌기 위해 노력하는 것 이상의 효과를 얻을 수 있습니다.

왜 이나모리 가즈오의 방식이 통할까요? 사람을 움직이게 하는 데에는 여러 가지 방법이 있습니다. 대표적인 게 소위 당근과 채찍입니다. 잘하면 상을 주고, 못하면 벌을 주는 제도를 운영하는 것입니다. 대부분 기업들은 성과를 내면 승진시켜주거나 월급을 더 많이 주고, 그렇지 못했을 경우 연봉을 깎거나 인사 고과에서 불이익을 주는 제도를 채택하고 있습니다. 조직의 운영과 통제를 위해 당근과 채찍은 너무나 당연한 제도 같아 보입니다. 하지만 이것이 전부라고 생각하면 '하수'下手입니다. 물론 당근과 채찍은 역량이나 동기부여 수준이 낮은 사람에게는 어느 정도 효과가 있습니다.

이른바 '수포자'(수학포기자)들에게 동기부여를 해서 수학점수를 높이는 데 탁월한 무공을 발휘한 강사가 있습니다. '삽자루'라는 별칭을 가진 우형철 씨입니다. 그는 숙제를 안 하거나 수업에 빠진 학생에게 삽자루를 휘둘러 유명해졌는데, 워낙 다양한 유형의 수포자들을 살려냈기 때문에 '수포자의 구세주'로 통합니다. 그는 수학을 포기한 학생들에게 공부를 시켜 점수를 올려놓을 수 있었던 비밀을 《DBR》에 털어놨습니다. 그 비밀은 3단계로 구분됩니다. 첫 단계는 '채찍'입니다. 책상에 앉을 의욕조차 없는 아이들에게는 채찍 외에 다른 대안이 없습니다. 그래서 일단 삽자루 같은 걸로 때리는 게 잘 먹힙니다. 삽자루로 때리면 소리는 크게 나는데 닿는 면적이 넓어서 실제로 아프지는 않다고 합니다. 기업으로 치면 징계, 감봉, 해고 같은 것들이 삽자루와 유사한 취지로 볼 수 있습니다.

그런데 얼마 안 가 채찍으로는 더 이상 성적이 오르지 않는 단계가 온다고 합니다. 30점에서 50점 정도는 오르게 할 수 있지만, 그 이상은 삽자루만으론 불가능하다는 것입니다. 그때가 되면 당근이 필요하다는군요. 몇 점 이상 맞으면 노트북을 사주겠다는 식으로 당근을 제시하면 학생들이 미친 듯이 공부한답니다. 그런데 신기하게도 당근을 통해

70점 정도까지는 끌어올릴 수 있지만 그 이상은 안 된다고 합니다. 그래서 당근과 채찍에만 의존하는 게 하수라는 이야기입니다. 사실 당근과 채찍은 동물원에서 사육할 때 주로 쓰는 수단입니다. 사람에게는 보다 고차원적인 방법이 필요합니다. 채찍과 당근의 한계를 극복하려면 목적, 비전 같은 게 필요하다고 삽자루는 말합니다. 공부를 해서 이루고자 하는 것이 무엇인지, 어떤 미래를 꿈꿀 수 있는지에 대한 비전을 보여줘야 한계를 돌파하고 90점 이상의 최고 점수를 얻을 수 있다는 것입니다.

이나모리 가즈오는 경영의 고수답게 가장 높은 단계의 동기부여 수단을 썼는데, 그렇다면 이런 의문이 듭니다. '왜 당근과 채찍으로는 한계가 있을까?' 둘 다 결정적인 한계가 있습니다. 우선 당근부터 살펴보겠습니다. 당근의 문제점을 가장 극명하게 드러내는 단어가 바로 '코브라 효과'cobra effect입니다. 인도가 영국 식민지였을 때 인도에서는 코브라가 사람을 물어 죽이는 일이 빈번했습니다. 그래서 영국 통치자들은 코브라로 인한 인명 피해를 줄이기 위해 포상금을 내걸었습니다. 코브라를 잡아오면 얼마를 주겠다는 식의 정책이 과연 코브라로 인한 피해를 줄일 수 있었을까요? 그렇지 않습니다. 돈을 벌기 위해 코브라를 사육하는 사람이 늘어났으니까요. 결국 너무 많은 코브라가 돈으로 교환되자 재정적으로 이 제도를 유지하는 게 불가능해진 식민지 통치자들이 이 정책을 중단하고 말았습니다. 그러자 수많은 사육 코브라들에 대한 관리가 이뤄지지 않았고 인명 피해는 더 커졌습니다. 안일하게 당근을 사용하면 이와 유사한 일이 조직에서 얼마든지 생길 수 있습니다. 더 큰 당근을 확보하기 위해 매출을 부풀리거나 미래의 이익을 희생해서 현재화하려는 사람들이 늘어납니다. 기업에서 회계 조작 사건이 끊이지 않는 이유는 여기에 있습니다.

채찍도 역시 근시안적 접근이자 명확한 한계가 있습니다. 공포와 처벌이 인간을 통제하는 수단으로 자리 잡으면 직원들은 경영자의 이야기에 철저하게 복종하는 '척'합니다. 그리고 실수를 하면 끝이라는 생각이 조직에 확산됩니다. 당연히 실패 확률이 높은 창의적 생각을 하는 사람을 찾기가 어려워집니다. 지금 진행하고 있는 중대한 프로젝트에 문제가 발생하더라도 실패를 보고했을 때 불호령이 떨어지고 모두가 징계를 받을 것이라는 공포감이 엄습하는 조직에서는 절대 문제점이 경영진에게 전달되지 못합니다. 결국 나중에 한꺼번에 문제가 폭발하고 기업은 큰 손해를 보게 됩니다.

당근과 채찍의 한계를 알고 있는 이나모리 가즈오는 경영의 '고수'高手가 사용하는 방법을 썼습니다. 사람을 움직이는 가장 큰 힘의 원천은 당근과 채찍이 아니라 정신세계라는 점을 알고, 이걸 바꾼 겁니다. 겉으로 드러나는 행동과 의사결정의 바탕이 되는 가치 체계, 철학, 세계관 등을 바꾸면 그 위력은 대단합니다. 프로야구 감독으로 오랜 기간 동안 좋은 성과를 냈던 김성근 한화 감독은 가혹한 훈련으로 유명합니다. 하지만 아무리 힘들어도 꼭 잊지 않고 하는 교육이 있다고 합니다. 저녁 시간에 30분 정도 선수들에게 정신 교육을 시킨다는군요. 고된 훈련 때문에 모두가 힘들고 피곤하지만 정신적인 측면에서 열심히 연습해야 할 이유를 찾지 못하면 근성이나 끈기, 투지와 같은 정신이 깃들 수 없다는 게 '야신'의 판단입니다.

모방 불가능한 조직 문화의 힘

○

지금까지의 논의를 종합해보면 결국 기업의 지속 가능한 경쟁우위의 답은 조직 문화에 있다고 볼 수 있습니다. 조직이 공유하는 공통적인 목적의식, 가치 체계, 철학 등이 무엇보다 중요한 경쟁우위의 원천이라는 얘기입니다.

경영전략 분야의 거장인 제이 바니 유타대학 교수가 개발한 VRI 프레임워크가 있습니다. 우리 기업의 지속 성장을 가져오는 핵심 경쟁력이 무엇인지 파악하려면 VRI 테스트를 해야 한다는 것입니다. 첫 번째 테스트는 그 요소가 가치가 있는가Valuable이고, 두 번째는 그 요소는 희소한가Rare이며, 세 번째는 그 요소가 모방 불가능한가Inimitable입니다. 만약 제과점 사장님이 독특한 빵을 굽는 제빵 기술이 핵심역량이라고 생각했다면, 그 기술이 가치가 있는지부터 봐야 합니다. 그 제빵 기술로 빵을 만들었는데 별로 맛이 없다면 이건 핵심역량이 아닙니다. 만약 빵이 맛있고 고객들도 좋아한다면 해당 제빵 기술은 가치가 있다고 봐야 하고 첫 번째 테스트는 통과했다고 판단할 수 있습니다.

| VRI 프레임 워크 |

가치 있는가? (Valuable)	희소한가? (Rare)	모방 불가능한가? (Inimitable)	성과에 미치는 영향
NO	–	–	경쟁우위 없음
YES	NO	–	경쟁등위
YES	YES	NO	일시적 경쟁우위
YES	YES	YES	지속 가능한 경쟁우위

출처: Barney(1991), Firm Resources and Sustained Competitive Advantage, *Journal of Management*

이어 두 번째 테스트를 해야 합니다. 만약 그 제빵 기술을 대부분의 제빵사가 알고 있고 인터넷에서도 흔하게 찾을 수 있는 것이라면 두 번째 테스트인 희귀성 측면에서 탈락합니다. 만약 아무도 모르고 그 사장님만 알고 있다면 희귀한 것으로 볼 수 있고 다음 세 번째 테스트를 할 수 있습니다.

세 번째 테스트는 모방이 불가능한지 파악해보는 것입니다. 인근 빵집 사장님이 한 1개월 정도 노력해서 금방 똑같은 빵을 만들어낼 수 있다면 이건 지속 가능한 경쟁우위를 가져오는 핵심역량이라고 볼 수 없습니다. 이 가운데 특히 세 번째 테스트가 무척 어렵습니다. 대부분의 기술이나 지식자산 등은 경쟁자가 열심히 추격하면 모방이 가능합니다. 많은 한국 기업들도 미국이나 일본, 독일의 선진 기업을 빠른 속도로 모방하면서 경쟁력을 축적했습니다. 이제 중국 기업들이 똑같은 경로를 밟으며 치고 올라오면서 한국 기업들이 어려움을 겪고 있습니다. 우리가 했는데 중국이라고 못할 이유는 없겠죠. 실제 한국과 중국의 협력 사업을 해보신 분들에 따르면 한국은 '빨리빨리', 중국은 '만만디'라는 과거 공식이 더 이상 들어맞지 않는다고 합니다. 함께 일을 해보면 중국 쪽에서 한국 조직에 더 빨리 의사결정을 해달라고 재촉하는 사례가 훨씬 많답니다. 이유는 한국의 경우 조직이 커지고 여러 프로세스가 정착되면서 의사결정 단계가 많아졌고 시간도 오래 걸리게 된 반면, 중국은 빠른 성장을 위해 신속한 추격을 지속하는 과정에서 의사결정 속도가 매우 빨라졌기 때문입니다. 이런 현상들을 보면 전 분야에서 중국의 추격 속도는 더 빨라질 것입니다.

자, 그렇다면 모방이 매우 어려운 지속 가능한 경쟁우위의 원천은 주로 어떤 것들이 있을까요? 며느리에게도 알려주지 않는 맛집의 비법 같은 게 있다면 이건 핵심역량이라고 볼 수 있습니다. 그러나 이런 비법을 가진 조직은 많지 않습니다. 모방하기 힘든 경쟁우위의 원천 대부분은 '조직 문화'와 관련이 있는 것들입니다.

제이 바니 교수가 예로 든 미국의 한 중소 우편물 배송 회사인 메일박스Mailbox가 이를 잘 보여줍니다. 바니 교수는 메일박스 CEO에게 우편물 배송업이 사양산업임에도 메일박스는 지속적으로 성장하면서 업무 효율성도 높은 이유가 무엇인지 물었습니다. CEO의 대답은 간단했습니다. "잘 모르겠다."였습니다. 회사가 잘되고 있는데도 경영자들이 그 원인을 정확하게 모르는 경우가 많습니다. 그래서 바니 교수는 모방하기 힘든 경쟁우위의 원천 대부분은 조직 문화다. 조직 문화를 빼놓고 지속 가능한 경쟁력을 가질 수는 없다.

그 원인을 찾아보려고 조직을 들여다봤다고 합니다. 그랬더니 직원들이 모두 한 마을 사람이라 놀라운 수준의 부서 간 혹은 조직원 간 협력이 이뤄지고 있음을 알아냈다고 합니다. 바쁜 일이 생기면 너나 할 것 없이 서로 내 일처럼 일하는 모습은 다른 조직에서는 찾기 힘든 독특한 문화였고, 이게 경쟁력의 원천이 됐다는 것입니다. 그리고 이런 조직 문화는 당연히 모방하기가 무척 힘이 듭니다. 다른 기업이 이 회사 CEO나 임원을 영입한다고 해서 조직 문화를 복제할 수 있는 것도 아닙니다. 이 회사 사장은 회사가 잘 되는 원인을 잘 모르니까요. 결국, 모방하기 힘든 경쟁우위의 원천 대부분은 조직 문화입니다. 연구개발 분야에서 막대한 성과를 내서 지식재산이 경쟁우위의 원천인 기업도 파고들어가 보면 탁월한 연구개발 성과를 가능케 한 조직 문화를 가장 근본적인 경쟁력의 원천으로 봐야 하는 경우가 많습니다.

이야기가 길어졌는데, 핵심은 이렇습니다. 조직 문화를 빼놓고 지속 가능한 경쟁력을 가지기는 어렵습니다. 결국 그 조직 문화를 좌우하는 가치관과 목적의식에 대해 경영자들이 고민해야 한다는 것입니다. 이게 잘 다져진다면 자연스럽게 개성이 우러나오게 됩니다.

그렇다면 어떻게 해야 이런 목적의식, 독특한 가치 체계를 가질 수 있을까요. 이에 대한 경영학적 툴은 없습니다. 물론 정답도 없습니다. 다만 다음과 같은 점은 유념해야 하겠습니다.

그럴듯한 말보다는 행동으로

•

우리의 독특한 가치를 중시하고 이를 토대로 우리만의 고유한 조직 문화를 형성하려면 멋지고 아름다운 말로 이를 표현하는 게 중요하다고 생각하는 경영자들이 많습니다. 당장 태스크포스 팀을 구성해서 우리의 가치와 이념, 철학을 담은 멋진 선언문을 만들고 대규모 선포식 같은 행사를 하면 좋겠다고 생각하시는 분도 계실 겁니다. 그런 분들께는 다음과 같은 멋진 가치와 비전을 가진 조직을 소개시켜드리고 싶습니다.

"우리의 핵심 가치는 '존중, 청렴, 소통, 탁월함'이다. 우리는 혁신적이고 효율적인 솔루션을 제공해 세계 환경 보호와 경제 발전에 기여하는 선도적 기업이 될 것이다."

어느 모로 봐도 흠잡을 데 없는 가치 체계와 비전, 목적의식을 갖고 있는 것 같습니다. 이런 훌륭한 목적의식을 가진 기업이니 큰 성공을 거두었을까요? 그렇습니다. 크게 성공하긴 했습니다. 미국에서 일곱 번째로 큰 기업이 되었으니까요. 그런데 불행하게도 나중에 회계 부정이 적발돼 미국은 물론 전 세계에 큰 충격을 줬습니다. 이 기업은 결국 도산하고 말았습니다. 그 주인공은 바로 에너지기업 엔론Enron Corporation입니다. 엔론은 무모한 사업 확장, 고위험 거래, 회계 조작을 통한 대규모 손실 은폐, 임직원들의 사적 이익 편취 등 기업이 상상할 수 있는 거의 모든 악행을 다 저질렀습니다.

여기서 얻을 수 있는 큰 시사점이 있습니다. 비전, 사명 선언문 등 목적의식을 고취시키는 기막힌 문장들을 아무리 잘 써놓는다 하더라도 이게 우리만의 독특한 개성을 발현시켜 시장에서 소비자 선택을 유도하는 선순환을 형성하지는 못할 수 있다는 점입니다. 말은 그냥 말일뿐입니다. 오히려 지나치게 멋진 말은 우리의 취약점을 감추는 용도로 활용될 수도 있습니다. 그러기에 목적의식과 가치관이 매우 중요한 요소이니 선언문부터 멋지게 만들자는 생각은 그다지 바람직하지 않습니다. 아무리 그럴듯하고 멋진 말을 만들어놓아도 조직원들이 진심으로 이런 가치관을 받아들이지 않는다면 엔론 사례에서 보듯이 아무 의미도 없습니다.

실제로 독특한 개성을 가진 기업들 가운데에는 선언문 자체가 아예 없는 경우도 많습니다. 대표적인 회사가 혁신의 아이콘 애플입니다. 저는 애플 홈페이지에 들어가서 비전이나 사명 선언문 등을 찾아보려 했지만 실패하고 말았습니다. 혹시 찾으신 분은 알려주시면 감사하겠습니다. 다른 자료를 찾아봐도 애플의 선언문은 찾기 힘듭니다. 애플 임원들도 회사 소개나 제품 소개 자료는 있지만 공식적인 비전이나 사명 선언문은 있는지 잘 모르겠다고 말합니다.

구글의 경우에는 별도의 선언문이 있기는 하지만, 직원과 고객들에게는 '나쁜 짓 하지 말자'Don't Be Evil라는 모토가 훨씬 더 잘 알려져 있고, 이 말은 지금까지 조직 문화와 관련한 어떤 공식적인 선언문보다 강한 힘을 발휘하고 있습니다. 이나모리 가즈오는 '사람으로서 올바른 일을 하자'는 식의 번지르르한 표현과는 거리가 멀어도 한참 먼, 초등학교 도덕 교과서에나 나올 법한 평범한 말을 사용하고 있습니다. 참, 구글은 지주회사 체계로 전환하고 나서 모토를 바꿨다고 합니다. '옳은 일을 하자'Do the right thing로 말이죠. 나쁜 짓 하지 말자와 큰 차이는 없어 보입니다. 여하튼, 선언문은 독특한 철학을 토대로 한 개성을 형성하는 데에는 크게 중요하지 않습니다.

멋진 선언문이 답이 아니라면 어디서 답을 찾아야 할까요? 일상적인 말과 행동에서 답을 찾아야 합니다. 사명 선언문보다는 일상적인 말과 행동이 훨씬 더 중요합니다. 애플은 특별한 선언문이 없지만 모든 조직원들은 스티브 잡스의 "우주에 흔적을 남기자."라는 말을 기억하고 있고, 매일매일의 의사결정 과정에서 '고객에게 아름답고 완벽하고 편리한 경험을 제공하자'는 취지의 실제 행동을 조직원들이 목격하고 있습니다. 어떤 제품이건 디자인적으로 아름다우면서도 고객들이 사용설명서 없이 직관적으로 편안하게 사용할 수 있어야 한다는 점을 말이 아닌 실제 의사결정과 실천을 통해서 직원들이 확인하고 있다는 것입니다.

반면, 독특한 철학이나 개성이 없는 기업은 말과 행동이 다릅니다. 실제 《HBR》에 실린 한 기업은 겉으로는 경쟁력의 원천이 최고의 연구개발 능력에 있다고 말하면서도, 실제 행동은 전혀 그렇지 않았다고 합니다. 연구원들이 발표를 하면 인격적 모독을 서슴지 않았고, 창의적 연구 결과를 중시한다면서 정작 연구 내용을 발표할 때에는 파워포인트 슬라이드 한 장당 글자 수 제한까지 뒀다고 합니다. 이렇게 말과 행동이 다르면 선언문 따위는 아무런 영향력을 발휘할 수 없습니다.

많은 기업들이 '왜'(사업을 하는 근본적인 이유)를 강조하며 목적 중심의 경영에 나섰지만 성과를 내지 못하는 이유도 여기에 있습니다. 왜 우리가 사업을 하는지에 대해 매우 자세한 정의를 내리는 데 시간을 아무리 많이 허비하더라도 이게 실제 행동으로, 기업 활동으로 연결이 되지 않으면 아무런 의미가 없습니다. 반면에 우리의 가치관이나 우리가 추구하는 목적이 앞서 소개한 애플처럼 명문화되어 있지 않거나, 구글 사례처럼 단순하고 짧은 언어로 표현되더라도 행동을 통해 구체화되고 조직원들이 이를 목격한다면 이건 정말 중대한 의미를 가질 수 있습니다.

독특한 마케팅 활동으로 주목을 끈 현대카드는 '다른 방식으로 사업을 해서 성과를 내는 것'을 중요한 가치로 생각하고 있습니다. 그리고 이를 행동으로 보여주고 있습니다. 다른 방식으로 뭔가를 모색해보자는 것은 실제로 큰 의미를 지닙니다. 산악 등반가들이 새로운 루트를 개발하는 것이나, 예술가들이 새로운 장르나 표현 방식을 개발하는 것이 사회적으로 큰 가치를 만들듯이, 사업가들도 새로운 방식으로 사업을 할 수 있음을 보여줌으로써 사회 발전에 기여할 수 있습니다. 그래서 현대카드는 슈퍼 콘서트나 슈퍼 매치 같은 참신한 마케팅 활동을 선보였고, 본업은 아니지만 주방용품이나 택시, 와인 등 다양한 영역에서 타 기업과의 협업을 통해 혁신적인 제품을 선보이며 혁신 역량을 키워가고 있습니다.

통념에서 멀어질수록 블루오션은 가까워진다

·

지금까지 대부분 경영학에서는 외부 환경과 내부 여건을 잘 분석해 최적의 전략적 선택을 하면 성공한다고 가르쳐왔습니다. 그러나 저는 이것은 '하수'의 전략이라고 생각합니다. 화가는 자신의 가치와 생각을 그림으로 표현하고, 가수는 내면에서 우러나오는 감정을 노래로 표현합니다. 이와 마찬가지로 사업가나 기업은 자신의 생각을 기업 활동과 제품, 서비스로 표현해야 합니다. 그래야 존재 이유가 생겨나고 남과 다른 개성이 발현됩니다. 그리고 이게 바로 '고수'의 전략입니다.

고수의 전략으로 사업을 한 사업가나 기업이 혹시 돌발 상황이나 불행한 일로 사라질 수도 있습니다. 만약 이런 일이 생기면 사람들은 정말 아쉬워합니다. 그냥 기계적인 SWOT분석을 바탕으로 의사결정을 하거나, 과거에 해왔으니까 오늘도 그대로 비슷한 행동을 하는 기업은 설령 사라진다 해도 누구도 아쉬워하지 않습니다. 즉, 내가 하고 싶은 게 먼저 있고, 그 다음에 사업을 해야 합니다. 돈을 벌어야 하니까 사업을 하는 게 아니라 내가 표현하고 싶은 생각, 가치 체계, 목적의식이 있어서 이것을 실현하기 위해 사업을 해야 합니다. 안 그러면 다른 기업과 차별화를 할 수 없으며, 그냥 '원 오브 뎀'one of them이 되고 맙니다. 대체가 가능한 사람, 조직이라면 시장에서 높은 평가를 받을 수 없고, 끝없이 불안해하며 힘겹게 살아야 합니다.

최근 한 오디션 프로그램에서 심사위원이 '이제 작곡해봐야지'라고 생각하고 작곡을 하면 안 된다고 하던 말이 기억에 남습니다. 이 심사위원은 "내가 표현하고 싶은 뭔가가 생기고 난 다음에 피아노 앞에 앉아야 곡이 나온다."는 말을 했는데 사업도 이래야 고객의 마음을 울릴 수 있습니다.

실제 《DBR》에서 제가 한 경험도 이런 점에서 의미 있는 사례라고 생각합니다. 《DBR》에 기막힌 사명 선언문 같은 건 없습니다. 다만 경영자들의 의사결정에 도움을 주는 사례와 솔루션을 공급하는 것이 가치를 창출한다는 믿음을 갖고 있습니다. 즉, 하고 싶은 게 먼저 있었습니다. 그리고 하고 싶은 것을 하다 보니 자연스럽게 미디어 회사들이 100년 동안 갖고 있던 오랜 통념이 깨졌습니다. 미디어 회사들은 중학교 졸업자라면 누구나 읽을 수 있을 정도로 쉬운 콘텐츠를 만들어야 한다는 강박적 통념이 있었습니다. 그래서 지금도 대부분 미디어에서 조금 복잡하거나 난해한 개념을 소개하면 데스크가 크게 화를 냅니다. 누가 이렇게 어려운 내용을 이해할 수 있겠느냐는 이유에서입니다. 또 콘텐츠 제작은 당연히 내부에서 육성한 기자들이 담당해야 한다는 것도 오랜 관행이었습니다. 외부 인사들이 제한적으로 참여하기는 하나 대부분의 콘텐츠는 내부에서 육성한 기자들에게 맡기는 게 당연한 관행이었습니다.

《DBR》은 이 두 가지 통념을 자연스럽게 깼습니다. 현장에서 매우 어려운 의사결정을 해야 하는 경영자들에게 도움을 줘야 하기 때문에 복잡하고 난해한 주제도 과감하게 다뤘습니다. 또 현장 경영자에게 도움을 주려면 회사 내·외부를 막론하고 특정 주제에 최고의 전문성을 가진 사람이 콘텐츠를 만들어야겠다는 생각을 하게 됐고, 자연스럽게 외부 콘텐츠의 비중이 70퍼센트를 훌쩍 넘어섰습니다. 이렇게 통념을 깨는 관행을 만들다보니 기존 미디어 그룹에서는 아직까지 유사한 경쟁자가 나타나지 않고 있습니다. 통념에서 멀어질수록 블루오션이 창출될 확률은 높아집니다. 이처럼 뭔가 하고 싶은 게 생기면 자연스럽게 차별적인 전략이 실행되고, 이런 행동이 반복되면서 더 성숙한 개성이 만들어집니다. 강력한 사명 선언문보다 이런 행동과 피드백의 순환 과정에서 개성이 더 공고해집니다.

혁신 툴이 아닌 인문학적 비판을

•

경영학이 눈부시게 발전하면서 수많은 혁신 툴들이 개발됐습니다. 식스시그마, 브레인스토밍, SWOT분석, 트리즈 등과 같은 고전적인 방법론에서부터 블루오션 전략의 전략캔버스, 디자인씽킹, 액션러닝, 크라우드소싱 등 수없이 많은 방법론들이 경영 현장에서 활용되고 있습니다. 많은 기업들은 이런 다양한 툴을 활용해서 교육도 하고 워크숍도 개최하며 새로운 아이디어를 찾고, 조직원들의 역량 강화도 모색하고 있습니다.

이런 다양한 혁신 툴들은 기업의 개성을 강화시키는 데에도 도움을 줄까요? 물론 이런 툴은 분명 도움이 되긴 합니다. 그냥 막무가내로 아이디어를 내보라고 요구하면 조직원들의 대부분은 굉장히 큰 어려움을 겪습니다. 그러나 이런 툴을 제시해주고 아이디어를 내보라고 하면 그렇지 않았을 때보다 훨씬 다양한 아이디어를 낼 수 있습니다. 실제 이런 툴을 이용하는 게 아이디어의 양과 질 측면에서 더 바람직하다는 연구 결과도 나온 적이 있습니다.

그런데 열심히 방법론에 의존해도 현재의 상황을 조금 개선하거나, 현재의 문제점을 조금 해결하는 식의 점진적 개선 아이디어만 도출되는 데에 그치는 경우가 많습니다. 업계의 통념을 깨는 과감한 혁신 아이디어를 혁신 방법론에 의존해서 개발한 사례는 그렇게 많지 않은 것 같습니다. 실제 조직원들이 아무리 머리를 짜내도 과거와 비슷한 혁신 아이디어만 나와서 고민이라는 경영자들을 현장에서 자주 만나볼 수 있습니다. 이런 상황에서 조직원들에게 툴 하나를 더 교육시킨다고 더 좋은 아이디어가 나오지는 않을 것 같습니다.

혁신적인 사고를 위해 만들어놓은 훌륭한 경영 툴을 사용해도 왜 이렇게 파격적인 아이디어가 잘 나오지 않을까요? 아무래도 기본적인 업의 통념이 머릿속에 가득 들어차 있는 상태이니 아무리 훌륭한 툴을 활용하더라도 기존 틀 안에서 사고를 하게 되기 때문입니다.

그렇다면 어떻게 해야 할까요? 최근 인문학에 대한 관심이 높은데, 인문학의 요체는 비판적 사유입니다. 비판이라고 하니 남을 비난하거나 욕하는 것처럼 들리겠지만 인문학의 비판적 사유는 이와 다릅니다.

너무나 명확하다고 생각하는 것에 의문을 제기하는 것이 인문학적 비판적 사유의 핵심입니다. 즉, 인문학의 핵심은 특정한 정답을 찾는 게 아니라 모두가 당연하게 받아들이는 것에 대해 의심을 하고, 전혀 새로운 질문을 던져보는 것이라고 볼 수 있습니다.

이탈리아 밀라노 폴리테크니코 대학의 로베르토 베르간티Roberto Verganti 교수는《HBR》2016년 1, 2월호에 이러한 인문학적 비판의 중요성을 강조하는 글을 실었습니다. 구글이 32억 달러에 인수해 화제가 됐던 네스트사Nest Labs에서 출시한 온도조절기는 인문학적 비판의 중요성을 보여주는 대표적인 사례입니다. 많은 기존 기업들이 다양한 혁신 방법론을 활용했지만, 대부분은 기존 온도조절기의 성능을 조금 개선하거나 사용자 편의성을 개선하는 데에 그쳤습니다. 그런데 네스트는 비판적 사유를 통해 완전히 새로운 문제를 제기했습니다. 즉, 기존 업체들은 소비자가 사용하기 편하고 더 효율적인 온도조절기를 어떻게 만들 것인가에만 매달렸습니다. 그러나 네스트는 '왜 사람이 힘들게 온도 조절을 해야 하지? 기계가 사람의 존재 여부와 사용 패턴을 스스로 학습해 알아서 조절해주면 안 되나'라는 식의 전혀 새로운 관점에서 비판적 사유를 했습니다. 그리고 이런 비판적 사유는 엄청난 부가가치를 창출했습니다. 비판적 사고 끝에 탄생한 새로운 아이디어를 구체화하는 과정에서 혁신 툴은 도움이 되겠지만, 이처럼 완전히 새로운 질문을 던지는 데에는 기존 혁신 툴은 큰 도움이 안 된다는 게 베르간티 교수의 생각입니다.

확실한 개성을 원한다면, 혹은 이에 앞서 개성의 원천인 내가 하고 싶은 뭔가를 찾으려면 인문학적 비판 능력이 필요합니다. 그리고 그 위력은 수많은 경영 툴보다 훨씬 강력합니다. 인문학적 비판이란 측면에서 많은 한국 기업들도 모범적인 사례를 만들어가고 있습니다.

많은 분들이 아시는 대로 백화점업은 전 세계적으로 사양산업입니다. 오픈마켓, 직구 등으로 물건을 살 수 있는 통로가 다양해진데다 온라인 최저가를 손쉽게 확인할 수 있게 되면서 백화점에서는 물건 구경만 하고 온라인에서 최저가로 물건을 사는 소비자들까지 많아졌습니다. 이러한 소위 쇼루밍Showrooming 현상 때문에 많은 백화점들의 어려움이 가중되고 있는 터라 대부분의 백화점은 어떻게 하면 쇼루밍을 막을까 하는 고민을 합니다. 백화점들은 기존 백화점 모델을 유지한 채 조금 더 서비스를 강화하거나 조금 더 효율성을 높이는 아이디어를 내며 고군분투하고 있습니다.

그런데 《DBR》에 실린 현대백화점 판교점 사례를 보면 쇼루밍에 대한 전혀 다른 비판적 접근이 이뤄졌음을 알 수 있습니다. 현대백화점은 판교점을 만들면서 기존 통념과는 완전히 다른 생각을 했습니다. 즉, "쇼루밍이 문제라고 하는데, 고객들이 쇼루밍하면 안 되나? 고객들이 눈치 보면서 쇼루밍하지 않고, 아예 더 재미있고 다양하게 쇼루밍하게 해주면 어떤 일이 생길까? 백화점에 더 오래 머물게 되고 물건도 더 사게 되지 않을까?" 이런 전혀 새로운 비판적 사고를 하고 나서 현대백화점 판교점은 아예 마음대로 고객들이 쇼루밍과 다양한 체험을 할 수 있는 공간을 만들었습니다.

이런 취지를 실현하기 위해 식품 매장의 '시식' 개념을 아예 전 매장으로 확대시켰습니다. 옷을 한 번 입어보는 차원을 넘어 뜨개질을 하거나 가죽제품을 만들어보는 체험까지 하게 했습니다. 그리고 여성의 우아한 쇼핑을 방해하는 최대의 적, 바로 남성이죠. 백화점 측은 쇼핑을 싫어하는 남성들을 위해 남성들이 좋아할 만한 체험 공간, 즉, 게임이나 드론 날리기, 바버숍, 스포츠 콘텐츠 등을 각 층마다 배치해놓았습니다. 식음료 매장도 각 층마다 배치해서 쇼핑하다가 언제라도 쉴 수 있게 배려했습니다.

완벽한 쇼루밍은 어떤 결과를 가져왔을까요? 이 백화점은 개장 100일 만에 2,100억 원의 매출을 올려 한국의 백화점 역사를 새로 썼다고 합니다. 물론 지속적으로 고객들에게 참신함을 보여줘야 하는 과제를 안고 있지만 백화점 산업에서의 업의 개념을 바꿨다는 측면에서 인문학적 비판의 위력을 보여주는 사례라 볼 수 있습니다.

비교적 보수적인 문화를 가진 금융권에서도 인문학의 비판적 사유의 결과로 볼 수 있는 흥미로운 사례가 나왔습니다. 많은 카드사나 통신사들은 사용실적에 따라 포인트를 적립해주고 있습니다. 하지만 적립된 포인트는 특정 물건을 구매할 때 사용할 수 있으며, 일정 기간이 지나면 소멸되기도 합니다. 그래서 포인트는 돈과 다르다는 게 업계의 관행이었습니다. 하나금융그룹은 이런 관행에 문제를 제기했습니다. '포인트를 원하는 사람에게 현금으로 주면 안 되나? 왜 꼭 불편하게 특정 기간 안에 특정 거래에서만 사용해야 할까? 이왕 포인트를 줄 거면 실제 현금처럼 사용하게 해주면 안 되나?'라는 비판적 사유를 한 것입니다. 아주 단순한 발상의 전환이지만 그 성과는 적지 않습니다. 포인트를 언제라도 현금으로 ATM기에서 찾을 수 있고 다른 사람에게 선물도 할 수 있게 한 '하나멤버스'는 정체된 금융시장에서 화제를 몰고 오며 돌풍을 이어가고 있습니다.

내가 하고 싶은 것을 찾는 것은 사업 철학과 개성의 근간입니다. 물론 이걸 찾기란 쉽지 않습니다. 그냥 쉽게 한두 번의 고민으로 나오는 게 아닙니다. 하지만 당연하다고 생각하는 것들을 돌아보고 여기에 과감하게 문제를 제기하는 인문학적 비판 정신을 활용하면 보다 앞선 생각을 할 수 있습니다. 비판은 우리만의 개성을 찾아내는 데 혁신 툴보다 훨씬 강력한 수단이 될 수 있습니다.

단기적 손해를 감수할 수 있는 용기

•

지구상에서 가장 개성이 강한 기업 중 하나는 파타고니아Patagonia입니다. 창업자부터 개성이 넘칩니다. 창업자 이본 쉬나드Yvon Chouinard는 지구가 죽으면 어떤 비즈니스도 존재할 수 없다는 독특한 철학에서 사업을 시작했습니다. 그런데 문제는 그가 아웃도어 의류 사업을 하고 있다는 점입니다. 의류 사업을 하면서 환경 보호를 하려면 어떻게 해야 할까요? 이게 아주 곤란한 상황을 만들어냅니다. 의류업을 하며 환경을 보호하려면 폐기물을 줄여야 합니다. 그러니 중고 옷을 수선해줘야 하고, 수거해주기도 해야 합니다. 그렇게 하다 보면 당장 심각한 문제가 생겨납니다. 우리 제품을 산 고객들이 계속 수선해서 옷을 오래오래 입으면? 당연히 매출이 줄어들게 됩니다. 옷을 입다가 마음에 들지 않으면 적당한 시점에 버려줘야 기업은 더 많은 돈을 법니다. 아마도 시즌별로 새로운 트렌드를 계속 만들어내서 예전에 샀던 제품을 입고 다니면 시대에 뒤떨어진 느낌이 들게 만드는 건 의류업체의 고도의 전략이 아닐까 하는 생각도 듭니다. 실제 선진국에서는 엄청난 양의 의류가 폐기 처분되면서 환경에 악영향을 끼치고 있습니다.

자, 이런 딜레마 상황에서 파타고니아는 어떤 선택을 했을까요? 놀랍게도 파타고니아는 자사 제품을 보여주며 '이 재킷을 사지 마세요' Don't Buy This Jacket라는 카피를 내건 광고를 실제로 《뉴욕 타임스》에 집행했습니다. 이 책을 읽는 독자 여러분들 가운데 혹시 '우리 제품 사지 마세요!'라는 광고를 낼 수 있는 조직에 다닌다면 연락을 좀 주셨으면 합니다. 만약 그런 광고를 낼 수 있다면 정말 놀라운 조직이라 할 수 있을 것 같습니다. 그런데 파타고니아는 비즈니스적 관점에서 도저히 이해하기 힘든 행동을 이어갑니다. 옷을 적게 사고 중고품도 사서 쓰자는 'Buy Less, Buy Used' 캠페인을 벌였고, 앞서 말씀드린 대로 중고 옷을 회사로 보내주면 깨끗하게 수선해서 다시 입을 수 있게 도와줬습니다.

파타고니아의 '이 재킷을 사지 마세요' 광고.
사진 제공 파타고니아 코리아

또 옷을 오래 입을 수 있는 노하우, 중고 제품 구매 방법 등을 알리는 적극적인 노력을 벌여 적당히 입고 옷을 버려왔던 소비자들에게 경종을 울렸습니다. 간단한 얼룩 같은 것은 세탁하지 말고 알코올 등으로 없앨 수 있다는 점도 홍보했습니다. 세탁을 하면 물이나 세제를 사용하게 돼 환경에 악영향을 끼치기 때문입니다. 특히 망가진 옷도 제발 고쳐 입으라고 호소하고 있습니다. 새 옷을 자꾸 사 입는 소비자가 줄어들어야 이산화탄소와 쓰레기 배출이 줄어들고 물 소비도 감소하기 때

파타고니아의 오래 입은 옷 캠페인. 파타고니아 홈페이지

문에 지구가 더 건강해진다는 주장입니다. 이를 위해 자세한 수선 방법은 물론이고 제품이 손상되었을 때 바로 수선해주는 고객센터 전화번호까지 친절하게 홈페이지에 안내하고 있습니다. 옷을 오래 입은 사람들의 사진과 스토리를 알리는 데에도 적극적입니다.

이뿐만이 아닙니다. 온라인 경매 사이트인 이베이eBay와 제휴를 맺고 고객들이 중고 의류를 손쉽게 판매할 수 있도록 지원해줬습니다. 중고 의류가 쓰레기장이 아닌 인터넷으로 돌아다니면 어떤 일이 벌어질까요? 싼 값에 중고를 사는 사람이 많아져 사람들이 새 옷을 잘 사지 않게 될 수도 있습니다. 그러나 파타고니아는 전자 상거래 업체와 굳이 제휴까지 해가며 중고제품을 버리지 말고 다른 사람에게 팔아달라고 고객들을 독려했습니다. 원단을 재생해서 다시 사용하는 기술도 열심히 개발했다고 합니다.

자, 그렇다면 이런 노력의 결과는 어땠을까요? 중고를 사주고 거래까지 활성화하게 했으니 매출에 타격을 입는 것은 불가피했을까요? 놀랍게도 결과는 그렇지 않습니다. 파타고니아는 금융위기 와중에도 꾸준히 성장하고 있습니다. 왜 이런 일이 생겼을까요? 첫 번째 가능한 설명은 환경을 보호하겠다는 진정성 있는 노력이 브랜드에 대한 긍정적 감정을 유발했고, 이로 인해 더 많은 소비자들이 파타고니아 제품을 샀기 때문으로 볼 수 있습니다. 또 다른 측면도 있습니다. 중고 제품을 판매하게 된 소비자들은 두 가지를 얻게 됩니다. 하나는 돈이고 다른 하나는 옷이 놓여 있던 옷장의 빈 공간입니다. 이 돈으로 다시 남은 공간을 채울 파타고니아 옷을 사면 매출이 늘어날 수 있습니다.

이런 행동을 고도의 수익 극대화 전략으로 생각하실 수도 있습니다. 하지만 설령 이런 비난을 받더라도 파타고니아는 전혀 꿀릴 게 없을 것 같습니다. 파타고니아의 정책이나 마케팅 등은 누가 보더라도 지구 환경 보호에 도움이 되는 게 분명하기 때문입니다. 파타고니아의 사례는 개성이 표출되는 전형적인 방식을 보여줍니다. 즉, 개성을 표출하는 과정에서 단기적인 손해를 감수할 수 있는 용기가 있어야 성공할 수 있다는 것입니다. 일반적으로 개성이라는 것은 기존 기업들이 갖고 있는 통념과는 다른 특징이 있어야 합니다. 사업에서 이러한 특징은 기존 기업들의 방식과는 다른 방식으로 사업을 한다는 점을 뜻합니다. 예를 들어 '사람이 경영의 목적'이라는 생각을 갖고 있다면, 시장 가격보다 높은 가격을 지불하고 사람을 데려올 수 있는 용기가 있어야 하고, 또 단기적인 손해를 감수하고 사람에게 집중적으로 투자하고 심지어 사람에 맞춰 직무를 바꾸거나 조직을 바꿀 용기도 필요합니다. 이런 게 겁이 나고 어렵다면 그건 사람을 중시하는 개성이 없음을 의미합니다. 개성이 확실한 사업가나 기업은 개성을 발현하기 위해 더 비싼 재료를 쓰는 등 손해나 불편함을 기꺼이 감수합니다. 그러나 이때 발생하는 손해는 단기적일 뿐입니다. 개성을 지속적으로 유지하면서 더 많은 사람들이 이를 존중하고 가치 있게 여겨 장기적으로는 이익을 보게 됩니다. 이것이 바로 개성의 힘입니다.

　서울에서 작은 커피숍을 운영하는 구대회 씨는 단돈 1,000원에 커피를 팔고 있습니다. 보통 가게들은 이렇게 싼 가격으로 커피를 팔아 이익을 내려면 싸구려 원두를 써야 합니다. 하지만 그는 원두의 품질이나 맛에 대한 강한 자부심을 갖고 있고 실제로 고객들도 훌륭하다고 평가를 합니다. 그렇다면 왜 비싼 원두를 쓰며 정성들여 만든 커피를 단돈 1,000원에 팔까요? 독특한 철학 때문입니다. 전 세계를 다녀 봐도 대부분의 나라에서 커피 값은 그 나라 대표 환율과 비슷하다는 것입니다. 그래서 그는 커피 가격을 한국의 대표 환율인 1,000원으로 정했습니다. 물론 이렇게 가격을 정하면 수익을 남기기 어렵습니다. 단기적인 이익을 포기한 것이죠. 대신 그는 많이 팔아서 규모의 경제를 확보해 수익을 올리기로 했습니다. 하루도 쉬지 않고 커피를 팔아야 하지만 그는 행복하다고 합니다. 커피를 만드는 과정 자체가 너무 재미있기 때문입니다. 이처럼 자신만의 철학과 개성을 발현하는 과정에서 단기적으로는 손해를 볼 수도 있습니다. 하지만 현대의 고객들은 기업의 철학과 개성을 구매합니다. 구대회 씨의 커피숍은 지역의 명소가 되었다고 합니다.

기업 활동 전체에 개성을 투영시켜야

•

미국에서 가장 주목받고 있는 외식업체로 멕시칸 요리전문점 치폴레 Chipotle를 꼽을 수 있습니다. 패스트푸드 업계의 애플로 불리는 치폴레는 신선한 재료와 무항생제 고기를 사용하면서도 일반적인 패스트푸드점과 유사하게 빠른 서비스와 저렴한 가격으로 고객을 유혹해 급성장했습니다. 신현암 삼성경제연구소 자문역이 《DBR》에 기고한 글에 따르면, 치폴레 창업자 스티브 엘스Steve Ells는 식당에서 일을 하면서 '패스트푸드도 질 높은 음식을 제공할 수 있다'는 독특한 철학을 가지게 되었다고 합니다. 패스트푸드는 싼 가격에 빠른 서빙이 생명이기 때문에 품질이 높을 수 없다는 통념에 정면으로 도전한 것이지요. 이런 철학을 실현하기 위해 치폴레는 기존 패스트푸드점의 장점인 빠른 서빙을 가능하게 함과 동시에 레스토랑의 장점인 신선한 재료와 좋은 음식 맛을 구현하기로 하고 독특한 시스템을 구축했습니다.

빠른 서빙을 위해 고객들이 순서대로 쭉 이동하면서 재료를 고르는 시스템을 도입했습니다. 예를 들어 처음에 밀전병과 옥수수전병 가운데 하나를 고르고, 다음에는 고기, 야채, 콩 메뉴들 중에서 또 하나를 고르고, 다음에 소스를 고르면 종업원이 신속하게 그릇에 담아 서빙하는 시스템을 도입해 패스드푸드 못지않은 신속성을 확보했습니다.

대신, 품질은 레스토랑에 뒤지지 않는 수준을 유지했습니다. 이를 위해 치폴레는 냉장고를 없앴습니다. 즉, 냉동 보관한 재료를 사용하지 않고 신선한 재료만 활용해 음식을 만들기로 한 것입니다. 또 양파도 당초에는 기계로 썰기 위해 기계를 구입했는데, 막상 운영하다보니 손으로 썰었을 때보다 수분 증발이 심해서 맛이 떨어지는 것으로 나타나자 기계를 폐기 처분하고 수작업으로 대체했습니다. 또 고기는 항생제를 쓰지 않은 것만 사용했고, 심지어 짚이 높이 쌓인 헛간에서 잠을 잘 수 있는 환경에서 자란 동물들만 공급을 받을 정도로 엄격하게 관리를 했다는군요. 보통 패스트푸드점에서는 아르바이트 형태로 인력을 고용해 최대한 인건비를 절감하는 게 불문율입니다. 하지만 치폴레는 월급을 많이 주는 대신, 열정이 부족한 직원은 내보내는 방식으로 생산성을 높여 고임금을 커버하는 전략을 사용합니다. 냅킨이나 종이백에도 표백제를 쓰지 않은 재활용 종이를 사용했다는 점을 알리며 자신들만의 개성과 정체성을 보여주고 있습니다.

이런 독특한 개성은 마케팅에도 그대로 투영되었습니다. 앞서 스웨덴에 거주하는 한 청년이 사실상 아무 자본도 들이지 않고 자신이 제작하는 개인방송의 구독자를 무려 4,000만 명이나 모았다고 말씀드렸는데, 이에 반해 막대한 자본과 인력, 역량을 지닌 글로벌 기업들의 SNS 관련 마케팅의 성과는 미미합니다. 세계에서 가장 마케팅을 잘하는 회사로 꼽히는 코카콜라는 엄청난 자원을 투자했지만 이 회사의 유튜브 채널의 구독자 수는 74만 명 수준에 불과하다고 합니다. 나이키 같은 탁월한 마케팅 역량을 가진 기업들의 트위터Twitter나 인스타그램 Instagram 성과도 기대에 미치지 못합니다. 즉 기존 기업 대부분이 소셜미디어에 적응하지 못하고 있는 가운데, 몇 안 되는 성공 사례 가운데 하나로 꼽히는 게 치폴레의 마케팅입니다.

치폴레는 그들의 개성을 그대로 반영한 동영상을 제작했습니다. 유튜브에 'Back to the Start'나 'The Scarecrow'를 검색하시면 치폴레가 만든 2~3분 분량의 애니메이션 동영상을 보실 수 있습니다. 이 영상은 예술적 영감을 줄 정도로 아름답게 제작돼 있는 데다가 특히 산업사회에 대량 생산된 음식이 얼마나 많은 문제를 갖고 있는지에 대한 명확한 이데올로기적 지향점을 갖고 있었습니다. 좁은 공간에서 공산품처럼 만들어지는 식품에 대한 대중의 관심과 분노, 개선 욕구를 촉발할 수 있는 내용을 담고 있습니다. 즉, 치폴레는 돈을 벌고 싶어서가 아니라 사업에 대해서 하고 싶은 말이 있었고, 이를 그대로 콘텐츠로 보여줬기 때문에 성공했다는 것입니다. 이 광고는 SNS를 통해 자발적으로 확산됐고, 미디어의 대대적인 보도로 인해 더욱 큰 영향력을 발휘하게 됐습니다. 마케팅의 귀재들이 돈을 벌기 위한 목적으로 만든 영상은 좀처럼 공유되지 않습니다. 치폴레처럼 문화 운동을 하고 있다는 생각으로 만든 콘텐츠가 영향력을 행사하는 시대입니다. 물론 치폴레가 항상 성공적인 프랙티스만 만든 것은 아닙니다. 두 개의 콘텐츠가 성공하고 나서 치폴레는 유전자변형식품GMO 이슈를 다룬 영상을 만들었지만 이 콘텐츠는 성공하지 못했습니다. GMO 위해성 여부에 대해서는 여전히 논란이 많습니다. 어떤 생물학자들은 GMO가 인체에 전혀 해를 끼치지 않는다고 주장합니다. 게다가 치폴레 스스로도 일부 GMO 관련 식재료를 사용하고 있었습니다. 즉, 두 차례 콘텐츠의 성공 이후에 치폴레는 이슈 자체를 만들고 싶다는 욕심이 앞섰던 것 같습니다. 이렇게 욕심이 들어가면 성공하기 어렵습니다. 이후 치폴레는 냉장고를 쓰지 않는 관행 등으로 인해 식중독 사건이 벌어져 큰 위기를 겪기도 했습니다. 이런 위기를 극복하는 최고의 대안은 자신이 사업하는 이유를 다시 생각하고, 자신의 개성을 더욱 강화하는 방향으로 운영 관리를 강화하는 것입니다.

한국 기업 가운데 자신이 추구하는 가치와 문화, 개성을 전체 조직에 잘 반영시킨 사례로 배달음식 검색 및 주문서비스 앱 '배달의 민족'을 서비스하는 우아한 형제들을 들 수 있습니다. 기업명과 서비스 이름부터 심상치 않은 이 회사는 싼 티 나면서 재미있는 문화를 뜻하는 '키치' kitsch 문화를 뼛속 깊이 간직하면서 기업 활동의 모든 면에 이런 개성을 녹여내고 있습니다. 모바일 앱 플랫폼을 기초로 서비스를 제공하기 때문에 모바일에 능숙한 젊은 층들이 선호하는 문화를 반영해 키치라는 코드를 조직 전반에 투영한 것입니다. 또 기업에서 음식 메뉴는 상사가 결정하지만 주문은 키치 문화에 익숙한 막내 직원이 한다는 점에서 고객들에게 만족감을 줄 수 있는 코드이기도 합니다.

예를 들면 우아한 형제들의 사무실에는 '살찌는 것은 죄가 아니다', '들어올 땐 마음대로지만 나갈 땐 아니란다'와 같은 문구가 붙어 있습니다. 출입문에는 '9시 1분은 9시가 아니다'는 문구도 있습니다. 정시 출근을 그들만의 개성으로 독려하는 것이죠. 회사에서 제작한 각종 기념품도 마찬가지입니다. USB에는 '이런 십육 기가'가 써 있고, 때수건에는 '다 때가 있다', 타월에는 '난 이미 글렀다. 너 먼저 씻어' 같은 문구가 있습니다. 카드 케이스에는 '덮어놓고 긁다보면 거지꼴을 못 면한다'는 문구를 써놓았습니다. 외부 마케팅 활동도 역시 마찬가지입니다. 일본 애니메이션 잡지에 광고를 할 때에는 유명 애니메이션의 대사를 패러디해서 '소년이여 족발을 시켜라'라는 광고를 게재했고, 웨딩 잡지에는 '다이어트는 포샵으로'라는 광고를 내서 표적 고객들이 좋아할 만한 키치 코드를 집어넣었습니다. 조직 문화도 키치하게 가꿔가고 있습니다. 매주 금요일 오후에 일찍 퇴근을 시켰는데 일이 많아 참여율이 낮아지자 아예 월요일 오전에 쉬게 하고 있습니다. 또 '지만가'(자기 혼자만 집에 가)라는 제도도 운영하고 있습니다. 생일이나 결혼기념일을 맞은 직원에 대해 부서장이 일찍 퇴근하도록 명령하는 제도입니다. 이런 일관된 활동들이 젊은 층의 감정적 호감의 원천이 되었음은 물론입니다. 아마 유사한 서비스를 하는 기업이 비슷하게 따라 하려고 했더라도 모든 기업 활동에 투영된 이들만의 개성을 벤치마킹하는 것은 불가능할 것입니다. 우아한 형제들은 이런 강력한 개성을 무기로 해서 치열한 배달 앱 경쟁에서 수위 자리를 고수하고 있습니다.

특히 개성이 강한 기업을 만들기 위해 반드시 필요한 게 HR 전략입니다. 개성에 부합하는 사람을 채용할 뿐만 아니라, 기업의 개성을 잘 이해하고 실천해서 성과를 낸 사람에게 승진과 보상을 해주는 게 무엇보다 중요합니다. 투철한 개성에 HR 관행까지 정착된다면 다른 기업이 아무리 모방하고 싶어도 모방하기 힘든 독특한 경쟁우위의 기반이 조성될 것입니다.

개성은 그냥 만들어지지 않는다

○

지금까지 개성을 기반으로 경쟁우위를 확보하기 위한 다양한 방안들을 논의했습니다. 그래도 여러 의문들이 제기될 수 있다고 생각합니다. 개성이란 게 예술이나 콘텐츠 분야에서는 자주 언급돼왔지만, 비즈니스 측면에서는 생소한 개념이기 때문입니다. 몇 가지 주요 쟁점별로 개성에 대한 논의를 점검해보고자 합니다.

• **개성과 차별화, 뭐가 다른가?** 지금까지 경영학에서는 차별화에 대한 논의가 수없이 이뤄져 왔습니다. 수많은 경영 사상가들이 차별화에 대해 여러 해법을 제시했습니다. 따라서 결국 개성도 차별화 논

의의 일환이 아닌가라고 생각하실 수 있습니다. 하지만 개성과 차별화는 차이가 있습니다. 개성을 추구하면 결과적으로 차별화가 될 수는 있습니다. 고객들이 다른 회사와는 다르다는 인식을 가질 수 있기 때문입니다.

하지만 개성은 차별화와 여러 면에서 다릅니다. 우선 개성은 내부에서 발현된 것입니다. 반면, 차별화의 원천은 대부분 시장에서의 포지셔닝과 관련이 있습니다. 개성은 나의 독특한 유전자와 사고방식, 가치 체계에서 그 원천을 찾을 수 있습니다. 반면 차별화는 경쟁자와 비교되는 그 무엇입니다. 경쟁자 포지셔닝과 다르거나, 새로운 틈새시장을 공략하거나, 기존 플레이어와 전혀 다른 콘셉트로 접근하는 것이 차별화의 핵심 내용입니다. 반면 개성은 내 마음이 움직이는 대로 움직이는 것입니다. 내가 하고 싶은 것, 내 생각이 권하는 것, 내가 진심으로 바라는 것이 개성의 원천이 됩니다. 세상을 살다 보면 사업상 이유 때문에 해야 하는 일임에도 마음속으로는 하고 싶지 않다는 생각이 드는 일이 생기곤 합니다. 예를 들어 박사과정 학생들이라면 보통 이런 고민을 하게 됩니다. 대부분의 박사과정 학생들은 기존 학계에서 관심을 갖고 있는 주제를 정하고, 많은 사람들이 사용해온 방법론을 활용해야 한다는 압박을 받습니다. 이래야 논문심사에서 통과될 확률이 높아지기 때문입니다. 문제는 정작 하고 싶은 주제나 방법론이 이와 다른 경우입니다. 융합적 주제나 새로운 주제를 탐구하고 싶은 도전적 학생들

| 개성과 차별화 |

개성	차별화
내부로부터 발현(사고방식과 가치 체계)	외부로부터 발현(시장에서의 포지셔닝)
'내'가 진심으로 바라는 것	'경쟁자'와 비교되는 그 무엇
일관성	시장 환경에 따라 변화

이 이런 고민 속에서 딜레마에 빠지는 경우가 많습니다.

여러분은 관행을 따르시겠습니까, 아니면 자신의 마음을 따르시겠습니까? 인생에 정답은 없습니다. 박사과정에서 가장 큰 목적은 학위 취득이니 저라도 그냥 학위를 취득할 때까지는 관행을 따르라고 조언할 것 같습니다. 그러나 적어도 학위 취득 후에는 마음속에서 하고 싶은 걸 하라고 조언하고 싶습니다. 그래야 존재 이유를 증명할 수 있기 때문입니다. 마음속에서 우러나오지 않고 학계의 트렌드를 따라가는 연구는 단기적으로는 성과가 좋을 수 있지만, 장기적으로 틀을 깨는 연구 성과를 내는 건 불가능합니다. 긴급한 위기 상황이나 단기적으로 반드시 목적을 달성해야 하는 상황이 아니라면, '당신의 마음을 따르세요'follow your heart 전략이 훨씬 더 유용합니다.

개성과 차별화의 또 다른 차이점도 있습니다. 개성은 일관성이 있습니다. 마치 피카소나 구스타프 클림트의 그림을 보면 화가 특유의 일관된 특징을 발견할 수 있는 것처럼 개성은 지속적으로 어떤 특징을 드러내게 되어 있습니다. 물론 예술가들도 변화를 시도하긴 하지만 자신만의 개성에 토대를 둔 변화를 모색합니다. 그래서 오랜 시간 동안 개성은 일관되게 유지됩니다. 반면 차별화는 시장 환경의 변화에 따라 지속적으로 변합니다. 고객의 취향이 바뀌거나, 경쟁자의 전략이 바뀌면 여기에 맞춰 차별화 전략도 얼마든지 달라질 수 있습니다.

• 그냥 특이한 것을 추구하면 개성이 만들어질까? 절대 그렇지 않습니다. 언론계 선배 중 한 분이 과거 고등학교를 다닐 때 미술 선생님과 겪었던 이야기를 들려준 적이 있는데, 개성이 어떻게 만들어지는지에 대한 좋은 교훈을 줍니다. 이 선배가 다녔던 학교의 미술 선생님은 추상화가로 작품 활동을 하셨다고 합니다. 아마 여러분들도 추상화 작품을 보면 '저런 그림은 나도 그릴 수 있을 것 같은데……'란 생각을 할지도 모르겠습니다. 이 선배도 그런 생각이 들어서 미술 선생님에게 "저도 화가가 되고 싶습니다."라고 말했다는군요. 그러자 선생님이 "자네는 데생도 잘 못하는데 어떻게 화가가 되겠다는 건가?"라고 되물었다는군요. 그러자 이 선배가 "저도 선생님 같은 추상화를 그리면 되지 않습니까?"라고 말했다고 합니다. 그 이후에 어떤 일이 벌어졌는지는 충분히 예상하시리라 믿습니다. 추상화를 모독한 죄로 선생님께 흠씬 두들겨 맞았다고 합니다.

추상화가의 작품을 보면 아주 쉽게 그릴 수 있을 것 같지만 그렇지 않습니다. 오랜 기간 데생과 작품 활동을 하면서 쌓인 예술적 고민이 어우러져 작품의 오라를 만들어냅니다. 아마추어는 겉모습을 따라할 수는 있을지 몰라도 예술가들의 오랜 고민 속에서 나온 세부 디테일은 모방이 불가능합니다.

사업에서의 개성도 마찬가지입니다. 그냥 단순한 틀을 깨는 아이디어 하나로는 성공할 수 없습니다. 마치 예술가가 지루한 연습 과정을 거치듯이 무수히 많은 경험과 시행착오, 고민을 거치면서 개성이 발현됩니다. 그런 의미에서 제가 말씀드린 개성은 영어로 'personality'가 아닙니다. 성장의 개념을 함께 내포하고 있는 'individuation'이 제가 말씀드리고 있는 개성의 더 정확한 표현입니다. 'individuation'이란 개념은 심리학자 칼 융Carl Gustav Jung 이 인간의 성장 과정을 설명하기 위해 만들었습니다. 즉, 인간이 인격적 성숙을 거듭하다가 하나의 개체로서 자신만의 성향을 토대로 독자적인 의사결정을 할 수 있게 된 상태를 설명하기 위해 사용한 단어입니다. 청소년기에 한두 번씩 했던 기행은 개성이라고 보기 어렵습니다. 인격적으로 충분히 성숙한 후에 발현되는 독특한 가치 체계나 행동 양식을 개성으로 봐야 합니다. 그래서 여기서 논의한 개성이란 개념은 '성장 과정을 통해 축적한 개인이나 조직의 독특한 가치 체계나 신념으로, 지속성과 변동성을 동시에 지닌 것'이라 정의할 수 있겠습니다. 성장이란 개념을 빼놓고 개성을 설명하는 것은 중요한 포인트를 빼놓은 것입니다.

· **개성이 항상 성공을 보장할까?** 앞서 개성은 성숙을 전제로 한다고 말
씀드렸습니다. 그런 관점에서 보면 비즈니스 측면에서 일정 수준
이상의 성과를 낼 수 있는 개인이나 조직에게서 개성이 발현되기
때문에, 개성을 표출하는 단계에 접어든 기업은 어느 정도 시장에
서 기반을 갖추고 있다고 봐도 됩니다. 그런데 문제는 시대가 변해
우리의 개성을 시장에서 싫어할 수도 있다는 점입니다. 혹은 경쟁
의 장이 달라져 우리가 발현했던 개성이 통하지 않게 될 수도 있습
니다.

다시 말해서 이런저런 이유 때문에 우리의 개성과 외부 환경 간 적
합성이 맞지 않는 일이 벌어질 수 있다는 것입니다. 한국 기업 가
운데 마케팅을 잘하는 회사 중 하나로 현대카드를 꼽을 수 있습니
다. 2퍼센트 대의 시장점유율로 출발했지만, 알파벳 카드, 미니 카
드, 퍼플 카드 등 업계의 통념을 깨는 다양한 상품을 선보였고, 독
특한 디자인 경영과 슈퍼 콘서트 등 다양한 문화 마케팅 등으로 화
제를 몰며 선두권 업체로 도약했기 때문입니다. 이러한 과정에서
현대카드만의 독특한 개성이 형성될 수 있었습니다. 현실에서 개
성 형성 여부를 판별할 수 있는 좋은 방법 중 하나는 로고 노출 없
이 해당 제품이나 서비스를 노출시켰을 때 고객들이 다른 기업과
구분해낼 수 있느냐를 보는 것입니다. 예를 들어 애플 제품이나 광

고에 대해 로고를 감추고 고객들에게 보여주더라도 상당수 고객들은 애플의 정체성을 금방 알아차릴 것입니다. 현대카드도 로고를 감춘 채 새로 개발된 카드나 새로 만든 광고를 보여줘도 많은 고객들은 현대카드 스타일이 반영됐다는 점을 간파할 수 있을 것입니다. 그런 점에서 현대카드는 개성을 가진 기업이라고 볼 수 있습니다.

이렇게 현대카드는 독특한 개성을 무기로 좋은 성과를 내왔지만 경쟁의 장이 달라지면서 문제가 생겼습니다. 현대카드는 녹십자생명을 인수해서 현대라이프로 사명을 바꾸고 생명보험사업에 진출했는데, 여기서도 특유의 개성을 그대로 담은 마케팅 활동을 전개했습니다. 예를 들어서 극도로 단순한 상품 설계, 고객들이 직관적으로 이해할 수 있는 상품 브랜딩, 온라인이나 대형마트를 통한 생명보험 상품 판매 등이 대표적입니다. '마트에서 생명보험을 산다'는 현대라이프의 구호는 그냥 듣기만 해도 혁신적이라는 생각이 절로 떠오를 만큼 강한 인상을 줍니다. 현대카드의 독특한 개성을 그대로 반영한 이런 마케팅 활동은 현대라이프의 성공을 보장했을까요? 불행하게도 그렇지 않았습니다. 고객은 늘지 않았고 회사는 적자를 냈으며 고객 자금의 운용 수익률도 다른 회사에 비해 낮은 수준을 보이고 있다고 합니다.

왜 이런 일이 생겼을까요? 사업 환경의 근본적인 차이 때문입니다. 카드는 사람들이 반드시 필요한 상품이라고 생각합니다. 그러니 고객들은 마케팅을 잘 하고, 예뻐 보이기도 하며, 혜택도 좋은 상품을 선택해서 구매합니다. 이런 상황에서 훌륭한 마케팅은 빛을 발할 수 있습니다. 그런데 불행하게도 생명보험은 적어도 한국에서는 고객들이 자발적으로 구매하는 상품이 아닙니다. 이유는 다음과 같습니다.

첫째, 생명보험은 미래의 불확실한 위험에 대비하기 위해 현재의 비용 지출이란 고통을 감수하는 구조를 가진 상품입니다. 둘째, 상품 구조가 매우 복잡합니다. 따라서 구매 명분과 상품 구조를 설명하기 위해서는 대중 매체를 이용하기보다는 대면 접촉과 설득이 더 효과적입니다. 셋째, 대부분 고객들이 지인의 권유로 상품에 가입하다보니 보장 폭이 적은 상품을 선택하는 경우가 많았습니다. 이는 한국적 특징인데, 아는 사람이 권유하니 하나 들어주긴 해야 하니까 그냥 싼 제품을 선택하는 경우가 많았습니다. 그러니 실제 보험금을 받아야 할 때 제대로 보장을 못 받는 경우가 많았습니다. 이런 과정에서 보험 상품 자체에 대한 불신이 커졌습니다. 결국 생명보험은 아무리 예쁜 마케팅을 해도 소비자들은 자발적 구매를 하지 않는다는 이야기입니다.

자, 그렇다면 이런 고민이 생길 수밖에 없습니다. '개성을 가져야 하지만 시장 환경에 부합하지 않을 때 어떻게 해야 하느냐?'는 것입니다. 이런 상황에서 어떻게 해야 할까요?

이에 대한 정답은 없는 것 같습니다. 시장이 매우 줄어들더라도 판소리 명인이나 도자기 명장처럼 과거 스타일을 그대로 유지하고 보존하는 것도 하나의 전략이 될 수 있습니다. 현대카드로 치면 생명보험처럼 기존 개성이 통하지 않는 사업에는 진출하지 않거나, 진출하더라도 아주 소수의 '마니아'를 마케팅 대상으로 사업 영역을 축소시켜 생존을 모색하는 전략을 선택할 수 있습니다. 그런데 이렇게 하면 문제가 있습니다. 환경이 변해서 우리의 개성이 통하는 시장이 극도로 축소되면 조직 전체가 몰락할 수 있기 때문입니다. 명인이나 명장은 정부의 지원이라도 받을 수 있지만 기업이 지원금으로 생존할 수는 없는 일이죠.

그렇다면 어떤 게 더 바람직한 대안일까요? 저는 개성이란 고정된 형태가 아닌 외부 환경과 자극을 주고받으며 끊임없이 발전시켜나가야 하는 것이라는 관점이 해결의 실마리를 제공해준다고 생각합니다. 즉, 학습과 성장이란 관점에서 본다면 더 좋은 해결책을 찾을 수 있습니다. 나의 개성은 지속적으로 외부 환경과 교류하면서 수정과 변화, 발전을 지속하는 데 있다고 생각하는 것입니다. 현대카드 같은 경우를 예로 들자면 여러 보험 상품 가운데서 실손보험처럼 실제 고객이 가치를 느껴 자발적으로 구매할 가능성이 큰 분야의 상품에 집중해서 보험시장에 진입하거나, 아니면 기존 대면 영업 체계를 받아들이되 현대카드만의

> 개성을 외부 환경과 자극을 주고받으며 끊임없이 발전시켜나가야 하는 것으로 바라보는 관점이 중요하다.

방식을 적용해서 사람들에게 신뢰감을 주는 독특한 마케팅 기법을 개발해 발전시켜나가는 것입니다. 앞서 감정에 대해 얘기했을 때 일관성과 참신성의 딜레마를 풀어나갔던 장수 브랜드들의 노력처럼 개성도 지속적으로 외부의 변화를 인지하고 나의 개성을 토대로 이를 재해석해가면서 수정-보완-발전시켜나가려는 노력이 필요합니다.

영혼을 담아라

○

요즘 매거진 시장이 무척 어렵습니다. 온라인, 모바일에 공짜 콘텐츠가 넘쳐나는 세상에 돈 내고 잡지를 사보는 사람이 별로 없기 때문입니다. 그래서 많은 매거진 회사들이 도산하거나 큰 어려움을 겪고 있습니다. 일부 회사들은 생존을 위해 외부 간행물 발행 대행이나 레스토랑 운영 등 사업 다각화를 추진하면서 치열하게 노력 중입니다. 그런데 이런 와중에도 잘 되는 매체가 있습니다. 《DBR》이냐고요? 《DBR》도 독특한 개성으로 지속적으로 성장하고 있지만 여기서는 다른 사례를 하나 들어드리고 싶습니다. 바로 《매거진 B》입니다. 이 매체는 개성을 무기로 시장에 큰 반향을 불러일으켰습니다. 보통 잡지는 다양한 주제를 다룹니다. 주요 수익원이 광고라는 건 너무나 당연한 상식입니다. 온라인과 모바일 사이트에 콘텐츠를 담아 콘텐츠 접근성을 높이며 추가 수익도 창출합니다. 하지만 《매거진 B》는 지금까지 말씀드렸던 것을 하나도 하지 않습니다.

우선 콘텐츠는 한 브랜드만 다룹니다. 책 한 권에 딱 한 브랜드만 선정해 분석합니다. 광고는 없습니다. 온라인 사이트도 있기는 하지만 회사 안내 수준이고 콘텐츠는 온라인에 제공하지 않습니다. 《매거진 B》의 사례가 무척 흥미로웠던 게 《DBR》과는 콘텐츠 전략 측면에서 정반대에 서 있기 때문입니다. 《DBR》은 특정 주제에 대해 아주 깊게 들어가는 게 핵심 전략입니다. 그런데 《매거진 B》는 그렇지 않습니다. 가볍게 브랜드를 다룹니다. 사업전략이나 기업 구조 등을 깊이 있게 다루지 않고 다양한 시각적 요소와 함께 브랜드의 정체성에 대한 다양한 해석과 양상들을 다룹니다. 이런 독특한 개성을 토대로 《매거진 B》는 성장을 지속하고 있습니다. 특정 이슈는 절판이 될 정도로 인기가 있었다고 합니다.

매거진 시장처럼 극도로 어려운 상황에서도 이렇게 전혀 다른 전략 방향으로도 얼마든지 생존이 가능합니다. 다만 생존하려면 반드시 개성이 있어야 합니다. 저성장 시대에 접어들면서 소비자들의 지갑이 얇아졌다고 해도 가치를 찾는 소비자들은 더 많아지고 있습니다. 가치의 핵심 구성 요소는 바로 개성에서 나옵니다. 그냥 트렌드를 추종한 것인지, 아니면 오랜 기간 동안 갈고 닦은 무공에서 비롯된 독특한 개성인지 소비자들은 금방 알아챕니다. 특히 대부분 업종에서 치열한 경쟁이 펼쳐지면서 개성이 없는 제품은 설 자리가 좁아지거나 아주 적은 마진을 남길 수밖에 없습니다.

그저 제품을 잘 만들면 팔리던 시대는 이미 지나갔습니다. 이제 고객들은 영혼이 담긴 제품을 원하고 있습니다. 예술가가 혼신의 힘을 다해 작품을 만들 듯, 영화감독이 영혼을 바쳐 영화를 만들듯이 기업들도 자신의 철학과 개성, 영혼을 담은 제품과 서비스를 만들어야 합니다. 정해진 매뉴얼에 따라 수동적으로 움직이는 직원들이 만든 제품이나 서비스는 시간이 지날수록 고객들에게 외면 받을 것입니다. 그러나 가치를 공유하고, 혼을 가진 임직원들이 만드는 제품과 서비스는 시간이 지날수록 더 큰 가치를 인정받아 시장을 독식할 수 있습니다. 개성은 우리가 왜 존재해야 하는지에 대한 해답을 주는 개념입니다. 개성은 삶의 의미나 목적과 맞닿아 있는, 절대 잊어서는 안 될 핵심 키워드입니다.

개성이란 무엇인가?

- '차별화'와 다른, 내부에서 발현된 독특한 유전자와 사고방식.
- 단순히 틀을 깨는 아이디어가 아닌 성장 과정을 통해 축적한 독특한 가치 체계나 신념으로, 지속성과 변동성을 동시에 지닌 것.
- 외부 환경과 자극을 주고받으며 끊임없이 성장 및 발전시켜 나가야 하는 것.

개성을 통해 존재 이유를 찾으려면

1. 수단이 아닌, 목적과 가치관부터 고민하라.
2. 멋진 선언문이 아니라 행동으로 보여줘라.
3. 분석 결과가 아니라 내 마음속에서 하고 싶은 바를 따르라.
4. 인문학적 비판 능력을 키워라.
5. 개성을 위해 이익도 희생할 수 있을 만큼 강한 결단이 필요하다.

CHAPTER 5

이기는 조직 문화를
만드는 방법

_실행에 집중하라

THE AGE OF ZERO

THE AGE OF ZERO

의사결정의 딜레마

○

지금까지 말씀드렸던 '가격 대비 가치', '감정', '개성'은 제로 시대에 생존과 번영을 위해 잊지 말아야 할 전략 키워드입니다. 이 트라이앵글 전략을 강하게 실천하는 기업과 그렇지 않은 기업과는 큰 성과 차이가 날 수밖에 없습니다. 그런데 이런 키워드를 단순히 중요하다고 생각하고 기억한다고 해서 성과가 좋아지지는 않습니다. 무엇이든지 실천하지 않으면 아무 소용이 없는 법이죠. 좋은 전략 방향과 아이디어는 사실 세상에 넘쳐납니다. 실제 조직의 성과 차이를 가져오는 핵심 요인은 구체적인 사안에 대한 의사결정과 실행입니다.

의사결정의 유형은 크게 네 가지로 구분할 수 있습니다. 장기적으로 좋은 것과 나쁜 것, 단기적으로 좋은 것과 나쁜 것을 모아보면 다음 같은 네 가지 유형으로 의사결정을 분류할 수 있음을 확인할 수 있습니

| 네 가지 의사결정 유형 |

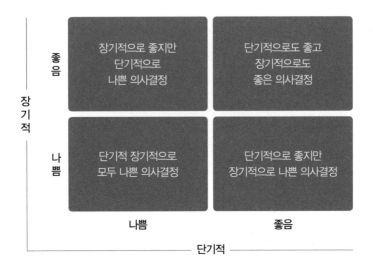

다. 이 가운데 장기적, 단기적으로 모두 좋은 의사결정은 그냥 하면 됩니다. 만약 재벌 그룹에 인맥이 있어 확실한 수익이 보장된 백화점 식품코너에 입점할 수 있는 기회가 생겼다면 무조건 해야겠죠. 단기적, 장기적으로 모두 수익을 낼 수 있는 기회니까요. 또 장기적, 단기적으로 모두 좋지 않은 결과를 낳을 것이라 예상되는 의사결정은 그냥 하지 않으면 됩니다. 자해행위 같은 건 단기적, 장기적으로 모두 좋지 않은 결과를 가져오니 해서는 안 될 일입니다. '기사만 안 쓰면 기자가 정말 좋은 직업'이라는 말을 기자들끼리 하곤 하는데요, 만약 경영자들이 이 정도의 의사결정만 해도 된다면 경영자는 아마 세상에서 최고로 좋은 직업일 것입니다.

경영자를 어렵게 하는 의사결정은 나머지 두 가지에 있습니다. 바로 단기적으로 좋은데 장기적으로 좋지 않은 것과, 단기적으로는 나쁜데 장기적으로 좋은 결과를 가져오는 의사결정입니다. 대부분 의사결정의 딜레마는 이 둘 사이에서 나옵니다. 둘 중에 어떤 것을 선택하느냐에 따라 개인과 조직의 운명이 달라질 수 있기 때문에 경영자는 이런 의사결정 과정에서 심각한 스트레스를 받을 수밖에 없습니다.

둘 중에 어느 하나가 더 절대적으로 낫다고 볼 수는 없습니다. 상황에 따라 단기 이익과 장기 이익 가운데 선택을 해야 합니다. 아마도 일회성 거래, 조직의 위기 상황, 당장의 목적 달성이 중요한 상황 등에서는 단기적 이익을 선택하는 게 더 바람직할 수 있습니다. 하지만 단기적 이익을 희생하더라도 장기적 이익을 선택하는 뼈아픈 의사결정이 더 바람직한 상황도 많습니다.

그런데 현 자본주의 체제는 장기 이익을 희생해서 단기 이익을 확보하는 의사결정을 강요하는 성향이 강합니다. 경제가 어려워지면 바로 직원을 자르거나 교육비를 줄이고, 연구개발 투자를 줄이는 결정을 내리는 경우가 많습니다. 당장 손쉽게 이익률을 높일 수 있는 방법이기 때문입니다. 하지만 이런 정책은 장기적으로 바라보면 성장 동력을 훼손시킬 수 있습니다. 대체로 경영자의 임기가 짧은 조직에서 이런 단기적인 의사결정이 자주 이뤄집니다. 자기 임기에서만 성과를 보여주면 되기 때문입니다.

예를 들어 최근 경제가 어려워지면서 일부 대기업들이 그동안 납품업체로부터 공급받아왔던 부품 가운데 규모가 큰 일부 품목을 직접 생산으로 전환하는 일이 자주 생긴다고 합니다. 외부업체에게 맡겨왔던 것을 자체 생산하게 되면 외부업체에 지불하던 이익을 내부화시킬 수 있다는 점에서 분명 단기적으로 이익을 줍니다. 그런데 장기적으로는 여러 문제가 생깁니다. 외부에서 해당 품목에 대해 생존을 걸고 혁신하는 기업에 비해 내부화했을 때의 담당 직원들은 혁신 동력이 떨어질 수밖에 없습니다. 앞서 절박감이 가장 중요한 혁신 동력 중 하나라고 말씀드렸는데, 내부화하면 치열한 시장경쟁 없이 안정적으로 회사 내부에 제품을 공급하기 때문에 혁신을 할 유인이 떨어집니다. 또 거래처를 잃은 외부업체는 글로벌 경쟁업체로 발길을 돌릴 것입니다. 결국 장기적으로 경쟁자의 경쟁력을 강화시켜주는 결과를 낳을 수 있습니다. 이런 일들이 자주 발생하면 단기적으로 실적은 개선되지만 장기적으로 심각한 부메랑을 맞을 수 있습니다.

　결국 훌륭한 경영자인지 여부는 단기적 손해를 감수하면서도 장기적 이익을 얻을 수 있는 의사결정을 할 수 있느냐에 달려 있다고 볼 수도 있습니다. 이런 의사결정을 하려면 큰 용기가 필요합니다. 미국 프린스턴대학의 아인슈타인 영입 스토리가 이에 대한 사례로 유명합니다. 프린스턴대학은 아인슈타인을 영입하기 위해 그에게 얼마의 연봉을 받고 싶은지 물었습니다. 아인슈타인은 3,000달러를 달라고 했습니다. 프린스턴대학은 이 말을 듣고 놀랐습니다. 생각보다 너무 저렴한 연봉을 제시했기 때문이죠. 단기적 성과를 중시하는 대부분의 조직들은 이게 웬 떡이냐 하며 덥석 계약을 했을 것입니다. 그러나 프린스턴 대학은 단기 이익을 희생해서 장기 이익을 취하는 '고수'의 전략을 폈습니다. 그래서 역제안을 했습니다. 1만 달러를 주겠다고 한 것입니다. 이 제안은 단기적으로 손해를 끼쳤지만 장기적으로는 확실히 이익을 줬습니다. 나중에 아인슈타인은 탁월한 연구 성과를 냈고 수많은 대학에서 영입 제안이 쏟아졌지만 자신의 가치를 세 배나 높게 평가해준 프린스턴대학에 대한 의리를 저버리지 않았기 때문입니다.

문제는 단기적 손해를 감수한다는 게 주주 이익을 중시하는 대부분의 기업에서 현실적으로 실행하기 대단히 어렵다는 점입니다. 당장 3,000달러만 달라고 하는 인재에게 1만 달러를 줄 수 있는 의사결정을 할 수 있는 전문경영인이 몇이나 되겠습니까? 특히 연간 매출이나 이익 등 단기적인 성과를 중심으로 인사평가를 하는 조직이 많기 때문에 단기 이익을 희생하면서 장기 이익을 가져오는 의사결정을 내리기는 결코 쉽지 않습니다.

단기 이익의 유혹에서 벗어나라

○

그런데 지금까지 말씀드린 어젠다(가격 대비 가치, 감정, 개성)는 대체로 단기적으로는 좋지 않은데 장기적으로 좋은 결과를 가져온다는 특징을 갖고 있습니다. 우선 고객에게 가격 대비 가치 측면에서 더 큰 이익을 주는 것은 만만치 않은 자원이 투입되는 심각한 과제입니다. 특히 고객에게 최대한 싼 값에 더 좋은 기능을 제공하는 방안을 추진하다보면 분명히 조직 내부에서 "선수끼리 왜 이상한 얘기 하고 그래?"와 같은 반응을 겪을 게 확실합니다. 당장 우리 기업의 수익을 극대화해야 하는 급박한 상황에서 공자님 말씀 한다는 핀잔을 듣기 십상입니다. 특히 기존 제품군의 피해가 예상되면 더욱 이런 계획을 실천하기 어려워집니다.

감정을 공략하기 위해서는 새로운 역량을 필요로 합니다. 예술적 마인드를 가진 사람, 고객을 깊이 있게 연구할 수 있는 인류학자나 고객행동 전문가, 혹은 디자이너 등이 필요합니다. 또 단기 할인 판촉 행사보다는 장기적으로 브랜드 가치를 높일 수 있는 마케팅 투자가 소비자의 감정을 공략하기에 더욱 바람직합니다. 당장 할인을 하면 단기 매출은 오르겠지만, 소비자들은 이후 가격이 올랐을 때 구매를 꺼리게 될 수도 있고, 싼 브랜드라는 이미지가 형성될 수도 있습니다. 고객과의 감정적 연결고리를 만드는 것 또한 적지 않은 자원 투입이 필요하고, 저항도 감수해야 합니다.

한 쇼호스트의 경험이 이런 딜레마를 잘 보여줍니다. 좋은 성과를 내고 있는 이수정 롯데홈쇼핑 쇼호스트는 《DBR》과의 인터뷰에서 고객과의 감정적 연결고리를 만들기 위해 옷을 판매하는 프로그램을 진행할 때 계란 요리 비법을 소개했던 경험을 들려줬습니다. 그는 반숙 요리를 잘할 수 있는 비법을 소개하는 등 옷 파는 프로그램과 전혀 부합하지 않는 이야기를 10여분에 걸쳐서 했다고 합니다. 홈쇼핑에서 시간은 돈입니다. 판매해야 하는 옷의 장점만 얘기하기에도 시간이 모자랄 판에 계란 반숙 이야기를 하니 담당 PD는 화가 났겠죠. 빨리 중단하라는 이야기가 계속 이어폰으로 들려왔다고 합니다. 하지만 그는 계란 이야기를 끝내고 나서 옷 이야기로 들어갔다는군요. 방송 시간 중 일부를 옷과 상관없는 계란 이야기로 보냈으니 판매량이 줄었을까요? 그렇지 않았다고 합니다. 소비자들과의 연결고리가 생기자 오히려 매출은 자연스럽게 올라갔다는군요. 감정을 공략하려면 이런 유사한 일이 다양한 분야에서 생길 수 있습니다. 고객과 감정을 공유하는 과정은 이성적 관점에서 보면 전혀 합리적이지도 않고 손해를 끼치는 일로 여겨집니다. 이런 의사결정을 하려면 용기가 필요합니다.

개성을 강조하는 것도 만만치 않습니다. 일부 사업 기회는 우리의 개성에 부합하지 않기 때문에 과감하게 버려야 할 수도 있습니다. 또 수없이 쏟아지는 원가 절감 기회를 버려야 할 수도 있습니다. 고객들이 잘 알아채기 힘든 부문에서 조금 싼 원재료를 쓰거나, 적당히 마감을 하면 당장 비용을 줄일 수 있는데 나만의 개성을 살리려면 이런 일을 허용해서는 안 됩니다. 결국 가격 대비 가치, 감정, 개성이란 키워드를 실천하기 위해서는 단기적으로 손해를 감수해야 하는 상황이 자주 발생할 수 있다는 이야기입니다.

그런데 흥미롭게도 최근 등장한 디지털 기반 기업들 가운데 상당수는 단기적으로 손해를 보더라도 장기적으로 이익을 볼 수 있는 의사결정을 하고 있습니다. 디지털 기반 기업들은 가장 극단적으로 단기 이익을 희생하면서 장기 이익을 추구하는 사업 모델을 구현하고 있습니다.

다음카카오는 카카오톡으로 1억 명의 가입자를 모았습니다. 월 사용료로 100원만 받아도 연 1,200억 원의 매출을 올릴 수 있는 규모의 가입자를 모았습니다. 하지만 그들은 이런 식으로 유료화를 하지 않았습니다. 100원 정도면 기존 스마트폰 문자에 비해 훨씬 저렴한 데다 무료통화, 영상통화 기능까지 합하면 충분히 경쟁력 있는 가격이라고 볼 수 있지만, 그래도 섣불리 유료화하지 않았습니다. 대신 고객들에게 부담을 주지 않는 모델을 찾아내는 데 성공했습니다. 게임 콘텐츠가 대표적입니다. 기본 기능은 카카오톡 사용자 모두 무료로 즐기되, 유료 아이템 구매를 원하는 고객들에게만 유료 판매를 한 것입니다.

디지털 시대에 만화를 화려하게 부활시킨 네이버 웹툰이나 레진코믹스도 섣불리 유료화하지 않았습니다. 아주 많은 가입자를 모았지만, 아주 조심스럽게 유료화를 추진했습니다. 즉, 만화를 일주일에 한 편씩 업데이트할 예정인데 굳이 미리 보고 싶다면 조금 돈을 내고 보라는 식으로 유료화를 추진한 것입니다. 그냥 기다려서 볼 사람들은 무료로 계속 볼 수 있게 했습니다.

최근 명함관리 앱으로 인기를 모은 '리멤버'도 단기 이익을 희생하는 스타트업의 공식을 따라가고 있습니다. 이 앱은 고객들이 스마트폰으로 받은 명함의 사진을 찍기만 하면 편리하게 주소록으로 관리할 수 있는 서비스를 제공합니다. 과거에도 비슷한 솔루션이 있었는데 명함 글자 인식에 오류가 많다는 단점이 있었습니다. 리멤버는 이 단점을 극복하기 위해 무려 1,000명에 달하는 명함정보 입력 요원들이 직접 수작업으로 정보를 입력하고 있습니다. 당연히 원가가 많이 들어가지만, 무료로 서비스를 제공하고 있습니다. 스타트업 기업이 사회 공헌 회사도 아닌데 왜 이런 일을 하고 있을까요? 장기적 이익이 가능하다고 봤기 때문입니다. 실제 수많은 비즈니스맨들이 여기에 명함을 등록하면 나중에 명함을 주고받는 문화 자체가 사라질 수도 있을 것입니다. 또 이 플랫폼을 통해 정보가 교류되기 시작하면 놀라운 잠재력을 가진 미디어가 될 수도 있습니다. 2016년 초 기준으로 가입자가 100만 명이라고 하는데요, 더 많은 사람을 모을수록 가치가 더 커질 것입니다. 특히 '링크드인' 같은 비즈니스맨을 중심으로 한 SNS가 동양권에서는 크게 성공하지 못했는데, 동양판 링크드인 같은 서비스로 성장할 가능성도 있습니다. 이런 잠재력 때문에 펀딩이 이뤄졌고, 서비스를 당분간 지속할 수 있는 실탄을 확보했습니다. '고객 가치를 극대화하는 사업모델 실행 →고객 확보→투자유치→점진적 수익모델 확보'라는 요즘 디지털 기업의 전형을 따라가는 방식입니다.

물론 무제한 공짜 서비스를 장치산업, 혹은 전통산업에서 그대로 따라하는 것은 불가능합니다. 하지만 단기 이익 대신 장기적 이익을 취하는 이들 의사결정 방식의 취지만큼은 잊어서는 안 될 것입니다. 고객은 날이 갈수록 똑똑해지고 있습니다. 이 책을 읽고 있는 독자 여러분들 모두 엄청난 정보와 네트워크로 무장하고 있으며, 마음만 먹으면 기업에 대한 은밀한 정보까지도 손쉽게 알아낼 수 있습니다. 고객 가치보다 기업 이익에 더 신경을 쓰는 태도를 보이는 기업들이 숨을 곳이 없다는 이야기입니다. 자사 이익만 추구하는 기업에게 이런 환경 변화는 큰 시련을 줍니다. 하지만 고객 가치를 추구했던 기업에게 이런 환경 변화는 반가운 일이겠죠. 진심으로 고객에 대해 고민하고 연구하며 고객에게 더 많은 가치를 제공하는 기업이 시장을 독식할 확률이 높아졌기 때문입니다.

앞서 감정경영을 설명할 때 진심은 묘하게 전달이 된다는 말씀을 드렸는데, 고객의 니즈에 진짜 신경을 썼다면 그 마음이 제품과 서비스에 녹아들게 됩니다. 적당히 마케팅으로 소비자를 홀릴 수 있다는 생각은 빨리 접어야 합니다.

이런 발상의 전환이 실제 빛을 발한 대표적인 사례로 중국 최대 전자상거래 업체 알리바바의 '알리페이' 개발이 있습니다. 한국의 대표적인 중국 경영 전문가인 성균관대학 김용준 교수는 'CKGSB-aSSIST China EMBA' 강연에서 무척 흥미로운 알리페이 성공 사례를 전했습니다. 당초 알리바바는 중국에서 전자상거래의 안전성을 도모하기 위해 고객이 구매를 결정하고 돈을 지불하면 이 돈을 바로 판매자에게 지불하지 않고, 배송이 완료된 다음에 물건을 잘 받았는지 확인한 후 돈을 판매자에게 지급했다고 합니다. 그런데 이 과정에서 돈이 며칠 간 회사 계좌에 보관됩니다. 당연히 이용자가 늘어나 상당한 자금을 회사가 보유하게 되자 은행에 콜금리로 돈을 돌리게 됐고 시간이 지날수록 이자가 쌓여갔습니다.

만약 전통적인 패러다임을 고수하는 회사들이 이런 유사한 상황에 직면했다면 어떤 결정을 내렸을까요? 대부분 회사들은 영업외수익으로 회계 처리를 했을 것입니다. 논란의 여지가 있기는 하지만 어쨌든 은행이 준 이자수익은 기업 활동 과정에서 얻어진 정당한 수익으로 볼 수도 있기 때문입니다. 기업의 이익을 극대화해야 한다는 전통적인 패러다임에서 보면 영업외수익으로 잡는 게 당연한 결정이기도 합니다. 그러나 마윈 알리바바그룹 회장은 김용준 교수의 표현대로 '정말 위대한' 결정을 합니다. 그는 은행에서 받은 이자수입을 모두 고객들에게 돌려줬습니다. 단기적으로는 큰 손해를 가져왔지만 과감하게 고객의 가치를 먼저 생각한 것입니다.

마윈이 이런 결정을 하고 나서 어떤 일이 생겼을까요? 고객들은 푼돈을 은행에 맡겨봐야 이자로 얼마 받지 못합니다. 그런데 마윈이 거대한 규모의 자금으로 은행과 상대하며 받아낸 콜금리는 고객들에게 매력적입니다. 많은 고객들이 은행에 돈을 맡기지 않고 마윈에게 돈을 맡겼고 알리페이는 가입자가 무려 8억 명으로 불어났습니다. 한국을 방문한 마윈이 강연에서 이런 말을 했다고 합니다. "부자를 상대로 돈을 버는 것은 쉽지만 가난한 사람에게서 돈을 벌기는 어렵다. 가난한 사람들에게서 돈을 벌려면 먼저 그들을 부유하게 만든 후 돈을 벌면 된다. 좋은 사업가는 5달러를 가진 사람에게 50달러를 갖게 만들고 그에게서 2달러를 버는 사람이다." 디지털 시대 사업의 본질적 변화에 대한 마윈의 통찰이 얼마나 탁월한지 알 수 있습니다. 변화가 어렵긴 하지만 이런 생각의 변화가 가져오는 큰 성과에 대해 고민해봐야 할 때입니다.

변화무쌍한 환경에 필요한
조직 문화의 유연성

○

영국인들은 제1차 세계대전을 'The Great War'라고 부릅니다. 여기서 'Great'란 단어는 우리에게 잘 알려진 '위대한' 혹은 '훌륭한'이란 뜻과는 거리가 있습니다. '엄청난' 혹은 '상상을 초월하는' 정도의 뜻으로 쓰인 단어입니다. 그리고 이 형용사가 수식하는 내용은 불행하게도 피해 규모입니다. 사상자만 총 3,252만 명에 달했을 정도였으니 이런 형용사를 붙이는 이유를 이해할 수 있을 것 같습니다.

왜 이처럼 사상자가 많이 발생했을까요? 기관총, 독가스, 비행기 폭격, 탱크 같은 대량 살상이 가능한 신무기가 개발됐기 때문입니다. 하지만 전적으로 외부 원인만을 탓할 수는 없습니다. 감기 바이러스가 창궐했다고 모두가 감기에 걸리는 것은 아니니까요. 바이러스가 창궐하는 등 외부 환경이 매우 불리하더라도 평소 운동을 열심히 하고 올바른 식생활 습관을 유지해 강한 면역력을 가진 사람들, 혹은 외부 활동을 자제하고 손발을 잘 씻는 등 변화된 환경에 적응하기 위해 노력한 사람들은 큰 피해를 입지 않습니다. 즉, 외부 환경도 분명 영향을 끼치지만 이에 어떻게 대응할 것이냐 하는 문제는 전적으로 자신의 몫이고, 여기

에 따라 상황은 얼마든지 달라질 수 있다는 이야기입니다.《논어》論語
에는 '군자는 자신에게서 원인을 찾고 소인은 남을 탓한다'君子求諸己
小人求諸人라는 문구가 나옵니다. 여기서 남人은 외부 환경을 뜻합니
다. 감기 바이러스나 대량 살상무기 개발 같은 외부 환경 변화의 대부
분은 내가 통제하기 어렵습니다. 반면 '자기'己는 나의 전략과 행동을
의미합니다. 기업으로 치면 기업 내부의 전략과 조직을 뜻합니다.《논
어》의 이 말을 현대 경영학 용어로 다시 풀이하자면, '훌륭한 기업은 자
신의 전략과 조직에서 답을 찾고, 그렇지 못한 기업은 환경 탓을 한다'
고 해석할 수 있습니다.

　제1차 세계대전 당시 상황에서 어느 누구도 기술 발전을 막을 수는
없었을 것입니다. 그렇다면 달라진 환경에 맞게 전략을 바꾸고 이를 실
행할 수 있게 조직을 바꾸면 됩니다. 하지만 이게 정말 어렵습니다. 크
게 두 가지 장벽 때문입니다. 하나는 새로운 전략에 대한 저항입니다.
기관총 같은 신기술이 개발되었다면 여기에 부합하는 전략을 새로 짜
야 합니다. 즉, 과거에는 밀집대형을 짜서 '돌격 앞으로'란 구호에 맞춰
힘차게 돌진하는 것이 가장 중요한 전략이었습니다. 하지만 기관총 앞
에서 이런 전략을 계속 실행하는 것은 사실상 자살행위나 다를 바 없습
니다. 6·25 전쟁을 다룬 영화에서 보듯 밀집대형 전략을 과감하게 버
리고, 병사들은 흩어져서 낮은 포복을 하며 총탄을 최대한 피해가야 합
니다. 그러다 기관총 근처에 다가가서 수류탄 같은 무기로 적을 제압해
야 성공 확률이 높아집니다. 현대사회를 살아가고 있는 우리에게는 이

런 과감한 전략 변화가 너무 당연하게 여겨지지만, 제1차 세계대전 당시 장교들은 이를 상상하기 힘들었다고 합니다. 당시 군 지휘부는 귀족들이었고 전쟁에서 대오를 지켜가며 용맹하게 전진하는 것을 최고의 가치로 여겼기 때문입니다. 이들은 더러운 흙바닥에서 나뒹굴어야 하는 전략 자체를 상상하기 힘들었습니다.

또 다른 문제도 있습니다. 만약, 선각자가 포복과 각개약진 같은 새로운 개념의 전략과 전술을 창안했다 하더라도 곧바로 실행할 수는 없습니다. 조직의 뒷받침이 필요하기 때문입니다. 포복과 각개약진을 무기로 적을 공격하려면 오랜 기간 동안 체계적인 훈련을 받은 병사들이 반드시 필요합니다. 또 전투 과정에서 더 많은 동지의 목숨을 구하기 위해 희생할 수 있다는 마인드를 가진 병사도 있어야 합니다. 동료 병사의 전진을 위해 측면이나 후방을 경계해주는 체계적인 팀워크도 반드시 필요합니다. 하지만 당시 병사들은 체계적인 훈련도 받지 않았고 어쩔 수 없이 강제로 끌려나온 사람이 대부분이었습니다. 새로운 전략을 구현하려면 체계적으로 병영 생활을 하면서 공동체 의식을 함양해야 했는데, 당시 이런 방식으로 군대를 운영하는 부대는 한 곳도 없었습니다. 결국, 좋은 전략을 구상했다 하더라도 이를 실행하는 게 애초에 불가능했다는 이야기입니다. 지금의 상식으로선 이해가 되지 않지만 기관총 앞에서 대오를 맞춰 병사들이 돌격하는 관행이 이어지면서 3,000만 명이 넘는 사상자가 발생하고 말았습니다.

역사는 계속 반복됩니다. 지금 많은 기업들이 직면한 문제도 이와 유사합니다. 뉴노멀 초경쟁 환경의 제로 시대가 도래했지만 많은 기업들은 전략 변화와 이를 실행하기 위한 조직 변화 노력이 미흡합니다. 가격 대비 가치, 감정, 개성이라는 세 가지 키워드를 토대로 한 전략 변화에 대한 부분은 지금까지 설명을 드렸고, 여기서는 조직 변화에 대한 말씀을 드리고자 합니다.

과거에는 '한 명의 천재가 1만 명을 먹여 살린다'는 말이 상식처럼 통용되곤 했습니다. 경영 환경이 안정적이고 예측 가능했던 과거에는 리더 역할을 담당할 수 있을 만큼의 충분한 역량을 갖춘 소수의 사람을 선별해서 영입한 다음에 이들이 실력을 발휘할 수 있게 지원하기만 하면 일이 잘 풀렸습니다. 특히 엄격한 위계질서 속에서 전략적 선택은 소수의 천재들이 담당하고 나머지 조직원들은 그 선택에 따라 열심히 실행하기만 해도 얼마든지 좋은 성과를 낼 수 있었습니다. 이런 조직에서 일하는 직원들은 캐나다 토론토대학의 로저 마틴Roger Martin 교수가 명명한 '의사결정권 없는 실행자'Choiceless-doer로 볼 수 있습니다.

그러나 불확실성이 극도로 높아진 제로 시대에 이런 방식으로 조직을 운영하면 심각한 문제가 발생할 수 있습니다. 첫째, 시장 환경의 변화를 감지하기 힘듭니다. 제아무리 머리가 좋은 천재급 리더라도 복잡한 경영 환경의 변화를 완벽하게 감지하거나 예측하는 것은 불가능합니다. 수많은 고객들과 직접 접촉하면서 이들의 선호도 및 변화를 잘 알고 있는 조직원들의 목소리가 전달되지 않는 조직은 적절한 시점에 전략 변화를 모색할 수 없습니다.

둘째, 운 좋게 새로운 전략을 잘 수립했다 하더라도 수동적인 직원들로는 이를 실행하기 어렵습니다. 새로운 전략을 실행하는 과정에서 모든 상황을 예측해서 지침을 내린다면 수동적인 조직원들을 활용해 성과를 낼 수 있을 것입니다. 그러나 불확실성이 높아지면 매뉴얼만으로 대처하기 어려운 상황이 생겨납니다. 이런 상황이 발생할 때마다 상부에 보고하고 지침을 기다리다가는 때를 놓치고 맙니다.

셋째,《오리지널스》의 저자 애덤 그랜트에 따르면 새로운 아이디어는 많은 양에서 나옵니다. 양이 많으면 아이디어의 질이 떨어진다고 생각하기 쉬운데 그렇지 않습니다. 여러 아이디어들이 도출되다 보면 그중에 뛰어난 게 나오기 마련입니다. 조직원들이 자발적으로 여러 아이디어를 내놓게 해야 질적으로 좋은 아이디어도 함께 나옵니다. 특히 좋은 아이디어의 대부분은 초기에 매우 불합리하거나 취약해 보입니다. 초기 아이디어는 마치 어린아이처럼 여러 취약점을 갖고 있지만, 여러 분야의 전문가들이 살을 붙이고, 지원하고, 도와준다면 대단히 훌륭한 아이디어로 성장합니다. 그냥 생각 없이 상부의 명령에 따라 실행만 하는 조직원에게 아이디어의 양과 질적인 면에서의 성장을 기대하기 어렵습니다.

그렇다면 어떻게 해야 할까요? 경영經營이란 말의 어원을 살펴보면 그 해답이 있습니다. 이 단어는 동양 고전 가운데《시경》詩經에 처음으로 등장합니다.《시경》대아 편에 따르면 문왕이 '영대'靈臺라는 정원을 시작經之하여 운영營之하려 하자, 백성들이 자기 일처럼 생각하고 발

벗고 나서 며칠 만에 공사가 끝났다고 합니다. 여기에 나오는 '경지영지'經之營之가 줄어서 '경영'이 되었다고 합니다. 문왕이 서두르지 말라고 당부했지만 백성들이 자식처럼 몰려들어 내 일처럼 생각하고 공사를 하니 효율성이 극도로 높아졌습니다.

이 시를 통해 문왕의 탁월한 경영 수완은 바로 백성들의 자발성을 이끌어낸 것임을 알 수 있습니다. 경영은 곧 사람에 대한 것이고, 사람을 움직이는 요체는 바로 자발성이라는 통찰을 줍니다. 하지만 과거 산업사회에서는 자발성이란 주제가 중요한 어젠다가 되지 못했습니다. 인간을 경영 목표를 달성하기 위한 수단 정도로 생각했기 때문입니다. 테일러리즘Taylorism으로부터 출발한 이런 이념적 접근이 지금도 산업 현장에서 강한 영향력을 행사하고 있습니다.

하지만 이제는 달라져야 합니다. 조직원들이 먹고살기 위해서 일하는 곳, 혹은 위에서 명령을 내리기 때문에 따라야 한다고 생각하는 곳에는 미래가 없습니다. 우리가 하는 일이 의미가 있고, 나의 역량을 키워줄 수 있기 때문에 내가 자발적으로 일한다는 생각을 가진 조직원이 많아져야 상황에 맞게 전략 변화가 가능하고, 새로운 전략을 효과적으로 실행할 수 있습니다. 변화무쌍한 경영 환경에 유연하게 대응하는 것도 가능합니다.

특히 위계적 문화가 강한 한국 조직에서는 매우 힘든 과제이지만 조직원들이 자발적으로 과업을 정해 스스로 원하는 방식으로 문제를 풀어갈 수 있는 문화, 직원들이 위계에 억눌리지 않고 하고 싶은 이야기를 할 수 있는 문화, 위계적 구조와 상관없이 조직원 모두가 수평적이고 대등한 관계를 유지할 수 있는 문화를 구축해야 합니다. 물론 많은 기업들이 이런 노력을 하고는 있습니다. 직급을 파괴하거나, 호칭을 '매니저'같이 위계적 냄새가 덜한 중립적 칭호로 부르거나, 사내 벤처를 육성하거나 각종 제안 제도를 도입해 직원들이 다양한 아이디어를 내도록 유도하려는 노력들이 대표적입니다. 하지만 이런 제도적 변화를 통해 성과를 낸 기업은 많지 않습니다. 조직 문화의 변화는 이런 몇 가지 제도로 쉽게 실현되는 일이 절대 아닙니다. 근본적인 의식이 바뀌어야 합니다. 물론 리더가 먼저 생각을 바꿔야 조직원들도 생각이 달라지고, 조직 문화가 바뀝니다. 조직에 대한 다음 몇 가지 생각을 진심으로 바꾼다면 제도나 프로세스 개선보다 훨씬 큰 성과를 낼 수 있다고 생각합니다.

• **리더는 답을 제시해야 한다?** 회의실에서 가장 많은 발언을 하는 사람은 누구일까요? 대부분의 조직에서 리더가 가장 말을 많이 합니다. 과거 리더는 세세한 일까지 관여하며 정답을 제시하는 역할을 맡았기 때문입니다. 하지만 이제 달라져야 합니다. 무엇보다 리더 혼자 정답을 제시하는 것은 불가능합니다. 또 바람직하지도 않습니다. 지금은 불확실성이 매우 높은 상황이라 한 명이 세부적인 답을 제시하다보면 잘못된 의사결정을 하기 십상입니다. 특히 리더가 답을 제시하는 조직에서 팔로어들은 더 이상 생각을 하지 않게

됩니다.

리더는 답이 아닌 질문을 하는 사람이 되어야 합니다. 압박 질문을 해서 조직원들을 밀어붙이라는 게 아닙니다. 조직원들이 어떤 생각을 갖고 있는지, 상황에 대해 특정한 판단을 내린 근거는 무엇인지, 놓치고 있거나 고려하지 않은 요소는 없는지, 더 좋은 다른 대안은 없는지 등에 대해 질문을 던져주고 조직원 스스로 답을 찾도록 유도해야 한다는 의미입니다. 리더는 답을 제시해주는 사람이 아니라 좋은 질문을 하는 사람이어야 합니다.

• **리더는 명령을 하는 사람이다?** 리더의 의견이 반드시 실행되어야만 하는 조직들이 많습니다. 리더의 판단이 옳다면 별 문제 없지만, 항상 그럴 수는 없다는 게 문제입니다. 특히 제로 시대로 상징되는 현재와 같은 불확실성이 높은 상황에서는 리더의 명령에 복종하는 조직의 위험성이 매우 커집니다. 글로벌 대형 출판사인 엘스비어Elsevier의 회장은 바로 한국인 지영석 회장입니다. 그의 리더십은 매우 미래지향적입니다. 그는 여러 아이디어를 실무진에게 제시하는데 자주 무시당하곤 한답니다. 실무진에서 합리적 이유를 대서 얼마든지 회장의 아이디어를 거부할 수 있는 문화를 만든 것입니다. 물론 한국에서는 리더의 권위를 떨어뜨리는 일이라 여겨 상상하기 어려운 일입니다. 그런데 지영석 회장은 이를 당연한 것으로 받아들입니다. 실무진이 현장을 더 잘 알기 때문에 결정권을

그들이 갖는 게 장기적으로 조직에 이롭다는 걸 간파한 것입니다. 회장의 지시사항을 실무진에서 아무 불안감 없이 거부할 수 있는 조직에서는 어떤 일이 벌어질까요? 조직원들은 징계나 불이익의 위험 없이 하고 싶은 이야기를 경영자들에게 할 수 있을 것입니다. 듣기 좋은 이야기 말고, 진짜 하고 싶은 이야기를 할 수 있는 조직이 불확실성에 능동적으로 대처하며 미래를 주도할 수 있습니다. 리더는 명령하는 사람이 아니라, 부하 직원들이 두려움 없이 의견을 말하게 유도하는 사람이 되어야 합니다. 물론 이건 정말 어려운 과제입니다. 이런 방법론에 대해 논하려면 아마 책 한 권으로는 부족할지도 모릅니다. 어려운 과제이지만 반드시 리더가 관심을 가져야 할 주제이기도 합니다. 위대한 천재 한 명으로 불확실성을 헤쳐 나가는 것은 불가능한 시대가 됐기 때문입니다.

• **리더는 조직에서 가장 똑똑한 사람이다?** 리더는 최종 의사결정권자로서 그에 맞는 권위를 가져야 한다고 생각하는 사람들이 많습니다. 당연히 리더는 조직 내에서 가장 똑똑한 사람이고 모든 면에서 우월한 역량을 갖고 있어야 한다는 믿음을 가진 조직들이 많습니다. 특히 한국 조직들이 그렇습니다. 그래서인지 한국 조직에서는 유난히 임원회의 때마다 "앞서 사장님께서 말씀하셨듯이……"란 표현을 자주 사용합니다. 똑똑한 리더의 말을 존중해주는 것이 너무나 당연한 문화로 여겨지고 있는 것이죠. 하지만 이런 조직일수

록 미래에 경쟁력이 취약해질 수밖에 없습니다. 천하를 통일한 한 고조 유방의 사례가 이를 잘 보여줍니다. 유방이 천하를 통일하고 나서 연회를 베풀었는데, 연회에 참석한 한 학생이 자신의 스승에게 이런 질문을 던졌다고 합니다. "스승님, 전략을 세우는 데는 장량이 유방보다 훨씬 뛰어납니다. 또 군수 물자를 조달하는 데에는 소하가 천하에서 제일입니다. 백만 대군을 지휘하는 능력은 한신이 최고입니다. 그런데 왜 이들보다 역량이 떨어지는 유방이 왕이 되었을까요?" 이에 대해 스승은 "세 사람을 관리하는 능력을 갖고 있기 때문에 유방이 왕이 된 것"이라고 말합니다. 이와 유사한 또 다른 이야기도 있습니다. 유방이 한신에게 얼마나 되는 군대를 지휘할 수 있느냐고 물었습니다. 한신은 많으면 많을수록 좋다고 답했습니다. 유방은 자신은 얼마나 많은 군대를 지휘할 수 있겠느냐고 한신에게 물었습니다. 그러자 한신은 10만 명 정도라고 대답했습니다. 기분이 상했던지 유방은 한신에게 "그렇게 능력이 뛰어난 사람이 왜 내 밑에서 일하느냐"고 물었고 한신은 "뛰어난 장수를 거느리는 데에는 유방이 최고이기 때문"이라고 답했다고 합니다. 즉, 리더의 가장 큰 역할은 우수한 사람을 발굴하고 관리하는 것입니다. 마이클 델Michael Dell 델컴퓨터 창업자가 "자신의 조직에서 가장 똑똑한 사람이 되지 말라."라고 한 것도 이런 맥락입니다. 자기보다 똑똑한 사람을 키워내고, 유지시키고, 관리하는 것이 리더의 핵심 역할입니다.

트라이앵글 전략을 실천하려면

1. 단기적 손해를 감수하더라도 장기적 이익을 실천하라.
2. 소수의 천재에 의존하지 말고 다수의 직원과 함께 나아가라.
3. 리더는 답을 제시하지 말고 함께 문제를 풀어가라.

당신의 조직에는
세 가지가 있는가?

'가격 대비 가치'라는 어젠다는 합리적 이성에 기반을 둔 기존 경영학적 논의를 토대로 실행이 가능한 영역입니다. '감정'이라는 어젠다를 조직이 효과적으로 도입하기 위해서는 예술가적인 마인드, 혹은 예술적 역량이 필요합니다. 마지막 '개성'은 인문학적 성찰과 비판이 필요합니다. 즉, 새로운 시대에 대응하기 위해서는 경영이 예술과 인문학과 결합해야 합니다. 어려운 과제지만 이런 방향성을 갖고 지속적으로 학습하며 역량을 축적하는 조직만이 번영할 수 있습니다. 개인에게는 벅찬 과제일지 모르지만, 조직이라는 틀을 통해서는 이런 일이 가능합니다. 조직에서는 서로 다른 역량과 개성을 가진 사람들이 함께 가치를 창출할 수 있습니다. 예술적 자질을 가진 사람이나 비판적 사유에

강한 인문학적 역량을 가진 분들은 과거 기업 조직에서는 가치 창출 영역이 제한되어 있었습니다. 하지만 이제 이런 역량이 함께 결합해서 시너지를 내야 합니다. 기업 조직은 이제 인문학적 사유를 하면서 예술가적 아름다움을 추구하는 동시에, 기술이나 경영 역량을 바탕으로 고객들에게 혁신적인 가치를 창출해야 합니다. 쉬운 일은 아니지만 불가능한 일도 아닙니다. 그리고 경제 여건이 어려워질수록 이런 혁신은 더 자주 일어날 수 있습니다. 어려운 경제 여건은 재앙이라 볼 수도 있지만 지금까지 해보지 않았던 시도를 하게 한다는 측면에서 축복의 요소도 함께 갖고 있습니다.

가격 대비 가치, 감정, 개성이라는 키워드를 토대로 삼각형을 그려보면 경영에 있어 새로운 통찰을 얻을 수 있습니다. 현재의 제품 브랜드, 혹은 기업 브랜드별로 시장조사를 통해 고객들의 솔직한 의견을 얻어 도표화해보면 트라이앵글 전략에 대한 우리 기업, 혹은 개별 제품 및 서비스의 수준을 평가할 수 있습니다. 다음은 트라이앵글 전략의 현재 달성 수준을 평가하기 위한 소비자 조사 질문지입니다. 굳이 돈을 들여 소비자 조사를 실시하지 않더라도 직관적으로 우리 브랜드의 수준을 알 수 있는 경영자도 많겠지만, 지속적인 관리를 위해 다음과 같은 간단한 설문을 활용하면 개선 수준과 대안 제시 등에 있어서 유용한 팁을 얻으실 수 있으리라 생각합니다.

설문을 통해 점수를 환산해서 각 영역별로 5점 만점으로 표시된 삼각형에 개별 브랜드의 점수를 표시하면 현재의 트라이앵글 전략에 대

다음 진술에 대해 얼마나 동의하십니까?

(질문은 "다음 진술에 얼마나 동의하십니까"로 하거나 예시의 5점이 아닌 7점이나 11점 척도로도 측정 가능하다)

• 가격 대비 가치
- A 브랜드는 유사한 기능을 제공하는 경쟁 제품에 비해 가격이 저렴하다
- A 브랜드는 유사한 가격대의 경쟁 제품에 비해 기능이 더 좋은 편이다
- 시장에 A 브랜드와 유사한 기능을 제공하지만 더 싼 제품이 존재한다(reverse coding)

• 감정
- A 브랜드의 디자인이나 외관 등은 아름답다
- A 브랜드를 접했을 때 즐거움이나 자부심 등 긍정적 감정이 연상된다
- A 브랜드를 사용하는 과정에서 즐거움이나 자부심 등 긍정적 감정을 경험했다
- A 브랜드는 사용하기 불편하다(reverse coding)
- A 브랜드를 사용하는 도중 문제가 발생하면 A 브랜드는 최선을 다해 문제를 해결하기 위해 노력해줄 것이다

• 개성
- A 브랜드와 유사한 제품은 시장에서 찾아볼 수 없다
- A 브랜드는 시장에서 다른 경쟁자와 차별화된 완전히 다른 특징을 갖고 있다
- A 브랜드가 시장에서 사라진다면 매우 섭섭하다는 생각이 들 것이다

(답변은 '매우 그렇다 5점, 그렇다 4점, 보통이다 3점, 그렇지 않다 2점, 매우 그렇지 않다 1점'으로 하며, reverse coding으로 표시된 경우 5점을 1점으로, 4점을 2점으로, 2점을 4점으로, 1점을 5점으로 코딩해서 평균값을 추출한다)

한 우리의 수준을 점검해볼 수 있습니다. 예를 들어 ①번 그림처럼 큰 정삼각형 모양이 가장 바람직한 모습일 것입니다. 반면, ②번이나 ③번

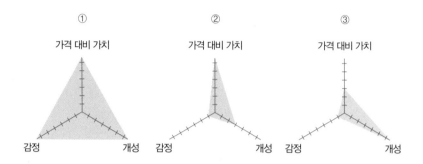

| 트라이앵글 전략 달성 척도 |

처럼 특정 영역이 부족한 기업들도 많이 나올 수 있습니다. 이런 부분에 대한 취약성을 점검하고 향후 대책을 수립하기 위한 용도로 이런 간단한 조사 방법을 활용하실 수 있습니다. 일정한 수준의 노력을 기울이고 난 후에 실제 개선이 있었는지를 조사해서 더 나은 대안을 모색할 수도 있습니다.

지금까지의 논의를 정리해보겠습니다. 제로 시대에는 다음과 같은 세 가지 질문을 던져야 합니다. 매일 일상적인 업무나 회의를 할 때에도, 신사업 아이디어를 구상할 때에도, 새로운 분야에 도전할 때에도 이런 질문을 항상 마음에 품고 의사결정을 해야 합니다.

· 우리의 제품이나 서비스가 가격 대비 가치라는 측면에서 다른 어떤 대안보다 높은 경쟁력을 유지하고 있는가? 그렇지 못하다면 무

엇을 해야 할까?

- 우리의 제품이나 서비스는 고객들의 오감과 경험을 만족시켜서 다른 대안보다 더 좋은 감정을 유발하고 있나? 그렇지 못하다면 무엇을 해야 할까?
- 우리의 제품이나 서비스는 다른 대안과 확연히 다른, 우리만의 개성을 충분히 담고 있나? 그렇지 못하다면 무엇을 해야 할까?

가격 대비 가치, 감정, 개성이라는 세 가지 키워드를 토대로 불확실성이 높아질 대로 높아진 제로 시대에 현명한 경영 대안을 마련하시기 바랍니다.

감사의 말

이 책이 나오기까지 《DBR》 식구들이 지혜와 통찰의 원천이 되어 주었습니다. 부족한 지혜를 보충해주고 새로운 아이디어의 원천을 제공했던 《DBR》 제작진과 동아일보 미래전략연구소 선후배님들께 진심으로 감사드립니다.

또 책 출판을 안내해주신 출판사 관계자 여러분들의 통찰과 혜안 역시 이 책이 나오기까지 결정적인 역할을 했습니다. 또한 출판사를 연결해주시고 든든한 심리적 지원을 해주신 멘토 여러분들께도 진심으로 감사의 말을 전합니다.

책의 내용 중 오류가 있다면 전적으로 저의 잘못임을 말씀드립니다. 앞으로 더 개선하고 노력하겠습니다. 저 스스로도 가격 대비 가치, 감정, 개성이라는 키워드를 잊지 않고 정진하겠습니다.